Bilingual
VISUAL
dictionary

D1350196

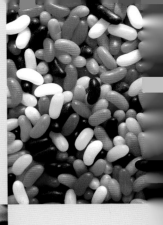

Bilingual

VISUAL

dictionary

Senior Editor Angela Wilkes
DTP Designer Deeraj Arora
DTP Coordinator Balwant Singh
Production Editor Lucy Baker
Production Controller Rita Sinha
Managing Art Editor Christine Keilty

Designed for Dorling Kindersley by
WaltonCreative.com

Art Editor Colin Walton, assisted by Tracy Musson
Designers Peter Radcliffe, Earl Neish, Ann Cannings
Picture Research Marissa Keating

Language content for Dorling Kindersley by
First Edition Translations Ltd, Cambridge, UK
Translator Monika Costelloe
Editor Beata Drezek
Typesetting Essential Typesetting

First published in Great Britain in 2008
This revised edition published in 2015 by
Dorling Kindersley Limited,
80 Strand, London WC2R 0RL

Al
may
retriev
m
rec

spis treści
contents

zdrowie
health
42

jadanie poza domem
eating out
146

czas wolny
leisure
252

o słowniku
about the dictionary

jak korzystać
z tej książki
how to use this book

ludzie
people

wygląd
appearance

dom
home

usługi
services

zakupy
shopping

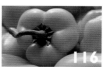

żywność
food

nauka
study

praca
work

transport
transport

sport
sports

środowisko
environment

informacje
reference

indeks
index

podziękowania
acknowledgments

ludzie • people

ciało I body — 12
twarz I face — 14
ręka I hand — 15
stopa I foot — 15
mięśnie I muscles — 16
szkielet I skeleton — 17
narządy wewnętrzne — 18
internal organs
narządy rozrodcze — 20
reproductive organs
rodzina I family — 22
związki I relationships — 24
uczucia I emotions — 25
przełomowe wydarzenia — 26
life events

wygląd • appearance

odzież dziecięca — 30
children's clothing
odzież męska — 32
men's clothing
odzież damska — 34
women's clothing
dodatki I accessories — 36
włosy I hair — 38
uroda I beauty — 40

zdrowie • health

choroba I illness — 44
lekarz I doctor — 45
urazy I injury — 46
pierwsza pomoc I first aid — 47
szpital I hospital — 48
dentysta I dentist — 50
optyk I optician — 51
ciąża I pregnancy — 52
poród I childbirth — 53
terapia niekonwencjonalna — 54
alternative therapy

dom • home

dom I house — 58
instalacje wewnętrzne — 60
internal systems
salon I living room — 62
jadalnia I dining room — 64
kuchnia I kitchen — 66
sprzęt kuchenny — 68
kitchenware
sypialnia I bedroom — 70
łazienka — 72
bathroom
pokój dziecinny — 74
nursery
pomieszczenie gospodarcze — 76
utility room
warsztat I workshop — 78
skrzynka z narzędziami — 80
toolbox
odnawianie wnętrz — 82
decorating
ogród I garden — 84
rośliny ogrodowe — 86
garden plants
narzędzia ogrodnicze — 88
garden tools
praca w ogrodzie I gardening — 90

usługi • services

pomoc w nagłych wypadkach — 94
emergency services
bank I bank — 96
łączność — 98
communications
hotel I hotel — 100

zakupy • shopping

centrum handlowe — 104
shopping centre
dom towarowy — 105
department store
supermarket — 106
supermarket
apteka I chemist — 108
kwiaciarnia I florist — 110
kiosk z gazetami — 112
newsagent
cukiernia — 113
confectioner
inne sklepy — 114
other shops

żywność • food

mięso I meat — 118
ryby I fish — 120
warzywa I vegetables — 122
owoce I fruit — 126
rośliny zbożowe i strączkowe — 130
grains and pulses
zioła i przyprawy — 132
herbs and spices
żywność w butelkach — 134
i słoikach
bottled foods
produkty mleczne — 136
dairy produce
pieczywo i mąka — 138
breads and flours
ciasta i desery — 140
cakes and desserts
delikatesy I delicatessen — 142
napoje I drinks — 144

jadanie poza domem • eating out

kawiarnia I café	148
bar I bar	150
restauracja I restaurant	152
fast food fast food	154
śniadanie I breakfast	156
obiad I dinner	158

nauka • study

szkoła I school	162
matematyka I maths	164
przedmioty ścisłe I science	166
uczelnia wyższa college	168

praca • work

biuro I office	172
komputer I computer	176
media I media	178
prawo I law	180
gospodarstwo rolne I farm	182
budowa I construction	186
zawody I professions	188

transport • transport

drogi I roads	194
autobus I bus	196
samochód I car	198
motocykl I motorbike	204
rower I bicycle	206
pociąg I train	208
samolot I aircraft	210
lotnisko I airport	212
statek I ship	214
port I port	216

sport • sport

futbol amerykański American football	220
rugby I rugby	221
piłka nożna I soccer	222
hokej I hockey	224
krykiet I cricket	225
koszykówka I basketball	226
baseball I baseball	228
tenis I tennis	230
golf I golf	232
lekkoatletyka I athletics	234
sporty walki combat sports	236
pływanie I swimming	238
żeglarstwo I sailing	240
jazda konna I horse riding	242
wędkarstwo I fishing	244
narciarstwo I skiing	246
inne sporty other sports	248
fitness fitness	250

czas wolny • leisure

teatr I theatre	254
orkiestra I orchestra	256
koncert I concert	258
zwiedzanie I sightseeing	260
zajęcia na świeżym powietrzu outdoor activities	262
plaża I beach	264
kemping I camping	266
rozrywka domowa home entertainment	268
fotografika photography	270
gry I games	272

rzemiosło artystyczne arts and crafts	274

środowisko • environment

przestrzeń kosmiczna space	280
Ziemia I Earth	282
krajobraz I landscape	284
pogoda I weather	286
skały I rocks	288
minerały I minerals	289
zwierzęta I animals	290
rośliny I plants	296
miasto I town	298
architektura I architecture	300

informacje • reference

czas I time	304
kalendarz I calendar	306
liczby I numbers	308
wagi i miary weights and measures	310
mapa świata I world map	312
partykuły antonimy particles and antonyms	320
przydatne zwroty useful phrases	322

o słowniku

Ilustracje bez wątpienia pomagają w zrozumieniu i zapamiętywaniu informacji. Opierając się na tej zasadzie, nasz bogato ilustrowany dwujęzyczny słownik prezentuje szeroki wybór użytecznego, aktualnego słownictwa w dwóch językach europejskich.

Słownik jest podzielony tematycznie i szczegółowo przedstawia większość aspektów życia codziennego: od restauracji po siłownię, od domu po miejsce pracy, od przestrzeni kosmicznej po królestwo zwierząt. Zawiera również dodatkowe słowa i zwroty przydatne w rozmowie i rozszerzające zasób słownictwa.

Jest to niezbędna publikacja encyklopedyczna dla każdego, kto interesuje się językami: praktyczna, ciekawa i łatwa w użyciu.

Kilka uwag

Języki prezentowane są zawsze w tej samej kolejności: polski i angielski.

Polskie przymiotniki podawane są zawsze w rodzaju męskim, na przykład:

szczęśliwy
happy

Większość polskich rzeczowników posiadających formę zarówno męską, jak i żeńską (np. nazwy zawodów) podana jest również tylko w rodzaju męskim, na przykład:

nauczyciel = teacher

Czasowniki oznaczone są symbolem (v) po wyrazie angielskim, na przykład:

zbierać plony = harvest (v)

Na końcu książki znajduje się także indeks – dla każdego z języków oddzielny. Można tam wyszukać słowo w jednym lub drugim języku i sprawdzić, na której stronie (stronach) występuje. Rodzaj gramatyczny rzeczowników wskazują następujące skróty:

m = męski
f = żeński
n = nijaki

about the dictionary

The use of pictures is proven to aid understanding and the retention of information. Working on this principle, this highly-illustrated bilingual dictionary presents a large range of useful current vocabulary in two European languages.

The dictionary is divided thematically and covers most aspects of the everyday world in detail, from the restaurant to the gym, the home to the workplace, and from outer space to the animal kingdom. You will also find additional words and phrases for conversational use and for extending your vocabulary.

This is an essential reference tool for anyone interested in languages – practical, stimulating, and easy-to-use.

A few things to note

The two languages are always presented in the same order – Polish and English.

Polish adjectives are always given in the masculine form, for example:

szczęśliwy
happy

Most Polish nouns that have both a masculine and feminine form (e.g. names of professions) are also given only in the masculine form, for example:

nauczyciel = teacher

Verbs are indicated by a (v) after the English, for example:

zbierać plony = harvest (v)

Each language also has its own index at the back of the book. Here you can look up a word in either of the two languages and be referred to the page number(s) where it appears. The gender of nouns is shown using the following abbreviations:

m = masculine
f = feminine
n = neuter

jak korzystać z tej książki

Słownik przeznaczony jest dla wszystkich uczących się nowego języka – czy to dla celów służbowych, czy też dla przyjemności lub w ramach przygotowań do urlopu za granicą, jak też dla osób, które chcą rozszerzyć zakres słownictwa w znanym już sobie języku. Jest to wartościowa pomoc dydaktyczna, z której można korzystać na różne sposoby.

Ucząc się nowego języka warto zwracać uwagę na wyrazy pokrewne (słowa podobne w różnych językach) oraz na tzw. fałszywych przyjaciół (słowa, które wyglądają podobnie, ale mają różne znaczenia). Można również zaobserwować, jak języki na siebie wzajemnie wpływają. Na przykład język angielski zapożyczył z innych języków europejskich wiele wyrażeń związanych z żywnością, natomiast inne języki przejęły z angielskiego słownictwo dotyczące technologii i kultury masowej.

Propozycje ćwiczeń

• Przebywając w domu, w miejscu pracy lub w szkole przeglądaj strony dotyczące danego otoczenia. Następnie możesz zamknąć książkę, rozejrzeć się wokół i postarać się nazwać jak najwięcej przedmiotów i elementów otoczenia.

• Spróbuj napisać opowiadanie, list lub dialog wykorzystując jak największą liczbę słówek z danej strony. Pomaga to przyswoić słownictwo i zapamiętać pisownię. Jeśli chcesz stopniowo przygotować się do napisania dłuższego tekstu, zacznij od zdań zawierających 2 lub 3 wyrazy.

• Jeśli masz dobrą pamięć wzrokową, spróbuj narysować lub przekalkować ilustracje z książki na kartkę papieru, a następnie zamknąć książkę i uzupełnić słówka pod obrazkami.

• Gdy nabierzesz większej pewności siebie, możesz wybierać słówka z indeksu obcojęzycznego i podawać ich znaczenie, a później zaglądać na właściwą stronę dla sprawdzenia swojej odpowiedzi.

how to use this book

Whether you are learning a new language for business, pleasure, or in preparation for a holiday abroad, or are hoping to extend your vocabulary in an already familiar language, this dictionary is a valuable learning tool which you can use in a number of different ways.

When learning a new language, look out for cognates (words that are alike in different languages) and false friends (words that look alike but carry significantly different meanings). You can also see where the languages have influenced each other. For example, English has imported many terms for food from other European languages but, in turn, exported terms used in technology and popular culture.

Practical learning activities

• As you move about your home, workplace, or college, try looking at the pages which cover that setting. You could then close the book, look around you and see how many of the objects and features you can name.

• Challenge yourself to write a story, letter, or dialogue using as many of the terms on a particular page as possible. This will help you retain the vocabulary and remember the spelling. If you want to build up to writing a longer text, start with sentences incorporating 2–3 words.

• If you have a very visual memory, try drawing or tracing items from the book onto a piece of paper, then close the book and fill in the words below the picture.

• Once you are more confident, pick out words in the Polish index at the back of the book and see if you know what they mean before turning to the relevant page to check if you were right.

ludzie
people

ciało • body

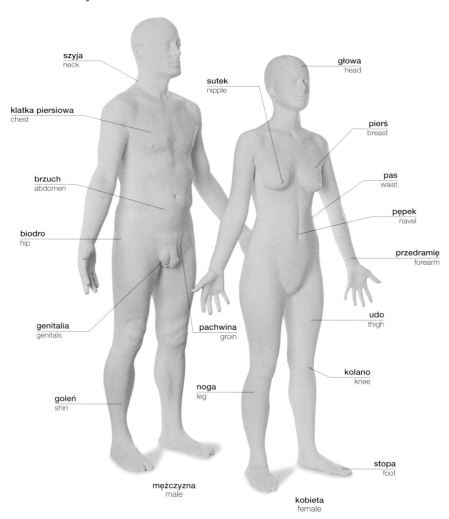

szyja
neck

głowa
head

sutek
nipple

klatka piersiowa
chest

pierś
breast

brzuch
abdomen

pas
waist

pępek
navel

biodro
hip

przedramię
forearm

genitalia
genitals

pachwina
groin

udo
thigh

kolano
knee

noga
leg

goleń
shin

stopa
foot

mężczyzna
male

kobieta
female

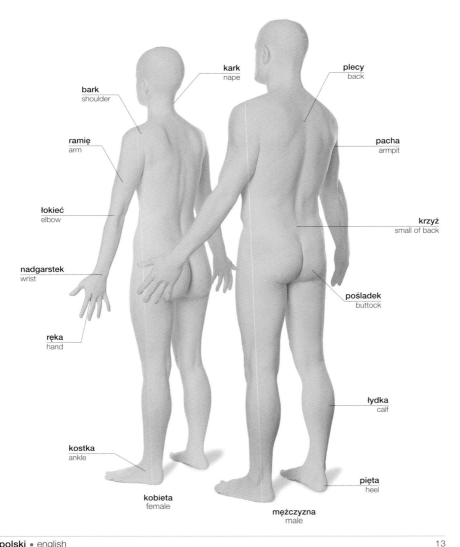

bark
shoulder

kark
nape

plecy
back

ramię
arm

pacha
armpit

łokieć
elbow

krzyż
small of back

nadgarstek
wrist

poślladek
buttock

ręka
hand

łydka
calf

kostka
ankle

pięta
heel

kobieta
female

mężczyzna
male

twarz • face

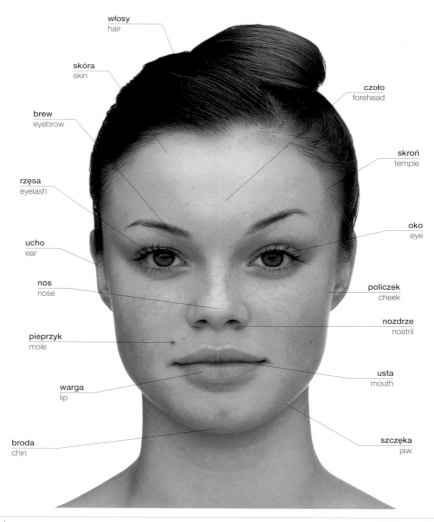

włosy
hair

skóra
skin

czoło
forehead

brew
eyebrow

skroń
temple

rzęsa
eyelash

oko
eye

ucho
ear

nos
nose

policzek
cheek

nozdrze
nostril

pieprzyk
mole

usta
mouth

warga
lip

broda
chin

szczęka
jaw

zmarszczka
wrinkle

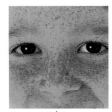
pieg
freckle

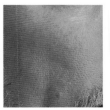
por
pore

dołek
dimple

ręka • hand

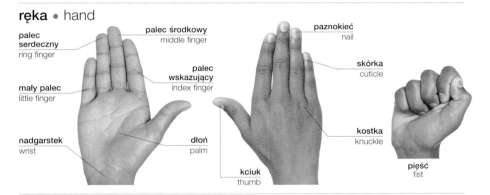

palec serdeczny
ring finger

palec środkowy
middle finger

palec wskazujący
index finger

mały palec
little finger

paznokieć
nail

skórka
cuticle

nadgarstek
wrist

dłoń
palm

kostka
knuckle

kciuk
thumb

pięść
fist

stopa • foot

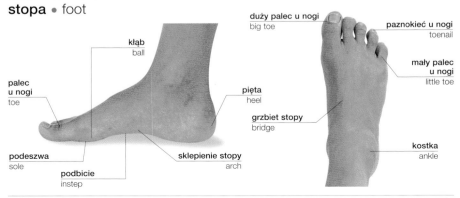

kłąb
ball

duży palec u nogi
big toe

paznokieć u nogi
toenail

palec u nogi
toe

mały palec u nogi
little toe

pięta
heel

grzbiet stopy
bridge

podeszwa
sole

sklepienie stopy
arch

podbicie
instep

kostka
ankle

mięśnie • muscles

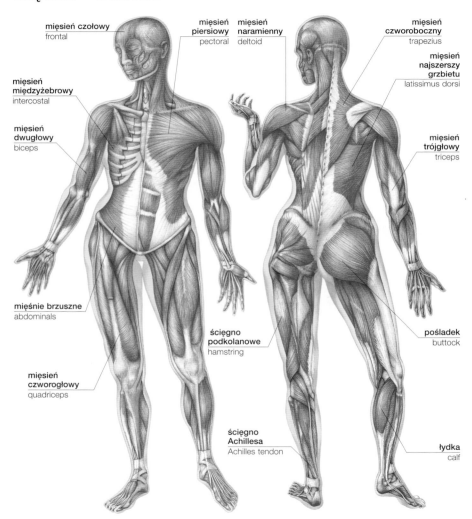

mięsień czołowy
frontal

mięsień
piersiowy
pectoral

mięsień
naramienny
deltoid

mięsień
czworoboczny
trapezius

mięsień
najszerszy
grzbietu
latissimus dorsi

mięsień
międzyżebrowy
intercostal

mięsień
dwugłowy
biceps

mięsień
trójgłowy
triceps

mięśnie brzuszne
abdominals

ścięgno
podkolanowe
hamstring

pośladek
buttock

mięsień
czworogłowy
quadriceps

ścięgno
Achillesa
Achilles tendon

łydka
calf

szkielet • skeleton

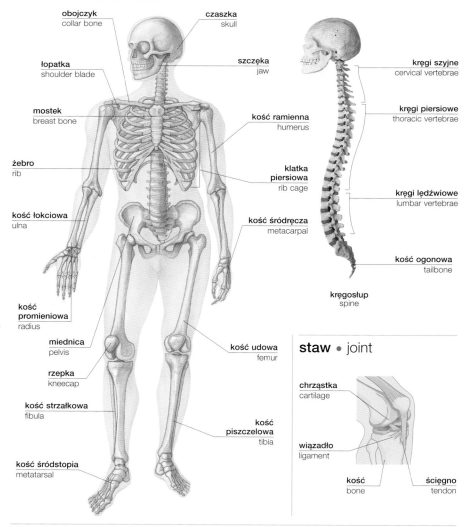

obojczyk
collar bone

czaszka
skull

łopatka
shoulder blade

szczęka
jaw

mostek
breast bone

kość ramienna
humerus

żebro
rib

klatka piersiowa
rib cage

kość łokciowa
ulna

kość śródręcza
metacarpal

kość promieniowa
radius

miednica
pelvis

rzepka
kneecap

kość udowa
femur

kość strzałkowa
fibula

kość piszczelowa
tibia

kość śródstopia
metatarsal

kręgi szyjne
cervical vertebrae

kręgi piersiowe
thoracic vertebrae

kręgi lędźwiowe
lumbar vertebrae

kość ogonowa
tailbone

kręgosłup
spine

staw • joint

chrząstka
cartilage

wiązadło
ligament

kość
bone

ścięgno
tendon

narządy wewnętrzne • internal organs

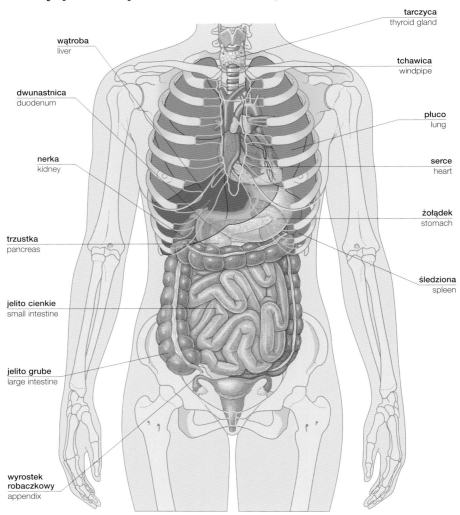

tarczyca
thyroid gland

wątroba
liver

tchawica
windpipe

dwunastnica
duodenum

płuco
lung

nerka
kidney

serce
heart

żołądek
stomach

trzustka
pancreas

śledziona
spleen

jelito cienkie
small intestine

jelito grube
large intestine

**wyrostek
robaczkowy**
appendix

głowa • head

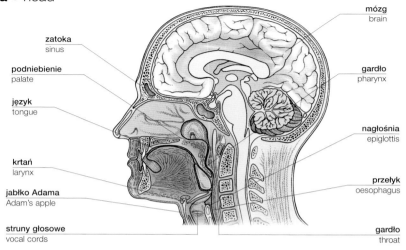

mózg
brain

zatoka
sinus

podniebienie
palate

język
tongue

gardło
pharynx

nagłośnia
epiglottis

krtań
larynx

jabłko Adama
Adam's apple

przełyk
oesophagus

struny głosowe
vocal cords

gardło
throat

układy narządów • body systems

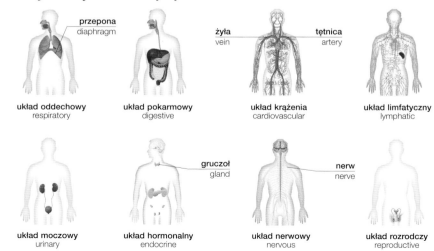

przepona
diaphragm

żyła
vein

tętnica
artery

układ oddechowy
respiratory

układ pokarmowy
digestive

układ krążenia
cardiovascular

układ limfatyczny
lymphatic

gruczoł
gland

nerw
nerve

układ moczowy
urinary

układ hormonalny
endocrine

układ nerwowy
nervous

układ rozrodczy
reproductive

narządy rozrodcze • reproductive organs

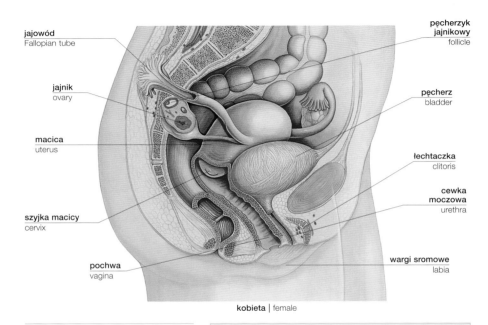

jajowód
Fallopian tube

jajnik
ovary

macica
uterus

szyjka macicy
cervix

pochwa
vagina

pęcherzyk jajnikowy
follicle

pęcherz
bladder

łechtaczka
clitoris

cewka moczowa
urethra

wargi sromowe
labia

kobieta | female

rozmnażanie • reproduction

plemnik
sperm

komórka jajowa
egg

zapłodnienie | fertilization

słowniczek • vocabulary

hormon hormone	impotent impotent	miesiączka menstruation
owulacja ovulation	płodny fertile	stosunek płciowy intercourse
bezpłodny infertile	począć conceive	choroba przenoszona drogą płciową sexually transmitted disease

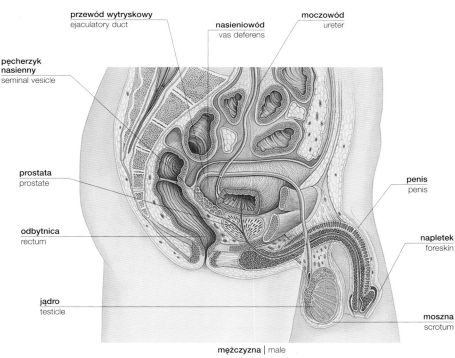

przewód wytryskowy
ejaculatory duct

nasieniowód
vas deferens

moczowód
ureter

pęcherzyk nasienny
seminal vesicle

prostata
prostate

penis
penis

odbytnica
rectum

napletek
foreskin

jądro
testicle

moszna
scrotum

mężczyzna | male

antykoncepcja • contraception

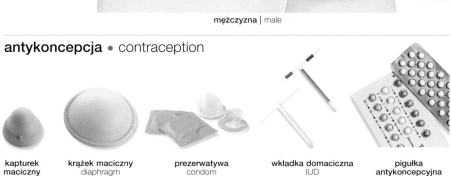

kapturek maciczny
cap

krążek maciczny
diaphragm

prezerwatywa
condom

wkładka domaciczna
IUD

pigułka antykoncepcyjna
pill

rodzina • family

babcia
grandmother

dziadek
grandfather

wujek
uncle

ciotka
aunt

ojciec
father

matka
mother

kuzyn
cousin

brat
brother

siostra
sister

żona
wife

synowa
daughter-in-law

syn
son

córka
daughter

zięć
son-in-law

wnuk
grandson

wnuczka
granddaughter

mąż
husband

słowniczek • vocabulary

krewni relatives	**rodzice** parents	**wnuki** grandchildren	**macocha** stepmother	**pasierb** stepson	**pokolenie** generation
dziadkowie grandparents	**dzieci** children	**ojczym** stepfather	**pasierbica** stepdaughter	**partner** partner	**bliźnięta** twins

teściowa
mother-in-law

teść
father-in-law

szwagier
brother-in-law

szwagierka
sister-in-law

siostrzenica
niece

siostrzeniec
nephew

etapy rozwoju • stages

niemowlę
baby

dziecko
child

chłopiec
boy

dziewczynka
girl

**nastolatek,
nastolatka**
teenager

dorosły
adult

mężczyzna
man

kobieta
woman

panna
Miss

tytuły grzecznościowe
• titles

pani
Mrs

pan
Mr

związki • relationships

asystent
assistant

kierownik
manager

partner biznesowy
business partner

pracodawca
employer

pracownik
employee

kolega z pracy
colleague

biuro | office

sąsiad
neighbour

przyjaciel
friend

znajomy
acquaintance

przyjaciel korespondencyjny
penfriend

chłopak
boyfriend

dziewczyna
girlfriend

narzeczony
fiancé

narzeczona
fiancée

para | couple

narzeczeni | engaged couple

uczucia • emotions

uśmiech
smile

szczęśliwy
happy

smutny
sad

podekscytowany
excited

znudzony
bored

zaskoczony
surprised

przestraszony
scared

zmarszczenie brwi
frown

zły
angry

zdezorientowany
confused

zmartwiony
worried

zdenerwowany
nervous

dumny
proud

pewny siebie
confident

zakłopotany
embarrassed

nieśmiały
shy

słowniczek • vocabulary

zmartwiony upset	**śmiać się** laugh (v)	**westchnąć** sigh (v)	**krzyczeć** shout (v)
wstrząśnięty shocked	**płakać** cry (v)	**zemdleć** faint (v)	**ziewnąć** yawn (v)

przełomowe wydarzenia • life events

urodzić się
be born (v)

pójść do szkoły
start school (v)

zaprzyjaźnić się
make friends (v)

skończyć studia
graduate (v)

dostać pracę
get a job (v)

zakochać się
fall in love (v)

wziąć ślub
get married (v)

mieć dziecko
have a baby (v)

ślub | wedding

rozwód
divorce

pogrzeb
funeral

słowniczek • vocabulary

chrzest
christening

umrzeć
die (v)

bar micwa
bar mitzvah

spisać testament
make a will (v)

rocznica
anniversary

metryka urodzenia
birth certificate

wyemigrować
emigrate (v)

wesele
wedding reception

przejść na emeryturę
retire (v)

miesiąc miodowy
honeymoon

uroczystości • celebrations

przyjęcie urodzinowe
birthday party

kartka
card

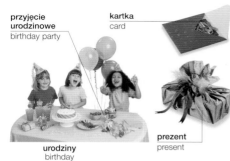

prezent
present

urodziny
birthday

Boże Narodzenie
Christmas

świeta • festivals

Pascha
Passover

Nowy Rok
New Year

karnawał
carnival

parada
procession

Ramadan
Ramadan

wstążka
ribbon

Święto Dziękczynienia
Thanksgiving

Wielkanoc
Easter

Halloween
Halloween

Diwali
Diwali

polski • english

wygląd
appearance

odzież dziecięca • children's clothing

niemowlę • baby

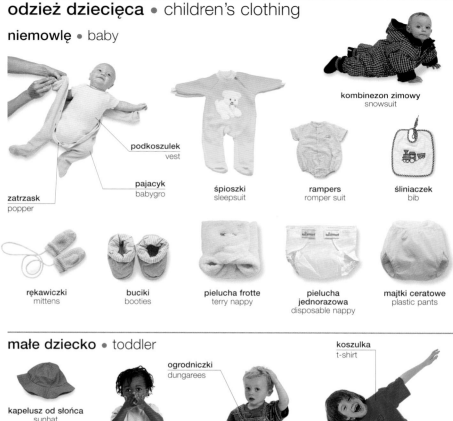

kombinezon zimowy
snowsuit

podkoszulek
vest

pajacyk
babygro

zatrzask
popper

śpioszki
sleepsuit

rampers
romper suit

śliniaczek
bib

rękawiczki
mittens

buciki
booties

pielucha frotte
terry nappy

pielucha
jednorazowa
disposable nappy

majtki ceratowe
plastic pants

małe dziecko • toddler

koszulka
t-shirt

ogrodniczki
dungarees

kapelusz od słońca
sunhat

fartuszek
apron

szorty
shorts

spódnica
skirt

dziecko • child

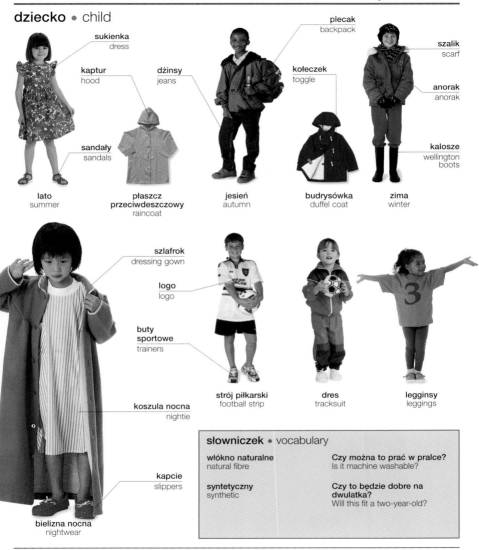

sukienka
dress

kaptur
hood

dżinsy
jeans

plecak
backpack

kołeczek
toggle

szalik
scarf

anorak
anorak

sandały
sandals

kalosze
wellington
boots

lato
summer

**płaszcz
przeciwdeszczowy**
raincoat

jesień
autumn

budrysówka
duffel coat

zima
winter

szlafrok
dressing gown

logo
logo

**buty
sportowe**
trainers

koszula nocna
nightie

kapcie
slippers

bielizna nocna
nightwear

strój piłkarski
football strip

dres
tracksuit

legginsy
leggings

słowniczek • vocabulary

włókno naturalne natural fibre	**Czy można to prać w pralce?** Is it machine washable?
syntetyczny synthetic	**Czy to będzie dobre na dwulatka?** Will this fit a two-year-old?

odzież męska • men's clothing

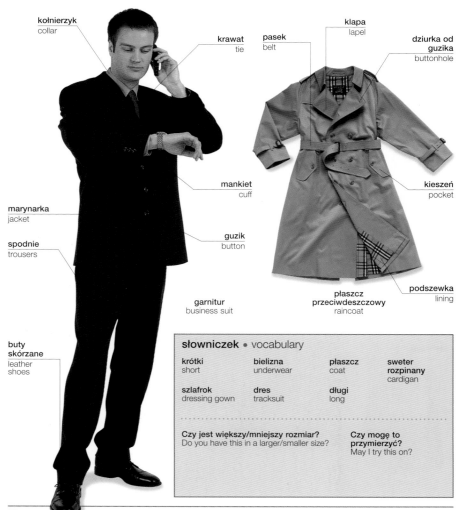

kołnierzyk
collar

krawat
tie

pasek
belt

klapa
lapel

dziurka od guzika
buttonhole

mankiet
cuff

kieszeń
pocket

marynarka
jacket

spodnie
trousers

guzik
button

buty skórzane
leather shoes

garnitur
business suit

płaszcz przeciwdeszczowy
raincoat

podszewka
lining

słowniczek • vocabulary

krótki short	**bielizna** underwear	**płaszcz** coat	**sweter rozpinany** cardigan
szlafrok dressing gown	**dres** tracksuit	**długi** long	

Czy jest większy/mniejszy rozmiar?
Do you have this in a larger/smaller size?

Czy mogę to przymierzyć?
May I try this on?

marynarka
blazer

marynarka sportowa
sports jacket

kamizelka
waistcoat

dekolt w szpic
v-neck

dekolt okrągły
round neck

koszulka
t-shirt

anorak
anorak

bluza sportowa
sweatshirt

koszula
shirt

dżinsy
jeans

sweter
sweater

pidżama
pyjamas

podkoszulek
vest

strój swobodny
casual wear

szorty
shorts

slipy
briefs

bokserki
boxer shorts

skarpetki
socks

odzież damska • women's clothing

żakiet
jacket

szew
seam

rękaw
sleeve

do kostek
ankle length

rąbek
hem

do kolan
knee-length

spódnica
skirt

buty
shoes

strój wizytowy
formal

bez ramiączek
strapless

bez rękawów
sleeveless

suknia wieczorowa
evening dress

sukienka
dress

bluzka
blouse

spodnie
trousers

strój swobodny
casual

bielizna • lingerie

szlafrok
dressing gown

halka
slip

ramiączko
strap

**koszulka na
ramiączkach**
camisole

podwiązki
suspenders

baskinka
basque

pończocha
stockings

rajstopy
tights

biustonosz
bra

figi
knickers

koszula nocna
nightdress

ślub • wedding

koronka
lace

welon
veil

bukiet
bouquet

tren
train

suknia ślubna
wedding dress

słowniczek • vocabulary

gorset corset	**dopasowany** tailored
podwiązka garter	**bluzka z odkrytymi plecami, zawiązywana na szyi** halter neck
poduszka *(na ramieniu)* shoulder pad	
pas *(w spodniach, spódnicy)* waistband	**z fiszbinami** underwired
	biustonosz sportowy sports bra

dodatki • accessories

czapka
cap

kapelusz
hat

chustka
scarf

klamerka
buckle

pasek
belt

rączka
handle

szpic
tip

chusteczka do nosa
handkerchief

muszka
bow tie

szpilka do krawata
tie-pin

rękawiczki
gloves

parasol
umbrella

biżuteria • jewellery

wisiorek
pendant

broszka
brooch

spinka do mankietu
cufflink

sznur pereł
string of pearls

ogniwo
link

zapięcie
clasp

kolczyk
earring

pierścionek
ring

kamień
stone

naszyjnik
necklace

zegarek
watch

bransoletka
bracelet

łańcuszek
chain

szkatułka na biżuterię | jewellery box

torby i torebki • bags

portfel
wallet

portmonetka
purse

torebka na ramię
shoulder bag

zapięcie
fastening

paski
handles

pasek
shoulder strap

torba podróżna
holdall

teczka
briefcase

torebka
handbag

plecak
backpack

buty • shoes

sznurówka
lace

język
tongue

dziurka
eyelet

podeszwa
sole

but sznurowany
lace-up

obcas
heel

botek
boot

but turystyczny
walking boot

but sportowy
trainer

klapek
flip-flop

but skórzany
leather shoe

but na wysokim obcasie
high heel shoe

koturn
wedge

sandał
sandal

mokasyn
slip-on

balerina
pump

włosy • hair

grzebień
comb

czesać (grzebieniem)
comb (v)

szczotka
brush

czesać (szczotką) | brush
(v)

fryzjer
hairdresser

umywalka
sink

klient
client

umyć | wash (v)

spłukać
rinse (v)

peleryna
fryzjerska
robe

ściąć
cut (v)

wysuszyć suszarką
blow dry (v)

ułożyć
set (v)

przybory • accessories

suszarka do
włosów
hairdryer

szampon
shampoo

odżywka
conditioner

żel
gel

lakier do
włosów
hairspray

lokówka
curling tongs

nożyczki
scissors

opaska na włosy
hairband

prostownica do włosów
hair straightener

szpilka do włosów
hairpin

fryzury • styles

koński ogon
ponytail

warkocz
plait

banan
french pleat

kok
bun

kucyki
pigtails

paź
bob

krótka fryzura
crop

kręcone *(włosy)*
curly

trwała
perm

proste *(włosy)*
straight

odrosty
roots

pasemka
highlights

łysy
bald

peruka
wig

słowniczek • vocabulary

przyciąć trim (v)	**tłusty** greasy
prostować straighten (v)	**suchy** dry
fryzjer męski barber	**normalny** normal
łupież dandruff	**skóra głowy** scalp
rozdwojone końce split ends	**gumka do włosów** hairtie

kolory • colours

blond
blonde

ciemny brąz
brunette

kasztanowy
auburn

rudy
ginger

czarny
black

siwy
grey

biały
white

farbowany
dyed

uroda • beauty

farba do włosów
hair dye

cień do powiek
eye shadow

tusz do rzęs
mascara

kredka do oczu
eyeliner

róż
blusher

podkład
foundation

pomadka
lipstick

makijaż • make-up

kredka do brwi
eyebrow pencil

szczoteczka do brwi
eyebrow brush

pinceta
tweezers

błyszczyk do ust
lip gloss

pędzelek do ust
lip brush

konturówka do ust
lip liner

pędzel
brush

korektor
concealer

lusterko
mirror

puder
face powder

puszek do pudru
powder puff

puderniczka | compact

zabiegi kosmetyczne
• beauty treatments

maseczka
face pack

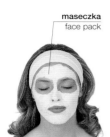

łóżko do opalania
sunbed

zabieg kosmetyczny
twarzy
facial

robić peeling
exfoliate (v)

wosk
wax

pedikiur
pedicure

przybory toaletowe • toiletries

preparat do
demakijażu
cleanser

tonik
toner

krem nawilżający
moisturizer

samoopalacz
self-tanning cream

perfumy
perfume

woda toaletowa
eau de toilette

manikiur • manicure

zmywacz do paznokci
nail varnish remover

pilnik do paznokci
nail file

lakier do paznokci
nail varnish

nożyczki do
paznokci
nail scissors

cążki do
paznokci
nail clippers

słowniczek • vocabulary

cera complexion	tłusty oily	opalenizna tan
jasny fair	wrażliwy sensitive	tatuaż tattoo
ciemny dark	hipoalergiczny hypoallergenic	zeciwzmarszczkowy anti-wrinkle
suchy dry	odcień shade	waciki cotton balls

zdrowie
health

choroba • illness

gorączka | fever

ból głowy
headache

krwawienie z nosa
nosebleed

kaszel
cough

kichnięcie
sneeze

przeziębienie
cold

grypa
flu

inhalator
inhaler

astma
asthma

skurcze
cramps

mdłości
nausea

ospa wietrzna
chickenpox

wysypka
rash

---

słowniczek • vocabulary

udar stroke	**cukrzyca** diabetes	**egzema** eczema	**przeziębienie** chill	**wymiotować** vomit (v)	**biegunka** diarrhoea
ciśnienie krwi blood pressure	**alergia** allergy	**infekcja** infection	**ból żołądka** stomach ache	**padaczka** epilepsy	**odra** measles
atak serca heart attack	**katar sienny** hayfever	**wirus** virus	**zasłabnąć** faint (v)	**migrena** migraine	**świnka** mumps

lekarz • doctor
wizyta • consultation

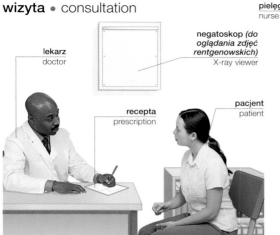

lekarz
doctor

negatoskop *(do oglądania zdjęć rentgenowskich)*
X-ray viewer

recepta
prescription

pacjent
patient

pielęgniarka
nurse

waga
scales

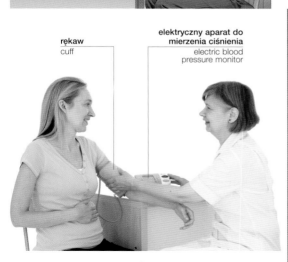

rękaw
cuff

elektryczny aparat do mierzenia ciśnienia
electric blood pressure monitor

słowniczek • vocabulary

(umówiona) wizyta
appointment

szczepienie
inoculation

gabinet
surgery

termometr
thermometer

poczekalnia
waiting room

badanie lekarskie
medical examination

Muszę pójść do lekarza.
I need to see a doctor.

Tutaj mnie boli.
It hurts here.

urazy • injury

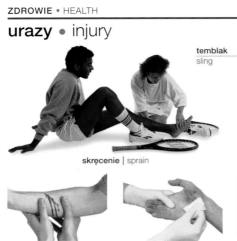

skręcenie | sprain

temblak
sling

złamanie
fracture

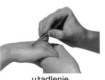

kołnierz
ortopedyczny
neck brace

**uraz kręgosłupa szyjnego
spowodowany szarpnięciem**
whiplash

skaleczenie
cut

zadrapanie
graze

siniak
bruise

drzazga
splinter

oparzenie słoneczne
sunburn

oparzenie
burn

ugryzienie
bite

użądlenie
sting

---

słowniczek • vocabulary

wypadek accident	**krwotok** haemorrhage	**zatrucie** poisoning	**Czy on/ona z tego wyjdzie?** Will he/she be all right?
nagły wypadek emergency	**pęcherz** blister	**porażenie prądem** electric shock	**Gdzie boli?** Where does it hurt?
rana wound	**wstrząs mózgu** concussion	**uraz głowy** head injury	**Proszę wezwać karetkę pogotowia.** Please call an ambulance.

pierwsza pomoc • first aid

maść
ointment

plaster
plaster

agrafka
safety pin

bandaż
bandage

**środki
przeciwbólowe**
painkillers

**chusteczka
antyseptyczna**
antiseptic wipe

pinceta
tweezers

nożyczki
scissors

**środek
antyseptyczny**
antiseptic

apteczka | first aid box

gaza
gauze

opatrunek
dressing

szyna | splint

taśma klejąca
adhesive tape

reanimacja
resuscitation

słowniczek • vocabulary

wstrząs shock	**tętno** pulse	**dusić się** choke (v)	**Czy możesz pomóc?** Can you help?
nieprzytomny unconscious	**oddychanie** breathing	**sterylny** sterile	**Czy umiesz udzielić pierwszej pomocy?** Do you know first aid?

szpital • hospital

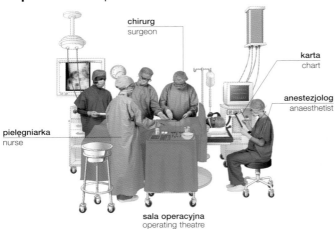

chirurg
surgeon

karta
chart

anestezjolog
anaesthetist

pielęgniarka
nurse

sala operacyjna
operating theatre

badanie krwi
blood test

zastrzyk
injection

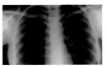

zdjęcie rentgenowskie
X-ray

oddział pomocy w nagłych wypadkach
emergency room

wózek
trolley

przycisk przywoławczy
call button

sala
ward

wózek inwalidzki
wheelchair

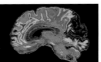

USG
scan

---

słowniczek • vocabulary

operacja operation	**wypisany** discharged	**godziny odwiedzin** visiting hours	**oddział dziecięcy** children's ward	**oddział intensywnej opieki medycznej** intensive care unit
przyjęty admitted	**poradnia** clinic	**oddział położniczy** maternity ward	**oddzielny pokój** private room	**pacjent leczony ambulatoryjnie** outpatient

---

oddziały • departments

otolaryngologia
ENT

kardiologia
cardiology

ortopedia
orthopaedy

ginekologia
gynaecology

fizjoterapia
physiotherapy

dermatologia
dermatology

pediatria
paediatrics

radiologia
radiology

chirurgia
surgery

oddział położniczy
maternity

psychiatria
psychiatry

okulistyka
ophthalmology

słowniczek • vocabulary

neurologia neurology	**urologia** urology	**endokrynologia** endocrinology	**patologia** pathology	**wynik** result
onkologia oncology	**chirurgia plastyczna** plastic surgery	**skierowanie** referral	**badanie** test	**lekarz specjalista** consultant

dentysta • dentist

ząb • tooth

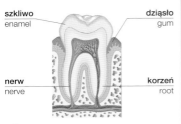

szkliwo
enamel

dziąsło
gum

nerw
nerve

korzeń
root

ząb
przedtrzonowy
premolar

siekacz
incisor

ząb
trzonowy
molar

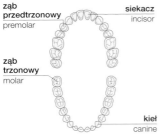

kieł
canine

słowniczek • vocabulary

ból zęba	wiertło
toothache	drill
płytka nazębna	nić
plaque	dentystyczna
	dental floss
próchnica	usunięcie
decay	extraction
wypełnienie	korona
filling	crown

przegląd • check-up

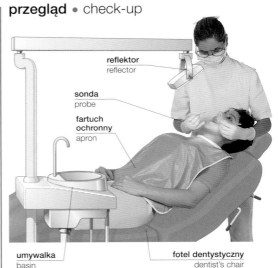

reflektor
reflector

sonda
probe

fartuch
ochronny
apron

umywalka
basin

fotel dentystyczny
dentist's chair

wyczyścić zęby
nicią
dentystyczną
floss (v)

szczoteczka
brush

aparat korekcyjny
brace

prześwietlenie zęba
dental X-ray

zdjęcie
rentgenowskie
X-ray film

proteza
dentures

optyk • optician

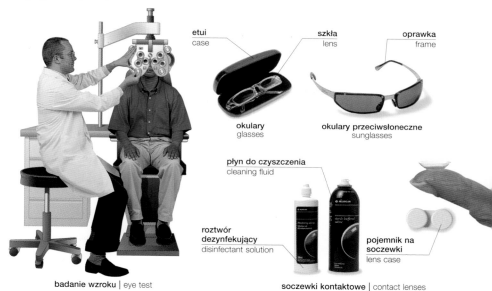

etui
case

szkła
lens

oprawka
frame

okulary
glasses

okulary przeciwsłoneczne
sunglasses

płyn do czyszczenia
cleaning fluid

roztwór dezynfekujący
disinfectant solution

pojemnik na soczewki
lens case

badanie wzroku | eye test

soczewki kontaktowe | contact lenses

oko • eye

brew
eyebrow

powieka
eyelid

źrenica
pupil

rzęsa
eyelash

tęczówka
iris

siatkówka
retina

soczewka
lens

nerw wzrokowy
optic nerve

rogówka
cornea

słowniczek • vocabulary

wzrok vision	astygmatyzm astigmatism
dioptria diopter	długowzroczność long sight
łza tear	krótkowzroczność short sight
katarakta cataract	dwuogniskowy bifocal

ciąża • pregnancy

test ciążowy
pregnancy test

USG
scan

badanie USG | ultrasound

pępowina
umbilical cord

łożysko
placenta

szyjka macicy
cervix

macica
uterus

płód | foetus

---

słowniczek • vocabulary

owulacja ovulation	**badanie prenatalne** antenatal	**amniocenteza** amniocentesis	**rozwarcie** dilation	**poród** delivery	**poród pośladkowy** breech
zapłodnienie conception	**embrion** embryo	**skurcz** contraction	**znieczulenie zewnątrzoponowe** epidural	**narodziny** birth	**przedwczesny** premature
w ciąży pregnant	**macica** womb	**odejście wód płodowych (rz)** break waters (v)	**nacięcie krocza** episiotomy	**poronienie** miscarriage	**ginekolog** gynaecologist
w ciąży expectant	**trymestr** trimester	**płyn owodniowy** amniotic fluid	**cesarskie cięcie** caesarean section	**szwy** stitches	**położnik** obstetrician

poród • childbirth

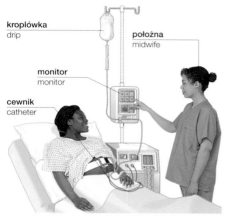

kroplówka
drip

położna
midwife

monitor
monitor

cewnik
catheter

wywoływać poród
induce labour (v)

inkubator | incubator

masa urodzeniowa | birth weight

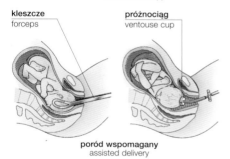

kleszcze
forceps

próżnociąg
ventouse cup

poród wspomagany
assisted delivery

identyfikator
identity tag

noworodek | newborn baby

karmienie piersią • nursing

odciągacz pokarmu
breast pump

biustonosz dla karmiących piersią
nursing bra

karmić piersią
breastfeed (v)

wkładki
pads

terapia niekonwencjonalna • alternative therapy

koszulka
t-shirt

mata
mat

joga | yoga

masaż
massage

siatsu
shiatsu

chiropraktyka
chiropractic

osteopatia
osteopathy

refleksologia
reflexology

medytacja
meditation

terapeuta
counsellor

terapia grupowa
group therapy

reiki
reiki

akupunktura
acupuncture

ajurweda
ayurveda

hipnoterapia
hypnotherapy

olejki eteryczne
essential oils

ziołolecznictwo
herbalism

aromaterapia
aromatherapy

homeopatia
homeopathy

akupresura
acupressure

terapeuta
therapist

psychoterapia
psychotherapy

słowniczek • vocabulary

suplement supplement	**naturopatia** naturopathy	**relaks** relaxation	**zioło** herb
hydroterapia hydrotherapy	**feng shui** feng shui	**stres** stress	**litoterapia** crystal healing

dom
home

dom • house

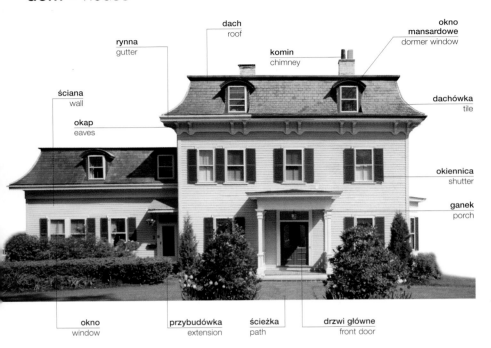

dach
roof

rynna
gutter

komin
chimney

okno mansardowe
dormer window

ściana
wall

okap
eaves

dachówka
tile

okiennica
shutter

ganek
porch

okno
window

przybudówka
extension

ścieżka
path

drzwi główne
front door

słowniczek • vocabulary

dom wolno stojący
detached

bliźniak
semidetached

dom jednorodzinny *(w zabudowie szeregowej)*
townhouse

najemca
tenant

dom parterowy
bungalow

suterena
basement

garaż
garage

strych
attic

pokój
room

skrzynka na listy
letterbox

oświetlenie ganku
porch light

właściciel wynajmowanej nieruchomości
landlord

alarm przeciwwłamaniowy
burglar alarm

podwórze
courtyard

podłoga
floor

wynająć
rent (v)

czynsz
rent

segment *(wzabudowie szeregowej)*
terraced

wejście • entrance

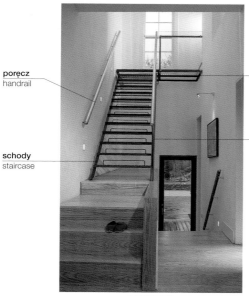

poręcz
handrail

półpiętro
landing

balustrada
banister

schody
staircase

przedpokój
hallway

dzwonek u drzwi
doorbell

wycieraczka
doormat

kołatka
door knocker

łańcuch
door chain

klucz
key

zamek
lock

zasuwka
bolt

mieszkanie • flat

balkon
balcony

blok mieszkalny
block of flats

domofon
intercom

winda
lift

instalacje wewnętrzne • internal systems

łopatka
blade

wentylator
fan

kaloryfer
radiator

grzejnik
heater

grzejnik konwektorowy
convector heater

elektryczność • electricity

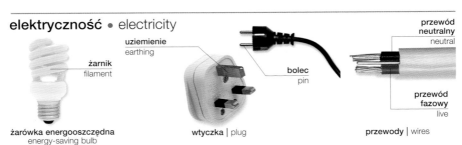

żarnik
filament

uziemienie
earthing

przewód
neutralny
neutral

bolec
pin

przewód
fazowy
live

żarówka energooszczędna
energy-saving bulb

wtyczka | plug

przewody | wires

---

słowniczek • vocabulary

napięcie voltage	**bezpiecznik** fuse	**gniazdko** socket	**prąd stały** direct current	**przerwa w dostawie energii elektrycznej** power cut
amper amp	**skrzynka bezpiecznikowa** fuse box	**włącznik** switch	**transformator** transformer	
energia power	**generator** generator	**prąd zmienny** alternating current	**licznik elektryczny** electricity meter	**zasilanie sieciowe** mains supply

instalacja wodno-kanalizacyjna • plumbing

wlot
inlet

odpływ
outlet

zawór
bezpiecz-
eństwa
pressure
valve

izolacja
insulation

rura
przelewowa
overflow
pipe

zbiornik
tank

zbiornik
wody
water
chamber

kurek
spustowy
drain cock

termostat
thermostat

palnik gazowy
gas burner

element grzejny
heating element

kocioł grzewczy
boiler

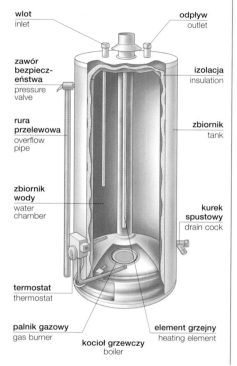

zlewozmywak • sink

kran
tap

kurek
lever

uszczelka
gasket

zawór zamykający
shutoff valve

rura
doprowadzająca
supply pipe

rura
odprowadzająca
drain

rozdrabniacz
odpadków
waste disposal unit

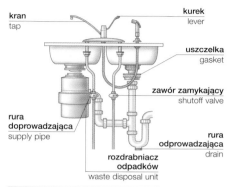

toaleta • water closet

spłuczka
cistern

pływak
float ball

deska
sedesowa
seat

muszla
klozetowa
bowl

rura ściekowa
waste pipe

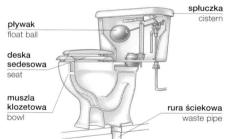

usuwanie odpadów • waste disposal

butelka
bottle

pokrywka
lid

pedał
pedal

**pojemnik na odpady
do recyklingu**
recycling bin

śmietniczka
rubbish bin

sortownik
sorting unit

odpady organiczne
organic waste

salon • living room

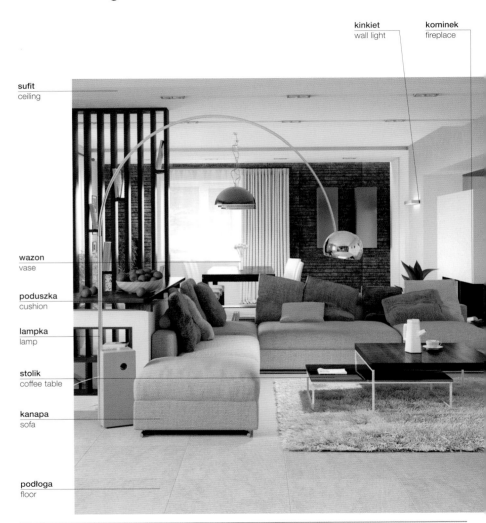

kinkiet
wall light

kominek
fireplace

sufit
ceiling

wazon
vase

poduszka
cushion

lampka
lamp

stolik
coffee table

kanapa
sofa

podłoga
floor

rama
frame

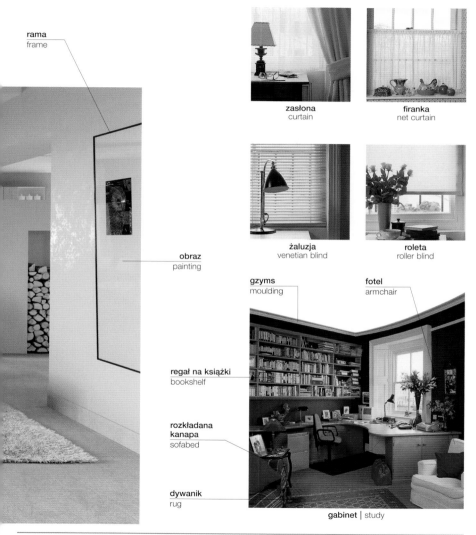

zasłona
curtain

firanka
net curtain

żaluzja
venetian blind

roleta
roller blind

obraz
painting

gzyms
moulding

fotel
armchair

regał na książki
bookshelf

rozkładana kanapa
sofabed

dywanik
rug

gabinet | study

jadalnia • dining room

pieprz
pepper

sól
salt

stół
table

naczynia
crockery

sztućce
cutlery

krzesło
chair

oparcie
back

siedzenie
seat

noga
leg

słowniczek • vocabulary

nakrywać do stołu lay the table (v)	**głodny** hungry	**lunch** lunch	**najedzony** full	**gospodarz** host
podawać serve (v)	**obrus** tablecloth	**obiad** dinner	**porcja** portion	**gospodyni** hostess
jeść eat (v)	**śniadanie** breakfast	**podkładka pod nakrycie** place mat	**posiłek** meal	**gość** guest

Czy mogę prosić o dokładkę?
Can I have some more, please?

Dziękuję, już się najadłem.
I've had enough, thank you.

To było pyszne.
That was delicious.

naczynia i sztućce • crockery and cutlery

kubek
mug

filiżanka do kawy
coffee cup

łyżeczka
teaspoon

filiżanka do herbaty
teacup

talerz
plate

miseczka
bowl

zaparzacz do kawy
cafetière

dzbanek do herbaty
teapot

dzbanek
jug

kieliszek do jajek
egg cup

kieliszek do wina
wine glass

szklanka
tumbler

szkło
glassware

kółko do serwetki
napkin ring

talerzyk
side plate

talerz płytki
dinner plate

talerz głęboki
soup bowl

łyżka do zupy
soup spoon

serwetka
napkin

widelec
fork

nakrycie
place setting

łyżka
spoon

nóż
knife

kuchnia • kitchen

półki
shelves

płyta chroniąca ścianę przed zachlapaniem
splashback

kran
tap

zlewozmywak
sink

szuflada
drawer

wyciąg
extractor

płyta grzejna ceramiczna
ceramic hob

blat
worktop

piekarnik
oven

szafka
cabinet

urządzenia • appliances

kuchenka mikrofalowa
microwave oven

miska
mixing bowl

ostrze
blade

pokrywka
lid

czajnik
kettle

toster
toaster

robot kuchenny
food processor

mikser
blender

zmywarka do naczyń
dishwasher

kostkarka do lodu
ice maker

zamrażarka
freezer

chłodziarka
refrigerator

półka
shelf

pojemnik na owoce i warzywa
crisper

lodówka z zamrażarką | fridge-freezer

słowniczek • vocabulary

ociekacz draining board	**zamrozić** freeze (v)
palnik burner	**rozmrozić** defrost (v)
płyta grzejna hob	**gotować na parze** steam (v)
śmietniczka rubbish bin	**smażyć w małej ilości tłuszczu** sauté (v)

gotowanie • cooking

obierać
peel (v)

kroić w plasterki
slice (v)

trzeć
grate (v)

lać
pour (v)

mieszać
mix (v)

ubijać
whisk (v)

gotować
boil (v)

smażyć
fry (v)

wałkować
roll (v)

mieszać
stir (v)

gotować na wolnym ogniu
simmer (v)

gotować we wrzątku
poach (v)

piec
(ciasto, chleb)
bake (v)

piec
(mięso, ziemniaki)
roast (v)

piec na grillu
grill (v)

polski • english

sprzęt kuchenny • kitchenware

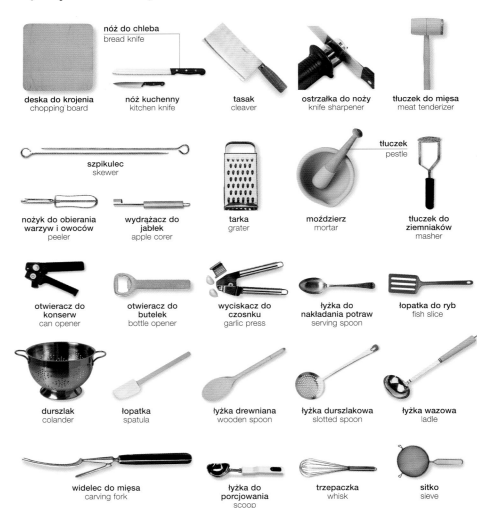

nóż do chleba
bread knife

deska do krojenia
chopping board

nóż kuchenny
kitchen knife

tasak
cleaver

ostrzałka do noży
knife sharpener

tłuczek do mięsa
meat tenderizer

szpikulec
skewer

tłuczek
pestle

nożyk do obierania warzyw i owoców
peeler

wydrążacz do jabłek
apple corer

tarka
grater

moździerz
mortar

tłuczek do ziemniaków
masher

otwieracz do konserw
can opener

otwieracz do butelek
bottle opener

wyciskacz do czosnku
garlic press

łyżka do nakładania potraw
serving spoon

łopatka do ryb
fish slice

durszlak
colander

łopatka
spatula

łyżka drewniana
wooden spoon

łyżka durszlakowa
slotted spoon

łyżka wazowa
ladle

widelec do mięsa
carving fork

łyżka do porcjowania
scoop

trzepaczka
whisk

sitko
sieve

patelnia	rondel	naczynie do opiekania	wok	naczynie ceramiczne
frying pan	saucepan	grill pan	wok	earthenware dish

pokrywka lid · **nieprzywierający** non-stick

szkło glass · **żaroodporny** ovenproof

miska	naczynie do sufletów	naczynie do zapiekania	kokilka	naczynie żaroodporne
mixing bowl	soufflé dish	gratin dish	ramekin	casserole dish

pieczenie ciast • baking cakes

waga	dzbanek z miarką	forma do ciasta	forma do placków/ kruchych ciast	forma do tarty
scales	measuring jug	cake tin	pie tin	flan tin

pędzelek do smarowania ciasta pastry brush · **wałek** | rolling pin · **woreczek do dekorowania** piping bag

blacha do pieczenia babeczek	blacha do pieczenia	kratka pod gorące naczynia	rękawica kuchenna	fartuch
muffin tray	baking tray	cooling rack	oven glove	apron

sypialnia • bedroom

szafa
wardrobe

lampka nocna
bedside lamp

wezgłowie
headboard

stolik nocny
bedside table

komoda
chest of drawers

szuflada	**łóżko**	**materac**	**narzuta**	**poduszka**
drawer	bed	mattress	bedspread	pillow

termofor
hot-water bottle

radio z budzikiem
clock radio

budzik
alarm clock

**chusteczki
higieniczne**
box of tissues

wieszak
coat hanger

pościel • bed linen

lustro
mirror

toaletka
dressing
table

podłoga
floor

**poszewka
na poduszkę**
pillowcase

prześcieradło
sheet

falbana
valance

kołdra
duvet

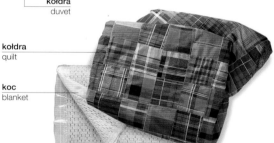

kołdra
quilt

koc
blanket

---

słowniczek • vocabulary

łóżko pojedyncze single bed	**oparcie dla nóg** footboard	**bezsenność** insomnia	**obudzić się** wake up (v)	**nastawić budzik** set the alarm (v)
łóżko podwójne double bed	**sprężyna** spring	**iść do łóżka** go to bed (v)	**wstać** get up (v)	**chrapać** snore (v)
koc elektryczny electric blanket	**dywan** carpet	**iść spać** go to sleep (v)	**posłać łóżko** make the bed (v)	**wbudowana szafa** built-in wardrobe

---

łazienka • bathroom

wieszak na ręczniki
towel rail

drzwi prysznica
shower door

kran z zimną wodą
cold tap

kran z ciepłą wodą
hot tap

słuchawka prysznicowa
shower head

umywalka
washbasin

prysznic
shower

zatyczka
plug

otwór odpływowy
drain

deska sedesowa
toilet seat

wanna
bathtub

sedes
toilet

szczotka do WC
toilet brush

bidet | bidet

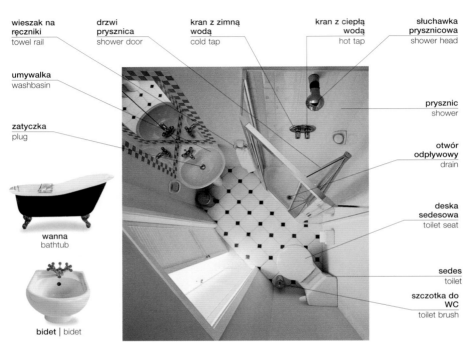

słowniczek • vocabulary

apteczka
medicine cabinet

mata łazienkowa
bath mat

papier toaletowy
toilet roll

zasłona prysznicowa
shower curtain

brać prysznic
take a shower (v)

brać kąpiel
take a bath (v)

higiena jamy ustnej • dental hygiene

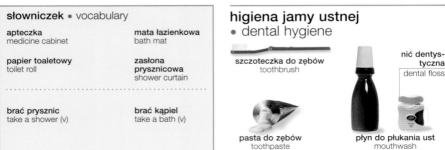

szczoteczka do zębów
toothbrush

nić dentys- tyczna
dental floss

pasta do zębów
toothpaste

płyn do płukania ust
mouthwash

gąbka
sponge

pumeks
pumice stone

szczotka do mycia pleców
back brush

dezodorant
deodorant

mydelniczka
soap dish

żel pod prysznic
shower gel

mydło
soap

krem do twarzy
face cream

płyn do kąpieli
bubble bath

ręcznik do rąk
hand towel

ręcznik kąpielowy
bath towel

ręczniki
towels

balsam do ciała
body lotion

talk
talcum powder

szlafrok
bathrobe

golenie • shaving

elektryczna maszynka do golenia
electric razor

pianka do golenia
shaving foam

jednorazowa maszynka do golenia
disposable razor

żyletka
razor blade

płyn po goleniu
aftershave

pokój dziecinny • nursery

pielęgnacja niemowlęcia • baby care

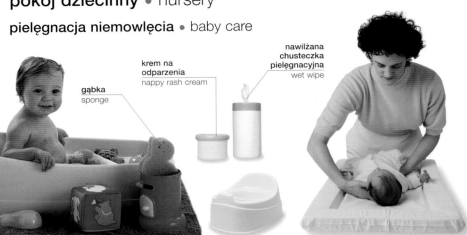

gąbka
sponge

krem na
odparzenia
nappy rash cream

nawilżana
chusteczka
pielęgnacyjna
wet wipe

kąpiel
baby bath

nocnik
potty

mata do przewijania
changing mat

spanie • sleeping

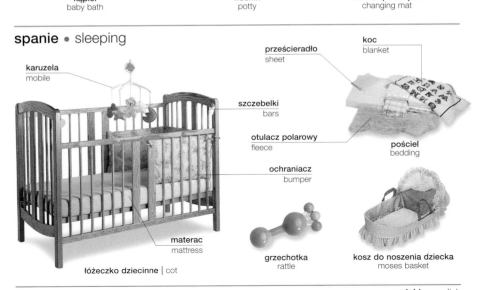

karuzela
mobile

prześcieradło
sheet

koc
blanket

szczebelki
bars

otulacz polarowy
fleece

pościel
bedding

ochraniacz
bumper

materac
mattress

grzechotka
rattle

kosz do noszenia dziecka
moses basket

łóżeczko dziecinne | cot

polski • english

zabawa • playing

lalka
doll

pluszowa zabawka
soft toy

domek dla lalek
doll's house

domek do zabawy
playhouse

miś
teddy bear

zabawka
toy

kosz na zabawki
toy basket

piłka
ball

kojec
playpen

bezpieczeństwo • safety

zamknięcie zabezpieczające
child lock

elektroniczna niania
baby monitor

bramka na schodach
stair gate

jedzenie • eating

wysokie krzesełko
high chair

smoczek
teat

kubeczek
drinking cup

butelka
bottle

wyjście z domu • going out

wózek spacerowy
pushchair

budka
hood

wózek dziecięcy
pram

nosidełko-gondola
carrycot

pielucha
nappy

torba z przyborami do przewijania
changing bag

nosidełko
baby sling

pomieszczenie gospodarcze • utility room

pranie • laundry

rzeczy do prania
dirty washing

kosz na brudną bieliznę
laundry basket

pralka
washing machine

pralka z suszarką
washer-dryer

suszarka bębnowa
tumble dryer

czyste ubrania
clean clothes

kosz na bieliznę
linen basket

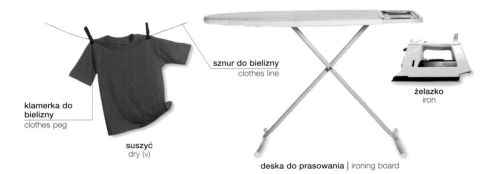

sznur do bielizny
clothes line

klamerka do bielizny
clothes peg

suszyć
dry (v)

żelazko
iron

deska do prasowania | ironing board

---

słowniczek • vocabulary

włożyć *(brudną bieliznę do pralki)*
load (v)

płukać
rinse (v)

wirować
spin (v)

wirówka
spin dryer

prasować
iron (v)

płyn do płukania tkanin
conditioner

Jak się obsługuje pralkę?
How do I operate the washing machine?

Jaki program trzeba wybrać do prania rzeczy kolorowych/białych?
What is the setting for coloureds/whites?

---

sprzęt do sprzątania • cleaning equipment

wąż ssący
suction hose

zmiotka
brush

szufelka
dust pan

**środek wybielający
i dezynfekujący**
bleach

wiaderko
bucket

proszek
powder

płyn
liquid

**ścierka do
kurzu**
duster

odkurzacz
vacuum cleaner

mop
mop

detergent
detergent

pasta
polish

czynności • activities

czyścić
clean (v)

myć
wash (v)

wycierać
wipe (v)

szorować
scrub (v)

skrobać
scrape (v)

szczotka
broom

zamiatać
sweep (v)

ścierać kurz
dust (v)

pastować
polish (v)

warsztat • workshop

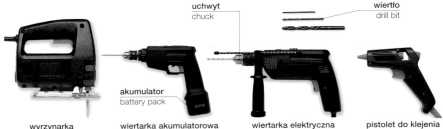

uchwyt
chuck

wiertło
drill bit

akumulator
battery pack

wyrzynarka
jigsaw

wiertarka akumulatorowa
rechargeable drill

wiertarka elektryczna
electric drill

pistolet do klejenia
glue gun

zacisk
clamp

ostrze
blade

imadło
vice

szlifierka
sander

piła tarczowa
circular saw

stół warsztatowy
workbench

klej do drewna
wood glue

tablica
narzędziowa
tool rack

frezarka pionowa
router

korba
stolarska
bit brace

wióry
wood shavings

przedłużacz
extension lead

techniki • techniques

ciąć
cut (v)

piłować
saw (v)

wiercić
drill (v)

wbijać
hammer (v)

strugać | plane (v)

toczyć | turn (v)

rzeźbić | carve (v)

lut
solder

lutować | solder (v)

materiały • materials

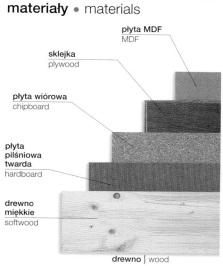

płyta MDF
MDF

sklejka
plywood

płyta wiórowa
chipboard

płyta pilśniowa twarda
hardboard

drewno miękkie
softwood

drewno | wood

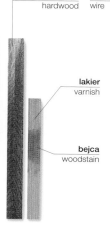

drewno twarde
hardwood

lakier
varnish

bejca
woodstain

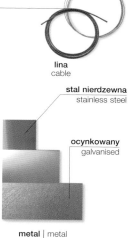

drut
wire

lina
cable

stal nierdzewna
stainless steel

ocynkowany
galvanised

metal | metal

skrzynka z narzędziami • toolbox

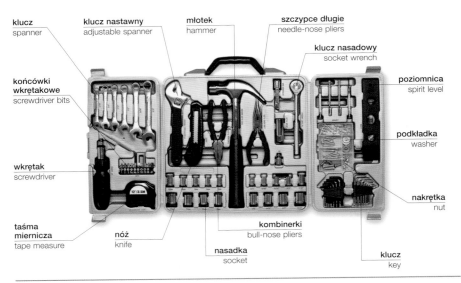

klucz
spanner

klucz nastawny
adjustable spanner

młotek
hammer

szczypce długie
needle-nose pliers

klucz nasadowy
socket wrench

końcówki wkrętakowe
screwdriver bits

poziomnica
spirit level

wkrętak
screwdriver

podkładka
washer

taśma miernicza
tape measure

nóż
knife

kombinerki
bull-nose pliers

nasadka
socket

nakrętka
nut

klucz
key

wiertła • drill bits

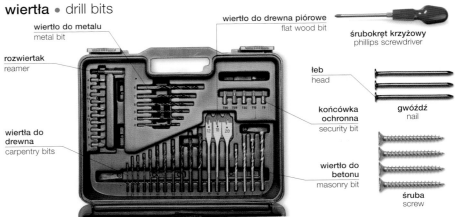

wiertło do metalu
metal bit

wiertło do drewna piórowe
flat wood bit

śrubokręt krzyżowy
phillips screwdriver

rozwiertak
reamer

łeb
head

wiertła do drewna
carpentry bits

końcówka ochronna
security bit

gwóźdź
nail

wiertło do betonu
masonry bit

śruba
screw

polski • english

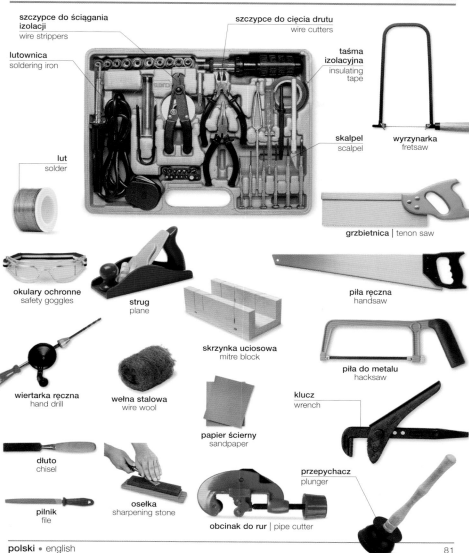

szczypce do ściągania izolacji
wire strippers

szczypce do cięcia drutu
wire cutters

lutownica
soldering iron

taśma izolacyjna
insulating tape

lut
solder

skalpel
scalpel

wyrzynarka
fretsaw

grzbietnica | tenon saw

okulary ochronne
safety goggles

strug
plane

piła ręczna
handsaw

skrzynka uciosowa
mitre block

wiertarka ręczna
hand drill

wełna stalowa
wire wool

piła do metalu
hacksaw

papier ścierny
sandpaper

klucz
wrench

dłuto
chisel

pilnik
file

osełka
sharpening stone

obcinak do rur | pipe cutter

przepychacz
plunger

odnawianie wnętrz • decorating

nożyce
scissors

nóż do tapet
craft knife

pion
plumb line

szpachla
scraper

tapeciarz
decorator

tapeta
wallpaper

drabina
stepladder

pędzel tapetowy
wallpaper brush

stół do nakładania kleju
pasting table

pędzel do nakładania kleju
pasting brush

klej do tapet
wallpaper paste

wiadro
bucket

tapetować | wallpaper (v)

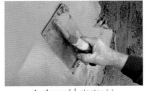

zdzierać | strip (v)

wypełniać | fill (v)

szlifować *(papierem ściernym)*
sand (v)

tynkować | plaster (v)

naklejać | hang (v)

kłaść płytki | tile (v)

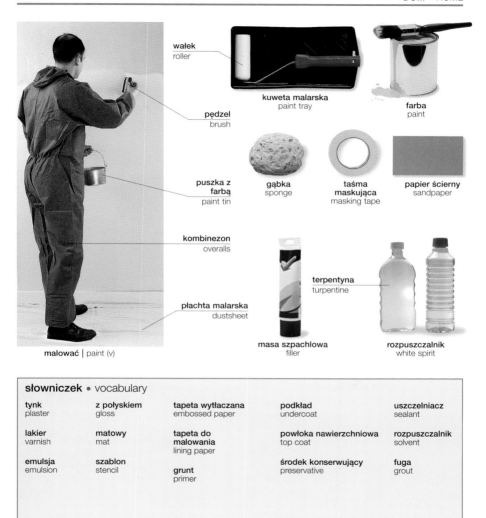

wałek
roller

kuweta malarska
paint tray

farba
paint

pędzel
brush

puszka z farbą
paint tin

gąbka
sponge

taśma maskująca
masking tape

papier ścierny
sandpaper

kombinezon
overalls

terpentyna
turpentine

płachta malarska
dustsheet

masa szpachlowa
filler

rozpuszczalnik
white spirit

malować | paint (v)

słowniczek • vocabulary

tynk plaster	**z połyskiem** gloss	**tapeta wytłaczana** embossed paper	**podkład** undercoat	**uszczelniacz** sealant
lakier varnish	**matowy** mat	**tapeta do malowania** lining paper	**powłoka nawierzchniowa** top coat	**rozpuszczalnik** solvent
emulsja emulsion	**szablon** stencil	**grunt** primer	**środek konserwujący** preservative	**fuga** grout

ogród • garden

style ogrodów • garden styles

patio | patio garden

ogród francuski | formal garden

ogród w stylu wiejskim
cottage garden

ogród ziołowy
herb garden

ogród na dachu
roof garden

ogródek skalny
rock garden

dziedziniec | courtyard

ogród wodny
water garden

wiszący kosz kwiatów
hanging basket

krata ogrodowa | trellis

pergola
pergola

gleba • soil

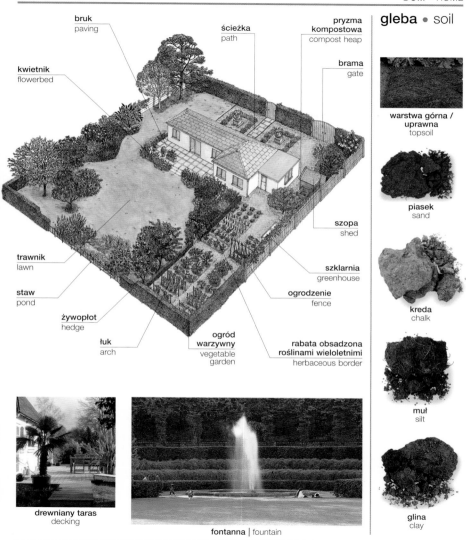

kwietnik
flowerbed

bruk
paving

ścieżka
path

**pryzma
kompostowa**
compost heap

brama
gate

szopa
shed

trawnik
lawn

staw
pond

żywopłot
hedge

łuk
arch

**ogród
warzywny**
vegetable
garden

szklarnia
greenhouse

ogrodzenie
fence

**rabata obsadzona
roślinami wieloletnimi**
herbaceous border

**warstwa górna /
uprawna**
topsoil

piasek
sand

kreda
chalk

muł
silt

glina
clay

drewniany taras
decking

fontanna | fountain

rośliny ogrodowe • garden plants

typy roślin • types of plants

roślina jednoroczna
annual

roślina dwuletnia
biennial

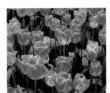
roślina wieloletnia
perennial

roślina cebulkowa
bulb

paproć
fern

sitowie
rush

bambus
bamboo

chwasty
weeds

zioło
herb

roślina wodna
water plant

drzewo
tree

palma
palm

drzewo iglaste
conifer

roślina wiecznie zielona
evergreen

(drzewo) **liściaste**
deciduous

rośliny formowane
topiary

roślina alpejska
alpine

roślina gruboszowata
succulent

kaktus
cactus

roślina w doniczce
potted plant

roślina cieniolubna
shade plant

pnącze
climber

kwitnący krzew
flowering shrub

okrywa roślinna
ground cover

roślina płożąca
creeper

roślina ozdobna
ornamental

trawa
grass

narzędzia ogrodnicze • garden tools

grabie do trawy
lawn rake

kompost
compost

nasiona
seeds

mączka kostna
bone meal

łopata
spade

widły
fork

nożyce na długich rączkach
long-handled shears

grabie
rake

motyka
hoe

żwir
gravel

worek na ściętą trawę
grass bag

silnik
motor

uchwyt
handle

koszyk
trug

osłona
shield

podpórka
stand

podkaszarka
trimmer

kosiarka do trawy
lawnmower

taczka
wheelbarrow

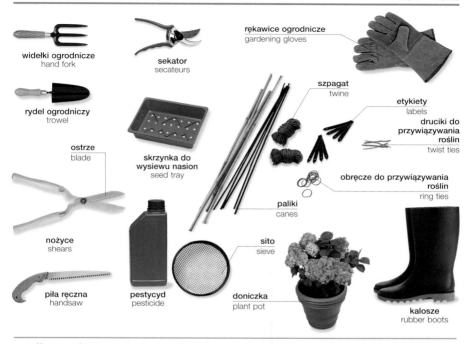

widełki ogrodnicze
hand fork

rydel ogrodniczy
trowel

sekator
secateurs

rękawice ogrodnicze
gardening gloves

ostrze
blade

skrzynka do wysiewu nasion
seed tray

szpagat
twine

etykiety
labels

druciki do przywiązywania roślin
twist ties

obręcze do przywiązywania roślin
ring ties

paliki
canes

nożyce
shears

sito
sieve

piła ręczna
handsaw

pestycyd
pesticide

doniczka
plant pot

kalosze
rubber boots

podlewanie • watering

pistolet natryskowy | spray gun

zraszacz
sprinkler

dysza rozpylająca
nozzle

konewka
watering can

wąż ogrodowy
hosepipe

sitko
rose

bęben do zwijania węża | hose reel

praca w ogrodzie • gardening

żywopłot
hedge

trawnik
lawn

kwietnik
flowerbed

kosiarka do trawy
lawnmower

palik
stake

kosić | mow (v)

pokrywać darnią
turf (v)

nakłuwać
spike (v)

grabić
rake (v)

przycinać
trim (v)

kopać
dig (v)

siać
sow (v)

nawozić na powierzchni
top dress (v)

podlewać
water (v)

palik
cane

kształtować
train (v)

obrywać zwiędnięte kwiaty
deadhead (v)

spryskiwać
spray (v)

szczepić
graft (v)

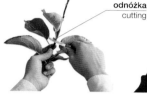

odnóżka
cutting

rozmnażać
propagate (v)

przycinać
prune (v)

podeprzeć palikiem
stake (v)

wysadzać
transplant (v)

pleć
weed (v)

okryć mierzwą
mulch (v)

zbierać
harvest (v)

---

słowniczek • vocabulary

uprawiać cultivate (v)	**urządzić** *(ogród)* landscape (v)	**nawozić** fertilize (v)	**przesiewać** sieve (v)	**organiczny** organic	**sadzonka** seedling	**podglebie** subsoil
zajmować się *(ogrodem)* tend (v)	**posadzić w doniczce** pot up (v)	**zbierać** pick (v)	**napowietrzać** aerate (v)	**drenaż** drainage	**nawóz** fertilizer	**środek chwastobójczy** weedkiller

---

usługi
services

pomoc w nagłych wypadkach • emergency services

pogotowie ratunkowe • ambulance

karetka pogotowia ratunkowego | ambulance

nosze
stretcher

ratownik medyczny | paramedic

policja • police

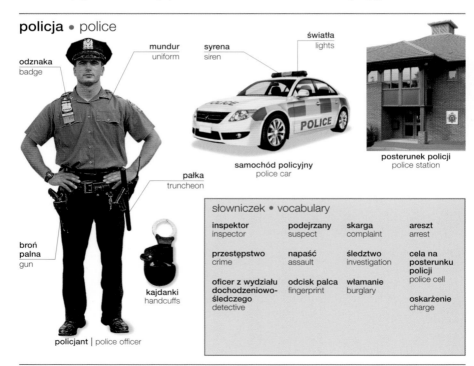

odznaka
badge

mundur
uniform

syrena
siren

światła
lights

broń palna
gun

pałka
truncheon

kajdanki
handcuffs

policjant | police officer

samochód policyjny
police car

posterunek policji
police station

słowniczek • vocabulary

inspektor inspector	**podejrzany** suspect	**skarga** complaint	**areszt** arrest
przestępstwo crime	**napaść** assault	**śledztwo** investigation	**cela na posterunku policji** police cell
oficer z wydziału dochodzeniowo-śledczego detective	**odcisk palca** fingerprint	**włamanie** burglary	**oskarżenie** charge

straż pożarna • fire brigade

kask
helmet

dym
smoke

wąż strażacki
hose

kosz
cradle

strumień wody
water jet

strażacy
fire fighters

wysięgnik
boom

drabina
ladder

kabina
cab

pożar | fire

posterunek straży pożarnej
fire station

wyjście ewakuacyjne
fire escape

wóz strażacki
fire engine

czujnik dymu
smoke alarm

FIRE
BREAK GLASS
PRESS HERE

alarm pożarowy
fire alarm

topór
axe

gaśnica
fire extinguisher

hydrant
hydrant

Potrzebna jest policja / straż pożarna / karetka pogotowia. I need the police/fire brigade/ ambulance.	**W… wybuchł pożar.** There's a fire at…	**Zdarzył się wypadek.** There's been an accident.	**Wezwać policję!** Call the police!

bank • bank

klient
customer

okienko
window

kasjer
cashier

ulotki informacyjne
leaflets

kontuar
counter

druki wpłat
paying-in slips

karta debetowa
debit card

odcinek
stub

numer rachunku
account number

podpis
signature

kwota
amount

dyrektor banku
bank manager

karta kredytowa
credit card

książeczka czekowa
chequebook

czek
cheque

słowniczek • vocabulary

oszczędności savings	kredyt hipoteczny mortgage	zapłata payment	wpłacać pay in (v)	rachunek bieżący current account
podatek tax	debet overdraft	polecenie zapłaty direct debit	opłata manipulacyjna bank charge	rachunek oszczędnościowy savings account
pożyczka loan	stopa procentowa interest rate	zlecenie wypłaty withdrawal slip	przelew bankowy bank transfer	PIN pin number

moneta
coin

banknot
note

ekran
screen

otwór na kartę
card slot

klawiatura
key pad

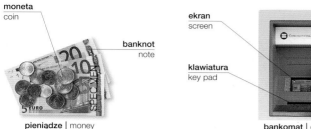

pieniądze | money

bankomat | cash machine

obca waluta • foreign currency

kantor wymiany walut
bureau de change

czek podróżny
traveller's cheque

kurs walutowy
exchange rate

słowniczek • vocabulary

zrealizować *(czek)*
cash (v)

udziały
shares

nominał
denomination

dywidendy
dividends

prowizja
commission

księgowy
accountant

inwestycja
investment

portfel
portfolio

akcje
stocks

kapitał własny
equity

Czy można to wymienić?
Can I change this please?

Jaki jest dzisiejszy kurs walutowy?
What's today's exchange rate?

finanse • finance

cena akcji
share price

makler giełdowy
stockbroker

doradca finansowy
financial advisor

giełda papierów wartościowych
stock exchange

łączność • communications

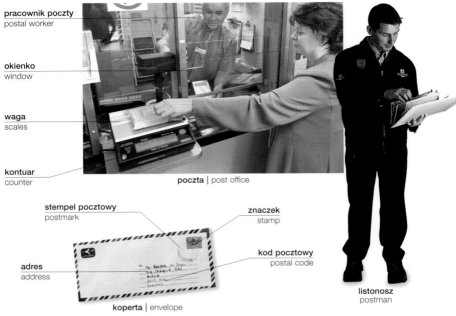

pracownik poczty
postal worker

okienko
window

waga
scales

kontuar
counter

poczta | post office

stempel pocztowy
postmark

znaczek
stamp

kod pocztowy
postal code

adres
address

listonosz
postman

koperta | envelope

---

słowniczek • vocabulary

list letter	**adres zwrotny** return address	**doręczanie** delivery	**kruchy** fragile	**nie zginać** do not bend (v)
pocztą lotniczą by airmail	**podpis** signature	**przekaz pocztowy** postal order	**torba na listy** mailbag	**tą stroną** **do góry** this way up
przesyłka **polecona** registered post	**wybieranie** **poczty** collection	**opłata pocztowa** postage	**telegram** telegram	**faks** fax

---

skrzynka pocztowa
postbox

skrzynka na listy
letterbox

paczka
parcel

kurier
courier

telefon • telephone

słuchawka
handset

baza
base station

automatyczna sekretarka
answering machine

telefon bezprzewodowy
cordless phone

wideofon
video phone

budka telefoniczna
telephone box

smartfon
smartphone

klawiatura
keypad

telefon komórkowy
mobile phone

słuchawka
receiver

zwrot monet
coin return

automat telefoniczny
payphone

---

słowniczek • vocabulary

informacja telefoniczna
directory enquiries

rozmowa na koszt odbiorcy
reverse charge call

wybrać *(numer)*
dial (v)

odebrać *(telefon)*
answer (v)

SMS
text

wiadomość głosowa
voice message

operator
operator

zajęty
engaged/busy

rozłączony
disconnected

aplikacja
app

kod dostępu
passcode

Czy może mi pan/pani podać numer do...?
Can you give me the number for...?

Jaki jest numer kierunkowy do...?
What is the dialling code for...?

Wyślij mi SMS-a!
Text me!

---

hotel • hotel
hol • lobby

gość
guest

klucz do pokoju
room key

wiadomości
messages

przegródka
pigeonhole

recepcjonista
receptionist

księga gości
register

biurko
counter

recepcja | reception

bagaż
luggage

wózek
trolley

bagażowy | porter

winda | lift

numer pokoju
room number

pokoje • rooms

pokój jednoosobowy
single room

pokój dwuosobowy
(z jednym łóżkiem)
double room

pokój dwuosobowy
(z dwoma łóżkami)
twin room

osobna łazienka
private bathroom

usługi • services

taca ze śniadaniem
breakfast tray

sprzątanie pokoi
maid service

usługi pralnicze
laundry service

obsługa pokoi | room service

minibar
mini bar

restauracja
restaurant

siłownia
gym

basen
swimming pool

słowniczek • vocabulary

pensjonat
(oferujący zakwaterowanie ze śniadaniem)
bed and breakfast

zakwaterowanie z pełnym wyżywieniem
full board

zakwaterowanie z niepełnym wyżywieniem
half board

Czy są wolne miejsca?
Do you have any vacancies?

Mam rezerwację.
I have a reservation.

Poproszę pokój jednoosobowy.
I'd like a single room.

Poproszę pokój na trzy noce.
I'd like a room for three nights.

Ile wynosi cena za noc?
What is the charge per night?

Kiedy muszę zwolnić pokój?
When do I have to vacate the room?

zakupy
shopping

centrum handlowe • shopping centre

atrium
atrium

znak
sign

winda
lift

drugie piętro
second floor

pierwsze piętro
first floor

schody ruchome
escalator

parter
ground floor

klient
customer

---

słowniczek • vocabulary

dział dziecięcy
children's department

dział z torbami podróżnymi
luggage department

dział obuwniczy
shoe department

lista sklepów
store directory

sprzedawca
sales assistant

dział obsługi klienta
customer services

przymierzalnie
changing rooms

pomieszczenie do przewijania niemowląt
baby changing facilities

toalety
toilets

Ile to kosztuje?
How much is this?

Czy mogę to wymienić?
May I exchange this?

---

dom towarowy • department store

odzież męska
men's wear

odzież damska
women's wear

bielizna
lingerie

perfumeria
perfumery

kosmetyki
beauty

bielizna pościelowa i stołowa
linen

wyposażenie mieszkań
home furnishings

pasmanteria
haberdashery

sprzęt kuchenny
kitchenware

porcelana
china

artykuły elektryczne
electrical goods

sprzęt oświetleniowy
lighting

artykuły sportowe
sports

zabawki
toys

artykuły papiernicze
stationery

dział spożywczy
food hall

supermarket • supermarket

taśma
conveyer belt

kasjer
cashier

oferty specjalne
offers

przejście
aisle

półka
shelf

kasy | checkout

klient
customer

kasa
till

torba na
zakupy
shopping bag

artykuły
spożywcze
groceries

uchwyt
handle

kod paskowy
bar code

wózek | trolley

koszyk | basket

czytnik | scanner

pieczywo
bakery

produkty mleczne
dairy

płatki śniadaniowe
cereals

konserwy
tinned food

słodycze
confectionery

warzywa
vegetables

owoce
fruit

mięso i drób
meat and poultry

ryby
fish

delikatesy
deli

mrożonki
frozen food

dania gotowe
convenience food

napoje
drinks

chemia gospodarcza
household products

kosmetyki
toiletries

artykuły dla niemowląt
baby products

artykuły elektryczne
electrical goods

pokarm dla zwierząt
pet food

czasopisma | magazines

apteka • chemist

higiena jamy ustnej
dental care

artykuły higieniczne dla kobiet
feminine hygiene

dezodoranty
deodorants

witaminy
vitamins

punkt wydawania leków
dispensary

aptekarz
pharmacist

lekarstwo na kaszel
cough medicine

leki ziołowe
herbal remedies

środki do pielęgnacji skóry
skin care

balsam po opalaniu
aftersun

krem z filtrem przeciwsłonecznym
sunscreen

krem z wysokim filtrem przeciwsłonecznym
sunblock

środek odstraszający owady
insect repellent

nawilżana chusteczka odświeżająca
wet wipe

chusteczka higieniczna
tissue

podpaska
sanitary towel

tampon
tampon

wkładka higieniczna
panty liner

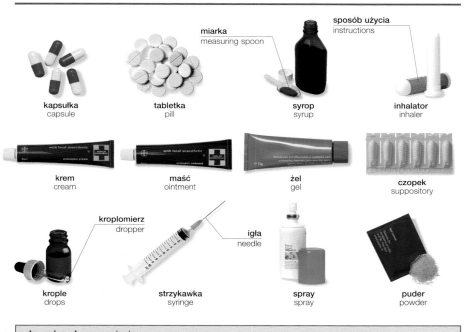

miarka
measuring spoon

sposób użycia
instructions

kapsułka
capsule

tabletka
pill

syrop
syrup

inhalator
inhaler

krem
cream

maść
ointment

żel
gel

czopek
suppository

kroplomierz
dropper

igła
needle

krople
drops

strzykawka
syringe

spray
spray

puder
powder

słowniczek • vocabulary

żelazo
iron

wapń
calcium

magnez
magnesium

multiwitaminy
multivitamins

insulina
insulin

skutki uboczne
side-effects

data ważności
expiry date

tabletki przeciw chorobie lokomocyjnej
travel sickness pills

jednorazowy
disposable

rozpuszczalny
soluble

dawkowanie
dosage

kuracja lekami
medication

lek
medicine

środek przeczyszczający
laxative

biegunka
diarrhoea

pastylka od bólu gardła
throat lozenge

środek przeciwbólowy
painkiller

środek uspokajający
sedative

tabletka na sen
sleeping pill

środek przeciwzapalny
anti-inflammatory

kwiaciarnia • florist

kwiaty
flowers

lilia
lily

akacja
acacia

goździk
carnation

**roślina
doniczkowa**
pot plant

mieczyk
gladiolus

irys
iris

margerytka
daisy

chryzantema
chrysanthemum

łyszczec
gypsophila

lewkonie
stocks

gerbera
gerbera

liście
foliage

róża
rose

frezja
freesia

kompozycje • arrangements

wazon
vase

orchidea
orchid

peonia
peony

bukiet
bunch

łodyga
stem

żonkil
daffodil

pączek
bud

opakowanie
wrapping

tulipan | tulip

wstążka
ribbon

bukiet
bouquet

suche kwiaty
dried flowers

pot-pourri | pot-pourri

wieniec | wreath

girlanda
garland

Czy mogę dołączyć wiadomość? Can I attach a message?	**Jak długo wytrzymają?** How long will these last?
Czy one pachną? Are they fragrant?	**Czy może je pan/pani wysłać do…?** Can you send them to….?
Czy może je pan/pani zapakować? Can I have them wrapped?	**Poproszę bukiet….** Can I have a bunch of… please.

kiosk z gazetami • newsagent

papierosy
cigarettes

paczka papierosów
packet of cigarettes

znaczki
stamps

kartka pocztowa
postcard

komiks
comic

czasopismo
magazine

gazeta
newspaper

palenie • smoking

cybuch
stem

główka
bowl

tytoń
tobacco

zapalniczka
lighter

fajka
pipe

cygaro
cigar

cukiernia • confectioner

bombonierka
box of chocolates

batonik
snack bar

czipsy
crisps

sklep ze słodyczami | sweet shop

słodycze • confectionery

czekoladka
chocolate

tabliczka czekolady
chocolate bar

cukierki
sweets

lizak
lollipop

toffi | toffee

nugat | nougat

pianka
marshmallow

cukierek miętowy
mint

guma do żucia
chewing gum

żelek
jellybean

żelka owocowa
fruit gum

cukierki lukrecjowe
liquorice

inne sklepy • other shops

piekarnia
baker's

ciastkarnia
cake shop

sklep mięsny
butcher's

sklep rybny
fishmonger's

sklep owocowo-warzywny
greengrocer's

sklep spożywczy
grocer's

sklep obuwniczy
shoe shop

sklep żelazny
hardware shop

sklep z antykami
antiques shop

sklep z upominkami
gift shop

biuro podróży
travel agent's

jubiler
jeweller's

polski • english

księgarnia
bookshop

sklep z płytami
record shop

sklep monopolowy
off-licence

sklep zoologiczny
pet shop

sklep meblowy
furniture shop

butik
boutique

słowniczek • vocabulary

agencja nieruchomości
estate agent's

centrum ogrodnicze
garden centre

pralnia chemiczna
dry cleaner's

pralnia samoobsługowa
launderette

sklep fotograficzny
camera shop

sklep ze zdrową żywnością
health food shop

sklep z artykułami plastycznymi
art shop

sklep z rzeczami używanymi
second-hand shop

zakład krawiecki
tailor's

fryzjer
hairdresser's

rynek | market

żywność
food

mięso • meat

jagnięcina
lamb

rzeźnik
butcher

hak rzeźnicki
meat hook

waga
scales

ostrzałka do noży
knife sharpener

bekon
bacon

kiełbaski
sausages

wątróbka
liver

słowniczek • vocabulary

wieprzowina pork	**sarnina** venison	**podroby** offal	**z hodowli naturalnej** free range	**czerwone mięso** red meat
wołowina beef	**królik** rabbit	**peklowany** cured	**organiczny** organic	**chude mięso** lean meat
cielęcina veal	**ozór** tongue	**wędzony** smoked	**białe mięso** white meat	**gotowane mięso** cooked meat

kawałki • cuts

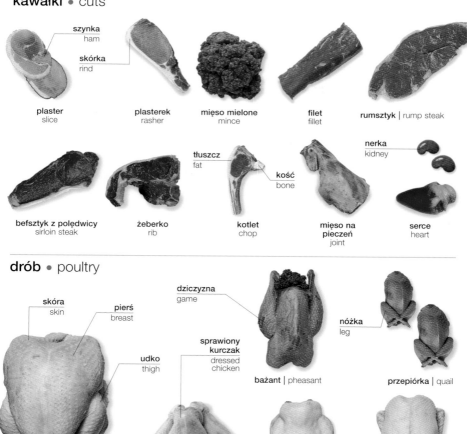

plaster
slice

szynka
ham

skórka
rind

plasterek
rasher

mięso mielone
mince

filet
fillet

rumsztyk | rump steak

befsztyk z polędwicy
sirloin steak

żeberko
rib

tłuszcz
fat

kość
bone

kotlet
chop

mięso na pieczeń
joint

nerka
kidney

serce
heart

drób • poultry

skóra
skin

pierś
breast

dziczyzna
game

nóżka
leg

udko
thigh

sprawiony kurczak
dressed chicken

bażant | pheasant

przepiórka | quail

skrzydełko
wing

indyk
turkey

kurczak | chicken

kaczka | duck

gęś | goose

ryby • fish

oczyszczone
krewetki
peeled prawns

lód
ice

barwena
red mullet

filety z halibuta
halibut fillets

pstrąg tęczowy
rainbow trout

płetwy płaszczki
skate wings

sklep rybny
fishmonger's

żabnica
monkfish

makrela
mackerel

pstrąg
trout

miecznik
swordfish

sola dover
Dover sole

sola lemon (złocica)
lemon sole

łupacz
haddock

sardynka
sardine

płaszczka
skate

witlinek
whiting

strzępiel
sea bass

łosoś | salmon

dorsz
cod

morlesz
sea bream

tuńczyk
tuna

owoce morza • seafood

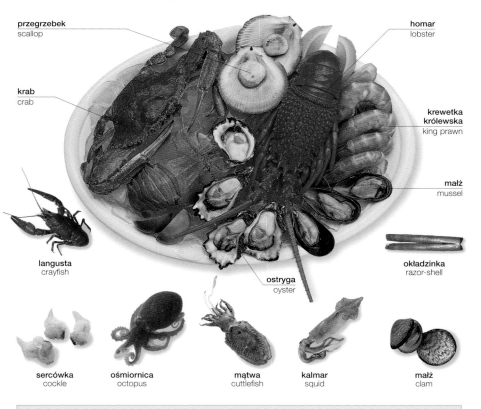

przegrzebek
scallop

homar
lobster

krab
crab

**krewetka
królewska**
king prawn

małż
mussel

langusta
crayfish

okładzinka
razor-shell

ostryga
oyster

sercówka
cockle

ośmiornica
octopus

mątwa
cuttlefish

kalmar
squid

małż
clam

słowniczek • vocabulary

mrożony frozen	**oczyszczony** cleaned	**wędzony** smoked	**oskrobany** descaled	**filet** fillet	**polędwica** loin	**ogon** tail	**ość** bone	**łuska** scale
świeży fresh	**solony** salted	**bez skóry** skinned	**filetowany** boned	**filetowany** filleted	**stek** steak	**Czy mogę prosić o oczyszczenie?** Will you clean it for me?		

warzywa 1 • vegetables 1

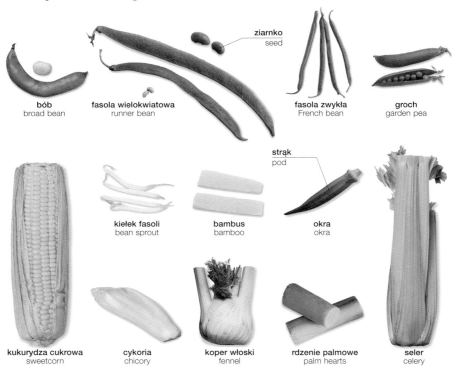

ziarnko
seed

bób
broad bean

fasola wielokwiatowa
runner bean

fasola zwykła
French bean

groch
garden pea

strąk
pod

kiełek fasoli
bean sprout

bambus
bamboo

okra
okra

kukurydza cukrowa
sweetcorn

cykoria
chicory

koper włoski
fennel

rdzenie palmowe
palm hearts

seler
celery

---

słowniczek • vocabulary

liść leaf	**różyczka** floret	**czubek** tip	**organiczny** organic	**Czy są u pana/pani warzywa organiczne?** Do you sell organic vegetables?
łodyga stalk	**ziarno** kernel	**środek** heart	**worek foliowy** plastic bag	**Czy one pochodzą z upraw w okolicy?** Are these grown locally?

rukola
rocket

rukiew wodna
watercress

radicchio (cykoria sałatowa)
radicchio

brukselka
brussel sprout

boćwina
swiss chard

jarmuż
kale

szczaw
sorrel

endywia
endive

mlecz
dandelion

szpinak
spinach

kalarepa
kohlrabi

pak-choi (kapusta chińska)
pak-choi

sałata
lettuce

brokuł
broccoli

kapusta
cabbage

młoda kapusta
spring greens

warzywa 2 • vegetables 2

rzepa
turnip

karczoch
artichoke

rzodkiewka
radish

kalafior
cauliflower

szparagi
asparagus

ziemniak
potato

cukinia
marrow

cebula
onion

papryka
pepper

papryczka chilli
chilli

kukurydza
sweetcorn

słowniczek • vocabulary

pomidorek koktajlowy cherry tomato	**seler korzeniowy** celeriac	**mrożony** frozen	**gorzki** bitter	**Poproszę kilogram ziemniaków.** Can I have one kilo of potatoes please?
marchew carrot	**bulwa kolokazji** taro root	**surowy** raw	**jędrny** firm	**Jaka jest cena za kilogram?** What's the price per kilo?
owoc drzewa chlebowego breadfruit	**tapioka** cassava	**ostry (pikantny)** hot (spicy)	**miąższ** flesh	**Jak to się nazywa?** What are those called?
młody ziemniak new potato	**kotewka orzech wodny** water chestnut	**słodki** sweet	**korzeń** root	

batat
sweet potato

jams (ignam, pochrzyn)
yam

burak
beetroot

brukiew
swede

słonecznik bulwiasty
Jerusalem artichoke

chrzan
horseradish

pasternak
parsnip

imbir
ginger

bakłażan
aubergine

pomidor
tomato

młoda cebulka
spring onion

por
leek

szalotka
shallot

czosnek
garlic

ząbek
clove

trufla
truffle

grzyb
mushroom

ogórek
cucumber

cukinia
courgette

dynia piżmowa butternut
butternut squash

dynia zwyczajna
acorn squash

dynia
pumpkin

owoce 1 • fruit 1

owoce cytrusowe • citrus fruit

pomarańcza
orange

klementynka
clementine

tangelo *(skrzyżowanie grejpfruta z mandarynką)*
ugli fruit

albedo
pith

grejpfrut
grapefruit

cząstka
segment

mandarynka
tangerine

mandarynka
(odmiana japońska)
satsuma

skórka
zest

limonka
lime

cytryna
lemon

kumkwat
kumquat

owoce pestkowe • stoned fruit

brzoskwinia
peach

nektarynka
nectarine

morela
apricot

śliwka
plum

wiśnia
cherry

jabłko
apple

gruszka
pear

kosz owoców | basket of fruit

owoce jagodowe i melony • berries and melons

truskawka
strawberry

malina
raspberry

melon
melon

winogrona
grapes

jeżyna
blackberry

czerwona porzeczka
redcurrant

skórka
rind

pestka
seed

żurawina
cranberry

czarna porzeczka
blackcurrant

miąższ
flesh

jagoda
blueberry

biała porzeczka
white currant

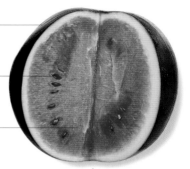

arbuz
watermelon

malinojeżyna
loganberry

agrest
gooseberry

słowniczek • vocabulary

rabarbar rhubarb	**kwaśny** sour	**kruchy** crisp	**sok** juice	**Czy są dojrzałe?** Are they ripe?
błonnik fibre	**świeży** fresh	**zgniły** rotten	**gniazdo nasienne** core	**Czy mogę spróbować?** Can I try one?
słodki sweet	**soczysty** juicy	**miąższ** pulp	**bezpestkowy** seedless	**Jak długo będą świeże?** How long will they keep?

owoce 2 • fruit 2

mango
mango

ananas
pineapple

awokado
avocado

papaja
papaya

brzoskwinia
peach

liczi chińskie
lychee

kiwi
kiwifruit

miechunka peruwiańska
cape gooseberry

pestka
pip

skórka
skin

pigwa
quince

marakuja
passion fruit

banan
banana

guajawa
guava

granat
pomegranate

persymona
persimmon

feijoa sellowiana
(akka)
feijoa

owoc opuncji
prickly pear

karambola
starfruit

tamarillo
tamarillo

orzechy i owoce suszone • nuts and dried fruit

orzeszek piniowy
pine nut

orzeszek pistacjowy
pistachio

orzech nerkowca
cashewnut

orzech ziemny
peanut

orzech laskowy
hazelnut

orzech brazylijski
brazilnut

pekan
pecan

migdał
almond

orzech włoski
walnut

kasztan
chestnut

orzech makadamii
macadamia

figa
fig

daktyl
date

suszona śliwka
prune

łupina
shell

sułtanka
sultana

rodzynek
raisin

koryntka
currant

miąższ
flesh

kokos
coconut

słowniczek • vocabulary

zielony green	**twardy** hard	**jądro** kernel	**solony** salted	**prażony** roasted	**łuskany** shelled	**owoce kandyzowane** candied fruit
dojrzały ripe	**miękki** soft	**suszony** desiccated	**surowy** raw	**sezonowy** seasonal	**cały** whole	**owoce egzotyczne** tropical fruit

rośliny zbożowe i strączkowe • grains and pulses

rośliny zbożowe • grains

pszenica
wheat

owies
oats

jęczmień
barley

proso
millet

kukurydza
corn

komosa ryżowa
quinoa

słowniczek • vocabulary

nasiona seed	**świeży** fresh	**moczyć** soak (v)
łuska husk	**aromatyzowany** fragranced	**instant** easy cook
ziarno kernel	**zboże** cereal	**długoziarnisty** long-grain
suchy dry	**pełnoziarnisty** wholegrain	**krótkoziarnisty** short-grain

ryż • rice

ryż biały
white rice

ryż brązowy (niełuskany)
brown rice

ryż dziki
wild rice

ryż okrągłoziarnisty
pudding rice

zboża przetworzone • processed grains

kuskus
couscous

śruta pszenna
cracked wheat

kasza manna
semolina

otręby
bran

fasola i groch • beans and peas

fasola limeńska
butter beans

fasola biała
haricot beans

fasola czerwona
red kidney beans

fasola adzuki
aduki beans

bób
broad beans

soja
soya beans

fasola czarne oczko
black-eyed beans

fasola pinto
pinto beans

fasola mung
mung beans

fasola flażoletka
flageolet beans

soczewica brązowa
brown lentils

soczewica czerwona
red lentils

groszek zielony
green peas

ciecierzyca
chick peas

groch łuskany
split peas

ziarna i pestki • seeds

pestka dyni
pumpkin seed

ziarno gorczycy
mustard seed

kminek
caraway

ziarno sezamowe
sesame seed

pestka słonecznika
sunflower seed

zioła i przyprawy • herbs and spices

przyprawy • spices

wanilia
vanilla

gałka muszkatołowa
nutmeg

macis
mace

kurkuma
turmeric

kminek
cumin

mieszanka ziół
bouquet garni

ziele angielskie
allspice

ziarnko pieprzu
peppercorn

kozieradka
fenugreek

chilli
chilli

cały
whole

rozkruszony
crushed

szafran
saffron

kardamon
cardamom

curry
curry powder

mielony
ground

papryka
paprika

wiórki
flakes

czosnek
garlic

przyprawy ziołowe • herbs

laski
sticks

cynamon
cinnamon

palczatka cytrynowa
lemon grass

goździki
cloves

anyż gwiazdkowaty
star anise

imbir
ginger

koper włoski
fennel

nasiona kopru
fennel seeds

liść laurowy
bay leaf

pietruszka
parsley

szczypiorek
chives

mięta
mint

tymianek
thyme

szałwia
sage

estragon
tarragon

majeranek
marjoram

bazylia
basil

rozmaryn
rosemary

oregano
oregano

kolendra
coriander

koper
dill

żywność w butelkach i słoikach
• bottled foods

olej z orzecha
włoskiego
walnut oil

olej z pestek
winogron
grapeseed oil

korek
cork

olej
słonecznikowy
sunflower oil

olej
migdałowy
almond oil

olej
sezamowy
sesame
seed oil

olej z orzechów
laskowych
hazelnut oil

oliwa z oliwek
olive oil

zioła
herbs

olej
aromatyzowany
flavoured oil

oleje
oils

słodkie produkty do smarowania
• sweet spreads

słoik
jar

plaster miodu
honeycomb

miód stały
set honey

pasta cytrynowa
lemon curd

dżem malinowy
raspberry jam

dżem z owoców
cytrusowych
marmalade

miód płynny
clear honey

syrop klonowy
maple syrup

polski • english

przyprawy i produkty do smarowania
• condiments and spreads

ocet winny jabłkowy
cider vinegar

butelka
bottle

ocet balsamiczny
balsamic vinegar

musztarda angielska
English mustard

majonez
mayonnaise

keczup
ketchup

musztarda francuska
French mustard

chutney
chutney

ocet słodowy
malt vinegar

ocet winny
wine vinegar

sos
sauce

musztarda ziarnista
wholegrain mustard

ocet
vinegar

---

słoik szczelnie zamknięty
sealed jar

masło orzechowe
peanut butter

krem czekoladowy do smarowania
chocolate spread

owoce konserwowane
preserved fruit

słowniczek • vocabulary

olej kukurydziany
corn oil

olej rzepakowy
rapeseed oil

olej arachidowy
groundnut oil

olej tłoczony na zimno
cold-pressed oil

olej roślinny
vegetable oil

---

produkty mleczne • dairy produce

ser • cheese

skórka
rind

ser półtwardy
semi-hard cheese

tarty ser
grated cheese

ser twardy
hard cheese

ser półmiękki
semi-soft cheese

twarożek
cottage
cheese

serek śmietankowy
cream cheese

ser niebieski
blue cheese

ser miękki
soft cheese

świeży ser | fresh cheese

mleko • milk

mleko pełne
whole milk

mleko półtłuste
semi-skimmed
milk

**mleko
odtłuszczone**
skimmed milk

karton na mleko
milk carton

mleko kozie
goat's milk

mleko skondensowane
condensed milk

mleko krowie | cow's milk

masło
butter

margaryna
margarine

śmietana
cream

śmietana o niskiej zawartości tłuszczu
single cream

śmietana kremowa
double cream

bita śmietana
whipped cream

śmietana kwaśna
sour cream

jogurt
yoghurt

lody
ice-cream

jaja • eggs

żółtko
yolk

białko
egg white

skorupka
shell

jajo kurze
hen's egg

jajo kacze
duck egg

kieliszek do jajek
egg cup

jajo gęsie
goose egg

jajo przepiórcze
quail egg

jajko gotowane
boiled egg

słowniczek • vocabulary

pasteryzowany pasteurized	**koktajl mleczny** milkshake	**solony** salted	**mleko owcze** sheep's milk	**laktoza** lactose	**homogenizowany** homogenised
niepasteryzowany unpasteurized	**jogurt mrożony** frozen yoghurt	**niesolony** unsalted	**maślanka** buttermilk	**beztłuszczowy** fat free	**mleko w proszku** powdered milk

pieczywo i mąka • breads and flours

chleb krojony
sliced bread

mak
poppy seeds

chleb żytni
rye bread

bagietka
baguette

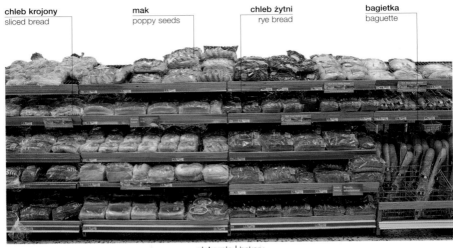

piekarnia | bakery

wypiek chleba • making bread

mąka biała
white flour

mąka brązowa
brown flour

mąka razowa
wholemeal flour

drożdże
yeast

przesiewać
sift (v)

mieszać
mix (v)

ciasto
dough

zagniatać
knead (v)

piec
bake (v)

polski • english

skórka
crust

chleb biały
white bread

bochenek
loaf

chleb ciemny
brown bread

chleb razowy
wholemeal bread

kromka
slice

chleb pełnoziarnisty
granary bread

**chleb z mąki
kukurydzianej**
corn bread

chleb sodowy
soda bread

chleb na zakwasie
sourdough bread

podpłomyk
flatbread

bajgiel
bagel

miękka bułka
bap

bułka
roll

bułka z owocami
fruit bread

**pieczywo z dodatkiem
ziaren**
seeded bread

chleb naan
naan bread

chleb pita
pitta bread

pieczywo chrupkie
crispbread

słowniczek • vocabulary

mąka chlebowa strong flour	**rosnąć** rise (v)	**rosnąć** prove (v)	**bułka tarta** breadcrumbs	**krajalnica** slicer
mąka z dodatkiem proszku do pieczenia self-raising flour	**mąka zwykła** plain flour	**polewać polewą** glaze (v)	**paluch** flute	**piekarz** baker

ciasta i desery • cakes and desserts

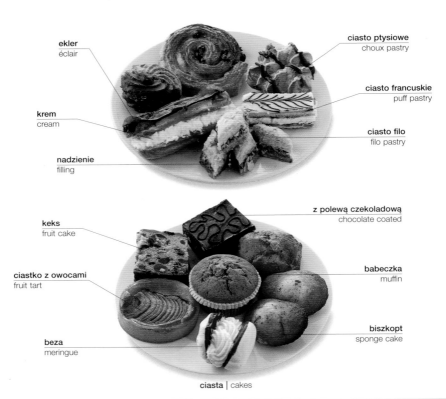

ekler
éclair

ciasto ptysiowe
choux pastry

ciasto francuskie
puff pastry

krem
cream

ciasto filo
filo pastry

nadzienie
filling

z polewą czekoladową
chocolate coated

keks
fruit cake

babeczka
muffin

ciastko z owocami
fruit tart

biszkopt
sponge cake

beza
meringue

ciasta | cakes

słowniczek • vocabulary

krem do ciast crème patisserie	**bułeczka** bun	**ciastko** pastry	**pudding ryżowy** rice pudding	**Czy mogę prosić o kawałek?** May I have a slice please?
ciasto czekoladowe chocolate cake	**krem budyniowy** custard	**kawałek** slice	**uroczystość** celebration	

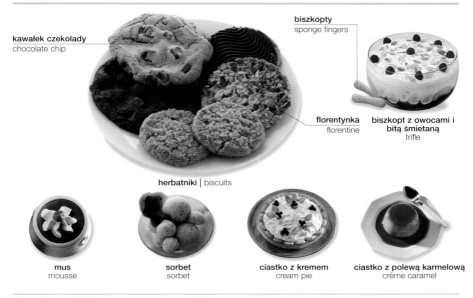

kawałek czekolady
chocolate chip

biszkopty
sponge fingers

florentynka
florentine

biszkopt z owocami i bitą śmietaną
trifle

herbatniki | biscuits

mus
mousse

sorbet
sorbet

ciastko z kremem
cream pie

ciastko z polewą karmelową
crème caramel

ciasta na specjalne okazje • celebration cakes

górna warstwa
top tier

wstążka
ribbon

dolna warstwa
bottom tier

lukier
icing

marcepan
marzipan

tort weselny | wedding cake

dekoracja
decoration

świeczki urodzinowe
birthday candles

zdmuchnąć
blow out (v)

tort urodzinowy | birthday cake

delikatesy • delicatessen

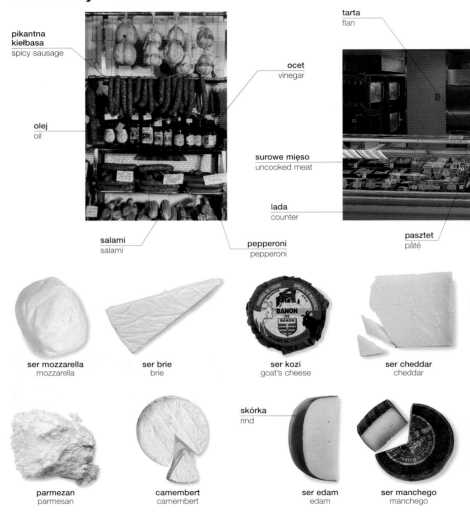

pikantna kiełbasa
spicy sausage

ocet
vinegar

tarta
flan

olej
oil

surowe mięso
uncooked meat

lada
counter

salami
salami

pepperoni
pepperoni

pasztet
pâté

ser mozzarella
mozzarella

ser brie
brie

ser kozi
goat's cheese

ser cheddar
cheddar

parmezan
parmesan

camembert
camembert

skórka
rind

ser edam
edam

ser manchego
manchego

paszteciki
pies

czarna
oliwka
black olive

papryczka
chilli
chili

sos
sauce

bułka
bread roll

wędliny
cooked meat

zielona oliwka
green olive

szynka
ham

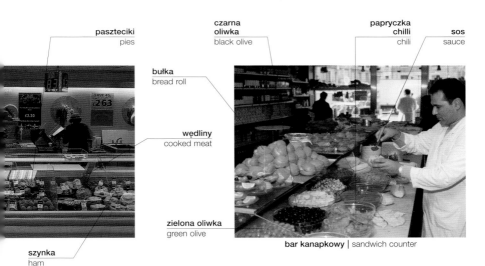

bar kanapkowy | sandwich counter

ryba wędzona
smoked fish

kapary
capers

szynka prosciutto
prosciutto

kiełbasa
chorizo
chorizo

nadziewana oliwka
stuffed olive

słowniczek • vocabulary

w oleju in oil	**marynowany** marinated	**wędzony** smoked
w zalewie **solnej** in brine	**solony** salted	**peklowany** cured

Proszę wziąć numerek.
Take a number please.

Czy mogę tego spróbować?
Can I try some of that please?

Poproszę sześć plasterków.
May I have six slices of that please?

napoje • drinks

woda • water

woda w butelce
bottled water

gazowana
sparkling

niegazowana
still

woda z kranu
tap water

tonik
tonic water

woda sodowa
soda water

woda mineralna
mineral water

napoje gorące • hot drinks

torebka herbaty ekspresowej
teabag

herbata liściasta luzem
loose leaf tea

herbata
tea

ziarna
beans

kawa mielona
ground coffee

kawa
coffee

gorąca czekolada
hot chocolate

gorący napój mleczny z dodatkiem słodu
malted drink

zimne napoje bezalkoholowe • soft drinks

słomka
straw

sok pomidorowy
tomato juice

sok winogronowy
grape juice

lemoniada
lemonade

oranżada
orangeade

cola
cola

napoje alkoholowe • alcoholic drinks

puszka
can

piwo
beer

cydr
cider

piwo gorzkie
bitter

piwo ciemne
stout

gin
gin

wódka
vodka

whisky
whisky

rum
rum

brandy
brandy

wytrawny
dry

różowy
rosé

biały
white

czerwony
red

porto
port

sherry
sherry

Campari
campari

likier
liqueur

tequila
tequila

szampan
champagne

wino
wine

jadanie poza domem
eating out

kawiarnia • café

markiza
awning

menu
menu

parasol
umbrella

kawiarnia z tarasem
terrace café

kelner
waiter

ekspres do kawy
coffee machine

stolik
table

kawiarnia ze stolikami na zewnątrz | pavement café

bar szybkiej obsługi | snack bar

kawa • coffee

kawa z mlekiem
white coffee

kawa czarna
black coffee

kakao w proszku
cocoa powder

piana
froth

kawa z ekspresu
filter coffee

kawa espresso
espresso

cappuccino
cappuccino

kawa mrożona
iced coffee

herbata • tea

herbata ziołowa
herbal tea

herbatka rumiankowa
camomile tea

zielona herbata
green tea

herbata z mlekiem
tea with milk

czarna herbata
black tea

herbata z cytryną
tea with lemon

herbata z mięty
mint tea

herbata mrożona
iced tea

soki i koktajle mleczne • juices and milkshakes

sok pomarańczowy
orange juice

sok jabłkowy
apple juice

sok ananasowy
pineapple juice

sok pomidorowy
tomato juice

koktajl czekoladowy
chocolate milkshake

koktajl truskawkowy
strawberry milkshake

koktajl kawowy
coffee milkshake

jedzenie • food

chleb razowy
brown bread

gałka
scoop

kanapka zapiekana
toasted sandwich

sałatka
salad

lody
ice cream

ciastko
pastry

bar • bar

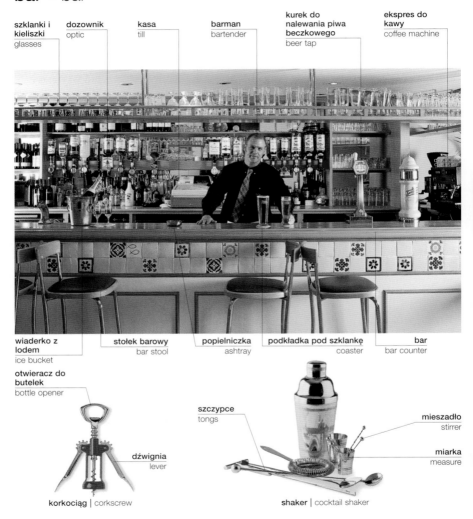

szklanki i kieliszki
glasses

dozownik
optic

kasa
till

barman
bartender

kurek do nalewania piwa beczkowego
beer tap

ekspres do kawy
coffee machine

wiaderko z lodem
ice bucket

stołek barowy
bar stool

popielniczka
ashtray

podkładka pod szklankę
coaster

bar
bar counter

otwieracz do butelek
bottle opener

szczypce
tongs

mieszadło
stirrer

dźwignia
lever

miarka
measure

korkociąg | corkscrew

shaker | cocktail shaker

gin z tonikiem
gin and tonic

dzban
pitcher

szkocka z wodą
scotch and water

kostka lodu
ice cube

rum z colą
rum and coke

wódka z sokiem pomarańczowym
vodka and orange

martini
martini

koktajl
cocktail

wino
wine

piwo
beer

pojedynczy
single

podwójny
double

lód i cytryna
ice and lemon

napój alkoholowy serwowany w małym kieliszku
a shot

miarka
measure

bez lodu
without ice

z lodem
with ice

przekąski barowe • bar snacks

orzechy nerkowca
cashewnuts

migdały
almonds

orzeszki ziemne
peanuts

czipsy | crisps

orzeszki | nuts

oliwki | olives

restauracja • restaurant

nakrycie
table setting

młodszy
kucharz
commis chef

szef kuchni
chef

kielszek
glass

taca
tray

kuchnia | kitchen

kelner | waiter

słowniczek • vocabulary

menu wieczorne evening menu	**dania dnia** specials	**cena** price	**napiwek** tip	**bufet** buffet	**klient** customer
lista win wine list	**z karty** à la carte	**rachunek** bill	**obsługa wliczona** service included	**bar** bar	**pieprz** pepper
menu – dania serwowane w porze lunchu lunch menu	**wózek z deserami** sweet trolley	**paragon** receipt	**obsługa nie wliczona** service not included	**sól** salt	

menu
menu

porcja dla dziecka
child's meal

zamawiać | order (v)

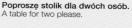

płacić | pay (v)

dania • courses

aperitif
apéritif

przystawka
starter

zupa
soup

danie główne
main course

dodatek do dania głównego
side order

deser | dessert

kawa | coffee

Poproszę stolik dla dwóch osób.
A table for two please.

Czy można prosić o menu/listę win?
Can I see the menu/winelist please?

Czy są zestawy za stałą cenę?
Is there a fixed price menu?

Czy są jakieś potrawy wegetariańskie?
Do you have any vegetarian dishes?

Poproszę rachunek / paragon.
Could I have the bill/a receipt please?

Czy możemy zapłacić oddzielnie?
Can we pay separately?

Przepraszam, gdzie są toalety?
Where are the toilets, please?

fast food • fast food

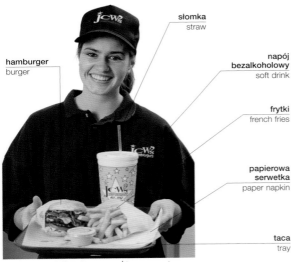

słomka
straw

napój
bezalkoholowy
soft drink

hamburger
burger

frytki
french fries

papierowa
serwetka
paper napkin

taca
tray

zestaw z hamburgerem | burger meal

słowniczek
• vocabulary

pizzeria
pizza parlour

bar hamburgerowy
burger bar

menu
menu

na miejscu
eat-in

na wynos
take-away

odgrzać
re-heat (v)

sos pomidorowy
tomato sauce

Poproszę to na wynos.
Can I have that to go please?

**Czy można zamówić
dostawę do domu?**
Do you deliver?

napój w puszce
canned drink

pizza
pizza

cennik
price list

dostawa do domu | home delivery

stoisko uliczne | street stall

hamburger
hamburger

hamburger z kurczaka
chicken burger

bułka
bun

hamburger wegetariański
veggie burger

musztarda
mustard

kiełbaska
sausage

hot dog | hot dog

kanapka
sandwich

sandwicz klubowy
club sandwich

kanapka
open sandwich

nadzienie
filling

tortilla
wrap

sos
sauce

słony
savoury

słodki
sweet

kebab
kebab

kawałki kurczaka
chicken nuggets

naleśniki | crêpes

dodatek
topping

ryba z frytkami
fish and chips

żeberka
ribs

kurczak smażony
fried chicken

pizza
pizza

śniadanie • breakfast

mleko milk	
płatki śniadaniowe cereal	
dżem jam	
suszone owoce dried fruit	
szynka ham	
ser cheese	
pieczywo chrupkie crispbread	

bufet śniadaniowy
breakfast buffet

dżem z owoców cytrusowych
marmalade

pasztet
pâté

masło
butter

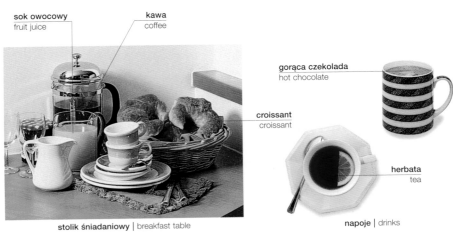

sok owocowy
fruit juice

kawa
coffee

gorąca czekolada
hot chocolate

croissant
croissant

herbata
tea

stolik śniadaniowy | breakfast table

napoje | drinks

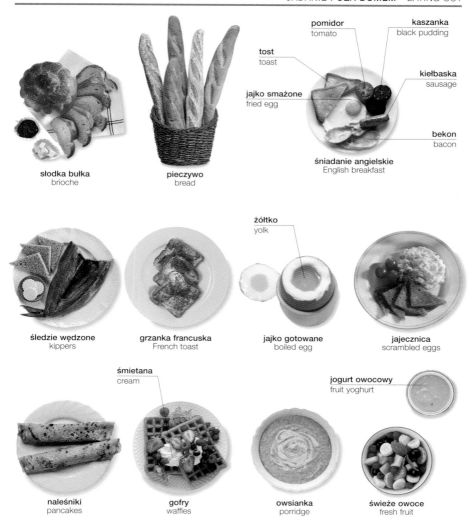

słodka bułka
brioche

pieczywo
bread

pomidor
tomato

kaszanka
black pudding

tost
toast

kiełbaska
sausage

jajko smażone
fried egg

bekon
bacon

śniadanie angielskie
English breakfast

śledzie wędzone
kippers

grzanka francuska
French toast

żółtko
yolk

jajko gotowane
boiled egg

jajecznica
scrambled eggs

śmietana
cream

jogurt owocowy
fruit yoghurt

naleśniki
pancakes

gofry
waffles

owsianka
porridge

świeże owoce
fresh fruit

polski • english

obiad • dinner

zupa | soup

bulion | broth

gulasz | stew

curry | curry

pieczeń | roast

pieróg | pie

suflet | soufflé

kebab | kebab

klopsiki | meatballs

omlet | omelette

kluski z podsmażonymi warzywami i/lub mięsem stir fry

kluski
noodles

makaron | pasta

ryż | rice

sałatka | mixed salad

surówka | green salad

sos | dressing

metody • techniques

nadziewany | stuffed

w sosie | in sauce

z grilla | grilled

marynowany | marinated

(jajko) **w koszulce**
poached

purée | mashed

pieczony | baked

smażony na patelni
pan fried

smażony
fried

marynowany
pickled

wędzony
smoked

**smażony w głębokim
tłuszczu** | deep fried

w syropie
in syrup

przyprawiony
dressed

gotowany na parze
steamed

peklowany
cured

nauka
study

szkoła • school

tablica
blackboard

nauczyciel
teacher

teczka
szkolna
school bag

uczeń
pupil

ławka
desk

kreda
chalk

klasa | classroom

uczennica
schoolgirl

uczeń
schoolboy

słowniczek • vocabulary

historia history	**przedmioty ścisłe** science	**fizyka** physics
języki languages	**plastyka** art	**chemia** chemistry
literatura literature	**muzyka** music	**biologia** biology
geografia geography	**matematyka** maths	**wychowanie fizyczne** physical education

czynności • activities

czytać | read (v)

pisać | write (v)

literować | spell (v)

rysować | draw (v)

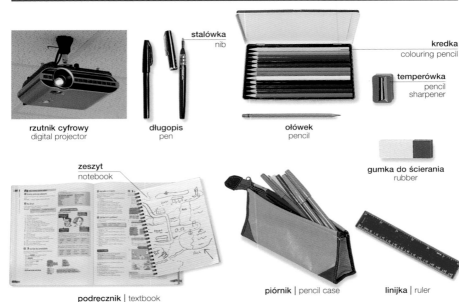

stalówka
nib

kredka
colouring pencil

temperówka
pencil sharpener

rzutnik cyfrowy
digital projector

długopis
pen

ołówek
pencil

gumka do ścierania
rubber

zeszyt
notebook

podręcznik | textbook

piórnik | pencil case

linijka | ruler

pytać | question (v)

odpowiadać | answer (v)

omawiać | discuss (v)

uczyć się | learn (v)

słowniczek • vocabulary

dyrektor szkoły head teacher	**odpowiedź** answer	**stopień** grade
lekcja lesson	**praca domowa** homework	**klasa** year
pytanie question	**egzamin** examination	**słownik** dictionary
robić notatki take notes (v)	**wypracowanie** essay	**encyklopedia** encyclopedia

matematyka • maths

figury geometryczne • shapes

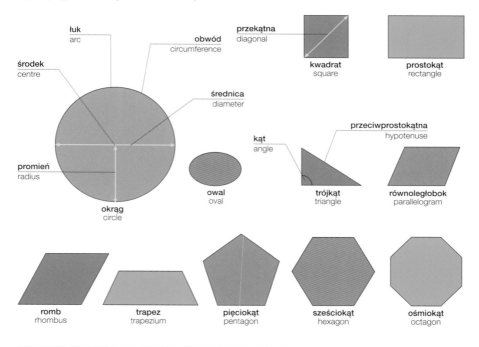

łuk
arc

obwód
circumference

przekątna
diagonal

kwadrat
square

prostokąt
rectangle

środek
centre

średnica
diameter

promień
radius

owal
oval

kąt
angle

przeciwprostokątna
hypotenuse

trójkąt
triangle

równoległobok
parallelogram

okrąg
circle

romb
rhombus

trapez
trapezium

pięciokąt
pentagon

sześciokąt
hexagon

ośmiokąt
octagon

bryły • solids

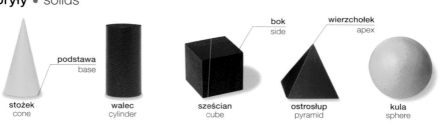

podstawa
base

bok
side

wierzchołek
apex

stożek
cone

walec
cylinder

sześcian
cube

ostrosłup
pyramid

kula
sphere

linie • lines

prosta
straight

równoległa
parallel

prostopadła
perpendicular

krzywa
curved

miary • measurements

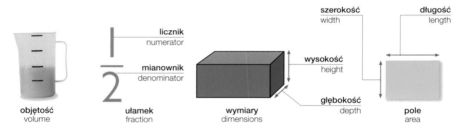

objętość
volume

licznik
numerator

mianownik
denominator

ułamek
fraction

szerokość
width

wysokość
height

głębokość
depth

długość
length

wymiary
dimensions

pole
area

przybory • equipment

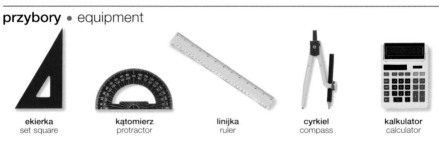

ekierka
set square

kątomierz
protractor

linijka
ruler

cyrkiel
compass

kalkulator
calculator

słowniczek • vocabulary

geometria geometry	**plus** plus	**razy** times	**równa się** equals	**dodawać** add (v)	**mnożyć** multiply (v)	**równanie** equation
arytmetyka arithmetic	**minus** minus	**dzielone przez** divided by	**liczyć** count (v)	**odejmować** subtract (v)	**dzielić** divide (v)	**procent** percentage

przedmioty ścisłe • science

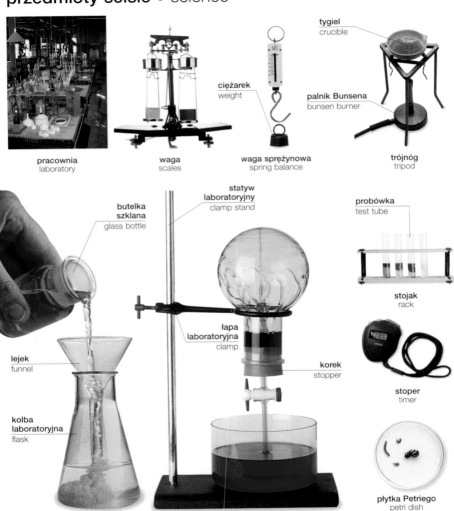

pracownia
laboratory

waga
scales

ciężarek
weight

waga sprężynowa
spring balance

tygiel
crucible

palnik Bunsena
bunsen burner

trójnóg
tripod

butelka szklana
glass bottle

statyw laboratoryjny
clamp stand

probówka
test tube

lejek
funnel

łapa laboratoryjna
clamp

korek
stopper

stojak
rack

stoper
timer

kolba laboratoryjna
flask

płytka Petriego
petri dish

doświadczenie | experiment

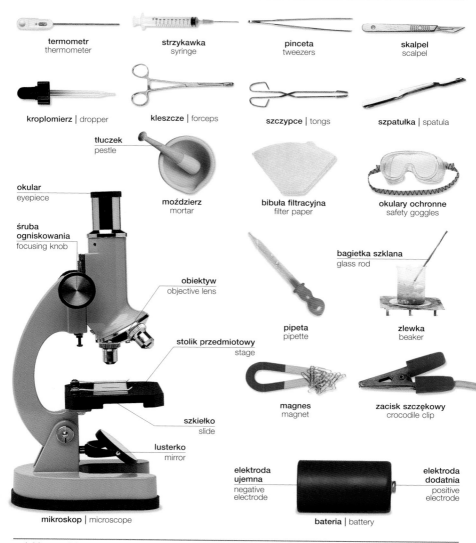

termometr
thermometer

strzykawka
syringe

pinceta
tweezers

skalpel
scalpel

kroplomierz | dropper

kleszcze | forceps

szczypce | tongs

szpatułka | spatula

tłuczek
pestle

moździerz
mortar

bibuła filtracyjna
filter paper

okulary ochronne
safety goggles

okular
eyepiece

**śruba
ogniskowania**
focusing knob

bagietka szklana
glass rod

obiektyw
objective lens

pipeta
pipette

zlewka
beaker

stolik przedmiotowy
stage

magnes
magnet

zacisk szczękowy
crocodile clip

szkiełko
slide

lusterko
mirror

**elektroda
ujemna**
negative
electrode

**elektroda
dodatnia**
positive
electrode

mikroskop | microscope

bateria | battery

uczelnia wyższa • college

biuro
rekrutacji
admissions

boisko
sports field

stołówka
refectory

akademik
hall of
residence

ośrodek zdrowia
health centre

miasteczko uniwersyteckie | campus

bibliotekarz
librarian

biurko
bibliotekarzy
loans desk

słowniczek • vocabulary

karta biblioteczna library card	**informacja** enquiries	**wypożyczenie** loan
czytelnia reading room	**wypożyczać** borrow (v)	**książka** book
lista lektur reading list	**rezerwować** reserve (v)	**tytuł** title
data zwrotu return date	**przedłużać termin zwrotu** renew (v)	**przejście** aisle

regał na książki
bookshelf

czasopismo
periodical

gazeta
journal

biblioteka | library

student
undergraduate

wykładowca
lecturer

absolwent
graduate

toga
robe

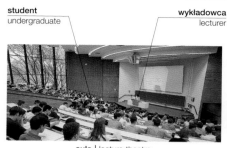

aula | lecture theatre

uroczystość wręczenia dyplomów
graduation ceremony

szkoły • schools

model
model

akademia sztuk pięknych | art college

szkoła muzyczna | music school

szkoła tańca | dance academy

słowniczek • vocabulary

stypendium scholarship	**badania naukowe** research	**praca dyplomowa** dissertation	**medycyna** medicine	**filozofia** philosophy
dyplom diploma	**magisterium** masters	**wydział** department	**zoologia** zoology	**literatura** literature
stopień naukowy degree	**doktorat** doctorate	**prawo** law	**fizyka** physics	**historia sztuki** history of art
podyplomowy postgraduate	**praca magisterska/ doktorska** thesis	**inżynieria** engineering	**polityka** politics	**ekonomia** economics

praca
work

biuro 1 • office 1

tacka na korespondencję przychodzącą
in-tray

monitor
monitor

przybornik na biurko
desktop organizer

notes
notebook

laptop
laptop

tacka na korespondencję wychodzącą
out-tray

szuflada
drawer

biurko
desk

krzesło obrotowe
swivel chair

kosz na śmieci
wastebasket

szafka na dokumenty
filing cabinet

wyposażenie biura • office equipment

podajnik papieru
paper tray

drukarka | printer

faks | fax machine

---

słowniczek • vocabulary

drukować
print (v)

powiększać
enlarge (v)

kopiować
copy (v)

zmniejszać
reduce (v)

Muszę zrobić kilka fotokopii.
I need to make some copies.

---

materiały biurowe • office supplies

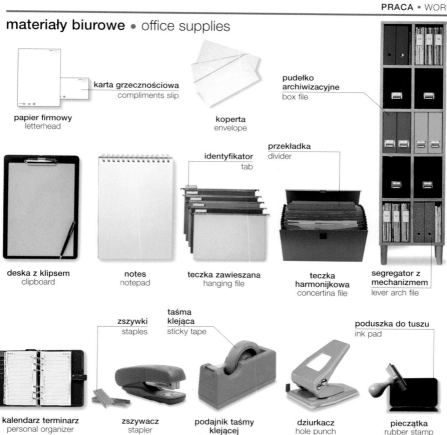

papier firmowy
letterhead

karta grzecznościowa
compliments slip

koperta
envelope

pudełko archiwizacyjne
box file

deska z klipsem
clipboard

notes
notepad

identyfikator
tab

przekładka
divider

teczka zawieszana
hanging file

teczka harmonijkowa
concertina file

segregator z mechanizmem
lever arch file

kalendarz terminarz
personal organizer

zszywki
staples

taśma klejąca
sticky tape

poduszka do tuszu
ink pad

zszywacz
stapler

podajnik taśmy klejącej
tape dispenser

dziurkacz
hole punch

pieczątka
rubber stamp

gumka
rubber band

klips do papieru
bulldog clip

spinacz
paper clip

pinezka
drawing pin

tablica ogłoszeń | notice board

biuro 2 • office 2

tablica flipchart
flipchart

stojak do tablicy
easel

kierownik
manager

propozycja
proposal

raport
report

pracownik szczebla kierowniczego
executive

protokół
minutes

zebranie | meeting

---

słowniczek • vocabulary

sala konferencyjna
meeting room

być obecnym
attend (v)

program dnia/zebrania
agenda

przewodniczyć
chair (v)

O której godzinie jest zebranie?
What time is the meeting?

W jakich godzinach pracujesz?
What are your office hours?

mówca
speaker

prezentacja | presentation

biznes • business

biznesmen
businessman

bizneswoman
businesswoman

lunch służbowy | business lunch

podróż służbowa | business trip

umówione
spotkanie
appointment

klient
client

terminarz | diary

dyrektor
naczelny
managing
director

transakcja handlowa | business deal

---

słowniczek • vocabulary

firma company	**personel** staff	**dział księgowości** accounts department	**dział prawny** legal department
siedziba główna head office	**pensja** salary	**dział marketingu** marketing department	**dział obsługi klienta** customer service department
oddział branch	**lista płac** payroll	**dział sprzedaży** sales department	**dział kadr** personnel department

komputer • computer

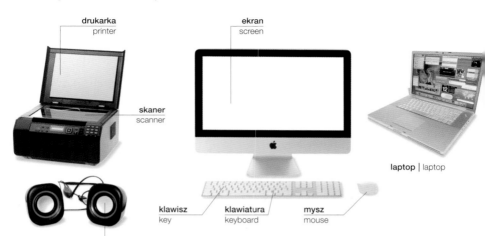

drukarka
printer

ekran
screen

skaner
scanner

laptop | laptop

głośnik
speaker

klawisz
key

klawiatura
keyboard

mysz
mouse

sprzęt komputerowy
hardware

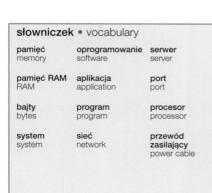

słowniczek • vocabulary		
pamięć memory	oprogramowanie software	serwer server
pamięć RAM RAM	aplikacja application	port port
bajty bytes	program program	procesor processor
system system	sieć network	przewód zasilający power cable

Karta pamięci USB
memory stick

Zewnętrzny dysk twardy
external hard drive

iPad
iPad

Smartfon
Smartphone

pulpit • desktop

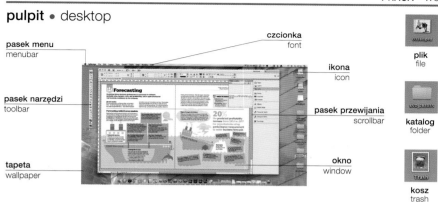

pasek menu
menubar

czcionka
font

ikona
icon

pasek narzędzi
toolbar

pasek przewijania
scrollbar

tapeta
wallpaper

okno
window

plik
file

katalog
folder

kosz
trash

internet • internet

E-mail • email

przeglądarka
browser

skrzynka odbiorcza
inbox

strona internetowa
website

Adres e-mail
email address

przeglądać | browse (v)

---

słowniczek • vocabulary

łączyć connect (v)	**dostawca usług** service provider	**zalogować się** log on (v)	**pobierać** download (v)	**wysyłać** send (v)	**zapisz** save (v)
instalować install (v)	**konto e-mail** email account	**podłączony do sieci** on-line	**załącznik** attachment	**odbierać** receive (v)	**szukaj** search (v)

---

polski • english

media • media

studio telewizyjne • television studio

prezenter
presenter

światło
light

plan
set

kamera
camera

kran kamerowy
camera crane

kamerzysta
cameraman

---

słowniczek • vocabulary

kanał channel	**wiadomości** news	**prasa** press	**telenowela** soap	**film rysunkowy** cartoon	**na żywo** live
ramówka programming	**program dokumentalny** documentary	**serial telewizyjny** television series	**teleturniej** game show	**nagrany wcześniej** prerecorded	**nadawać** broadcast (v)

dziennikarz przeprowadzający wywiad
interviewer

reporter | reporter

teleprompter | autocue

prezenter wiadomości
newsreader

aktorzy | actors

żuraw mikrofonowy
sound boom

klaps | clapper board

plan filmowy | film set

radio • radio

technik dźwięku
sound technician

stół mikserski
mixing desk

mikrofon
microphone

studio nagraniowe | recording studio

słowniczek • vocabulary

stacja radiowa radio station	**głośność** volume
didżej DJ	**nastawiać** tune (v)
program broadcast	**fale krótkie** short wave
długość fali wavelength	**fale średnie** medium wave
fale długie long wave	**radio analogowe** analogue
częstotliwość frequency	**radio cyfrowe** digital

prawo • law

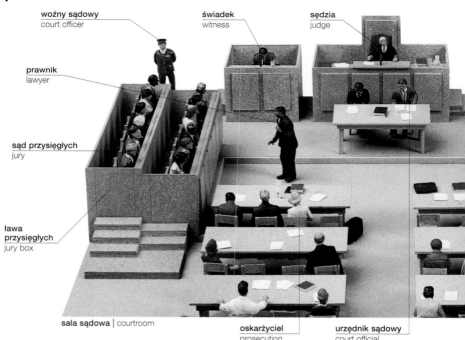

woźny sądowy
court officer

świadek
witness

sędzia
judge

prawnik
lawyer

sąd przysięgłych
jury

**ława
przysięgłych**
jury box

sala sądowa | courtroom

oskarżyciel
prosecution

urzędnik sądowy
court official

---

słowniczek • vocabulary

kancelaria prawnicza
lawyer's office

porada prawna
legal advice

klient
client

wezwanie do sądu
summons

zeznanie
statement

nakaz
warrant

nakaz sądowy
writ

**termin stawienia
się w sądzie**
court date

mowa obrończa
plea

**sprawa
sądowa**
court case

oskarżenie
charge

oskarżony
accused

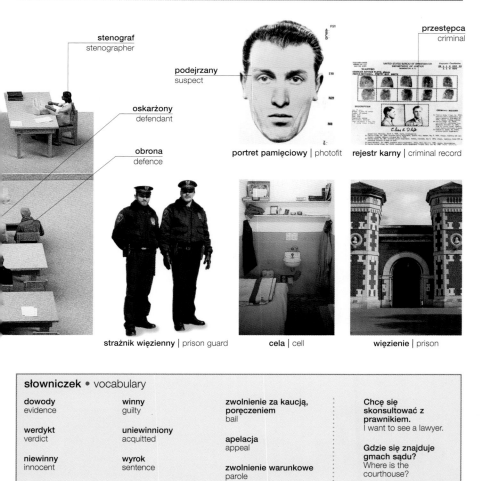

stenograf
stenographer

podejrzany
suspect

oskarżony
defendant

obrona
defence

przestępca criminal

portret pamięciowy | photofit

rejestr karny | criminal record

strażnik więzienny | prison guard

cela | cell

więzienie | prison

słowniczek • vocabulary

dowody evidence	**winny** guilty	**zwolnienie za kaucją, poręczeniem** bail	**Chcę się skonsultować z prawnikiem.** I want to see a lawyer.
werdykt verdict	**uniewinniony** acquitted	**apelacja** appeal	**Gdzie się znajduje gmach sądu?** Where is the courthouse?
niewinny innocent	**wyrok** sentence	**zwolnienie warunkowe** parole	**Czy mogę złożyć kaucję?** Can I post bail?

gospodarstwo rolne 1 • farm 1

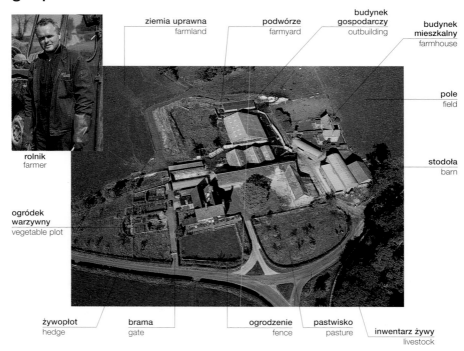

ziemia uprawna
farmland

podwórze
farmyard

budynek gospodarczy
outbuilding

budynek mieszkalny
farmhouse

pole
field

stodoła
barn

rolnik
farmer

ogródek warzywny
vegetable plot

żywopłot
hedge

brama
gate

ogrodzenie
fence

pastwisko
pasture

inwentarz żywy
livestock

kultywator
cultivator

traktor | tractor

kombajn | combine harvester

rodzaje gospodarstw rolnych • types of farm

uprawa
crop

gospodarstwo uprawowe
arable farm

gospodarstwo mleczne
dairy farm

stado
flock

hodowla owiec
sheep farm

ferma drobiu
poultry farm

hodowla świń
pig farm

gospodarstwo rybne
fish farm

**gospodarstwo
sadownicze**
fruit farm

winorośl
vine

winnica
vineyard

prace • actions

bruzda
furrow

orać
plough (v)

siać
sow (v)

doić
milk (v)

karmić
feed (v)

podlewać | water (v)

zbierać plony | harvest (v)

słowniczek • vocabulary

herbicyd herbicide	**stado** herd	**koryto** trough
pestycyd pesticide	**silos** silo	**sadzić** plant (v)

gospodarstwo rolne 2 • farm 2

rośliny uprawne • crops

pszenica
wheat

kukurydza
corn

jęczmień
barley

rzepak
rapeseed

słonecznik
sunflower

bela
bale

siano
hay

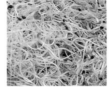

lucerna
alfalfa

tytoń
tobacco

ryż
rice

herbata
tea

kawa
coffee

len
flax

trzcina cukrowa
sugarcane

bawełna
cotton

strach na wróble
scarecrow

inwentarz żywy • livestock

prosię
piglet

cielę
calf

świnia
pig

krowa
cow

byk
bull

owca
sheep

koźlę
kid

źrebię
foal

jagnię
lamb

koza
goat

koń
horse

osioł
donkey

kurczę
chick

kaczę
duckling

kura
chicken

kogut
cockerel

indyk
turkey

kaczka
duck

stajnia
stable

zagroda
pen

kurnik
chicken coop

chlew
pigsty

budowa • construction

rusztowanie
scaffolding

paleta
pallet

drabina
ladder

okno
window

krokiew
rafter

wózek widłowy
fork-lift truck

plac budowy
building site

nadproże
lintel

ściana
wall

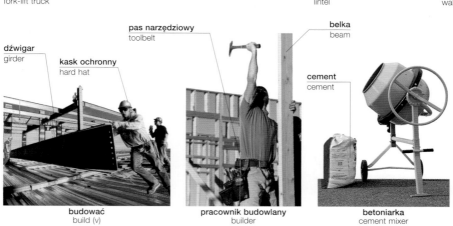

dźwigar
girder

kask ochronny
hard hat

pas narzędziowy
toolbelt

belka
beam

cement
cement

budować
build (v)

pracownik budowlany
builder

betoniarka
cement mixer

materiały • materials

cegła
brick

drewno
timber

dachówka
roof tile

blok betonowy
concrete block

narzędzia • tools

zaprawa
murarska
mortar

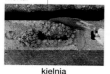
kielnia
trowel

poziomnica alkoholowa
spirit level

trzonek
handle

młot dwuręczny
sledgehammer

oskard
pickaxe

szufla
shovel

maszyny
• machinery

walec
roller

wywrotka
dumper truck

podpora
support

hak
hook

dźwig | crane

roboty drogowe • roadworks

asfalt
tarmac

pachołek
cone

**młot
pneumatyczny**
pneumatic drill

**odnowa
nawierzchni**
resurfacing

**koparka
mechaniczna**
mechanical digger

zawody 1 • occupations 1

stolarz
carpenter

elektryk
electrician

hydraulik
plumber

budowniczy
builder

ogrodnik
gardener

odkurzacz
vacuum
cleaner

sprzątacz
cleaner

mechanik
mechanic

rzeźnik
butcher

fryzjer
hairdresser

sprzedawca ryb
fishmonger

sprzedawca warzyw i owoców
greengrocer

kwiaciarz
florist

fryzjer męski
barber

jubiler
jeweller

sprzedawca
shop assistant

pośrednik w handlu nieruchomościami
estate agent

optyk
optician

maska
ochronna
mask

dentysta
dentist

lekarz
doctor

farmaceuta
pharmacist

pielęgniarz
nurse

weterynarz
vet

rolnik
farmer

rybak
fisherman

karabin
maszynowy
machine gun

żołnierz
soldier

mundur
uniform

policjant
policeman

identyfikator
identity badge

strażnik
security guard

marynarz
sailor

strażak
fireman

zawody 2 • occupations 2

prawnik
lawyer

księgowy
accountant

makieta
model

architekt | architect

naukowiec
scientist

nauczyciel
teacher

bibliotekarz
librarian

recepcjonista
receptionist

torba na
listy
mailbag

listonosz
postman

kierowca autobusów
bus driver

**kierowca samochodów
ciężarowych**
lorry driver

taksówkarz
taxi driver

pilot
pilot

stewardesa
air stewardess

pracownik biura podróży
travel agent

czapka
kucharska
chef's hat

kucharz
chef

tutu
tutu

muzyk
musician

tancerz
dancer

aktorka
actress

piosenkarz
singer

kelnerka
waitress

barman
barman

sportowiec
sportsman

rzeźbiarz
sculptor

malarz
painter

fotograf
photographer

prezenter wiadomości
newsreader

notatki
notes

dziennikarz
journalist

redaktor
editor

projektant
designer

krawcowa
seamstress

krawiec
tailor

transport
transport

drogi • roads

autostrada
motorway

punkt
pobierania
opłat
toll booth

znaki drogowe
poziome
road markings

wjazd
slip road

jednokierunkowy
one-way

przegroda
divider

skrzyżowanie
junction

światło
sygnalizatora
traffic light

pas wewnętrzny
inside lane

pas środkowy
middle lane

pas zewnętrzny
outside lane

zjazd
exit ramp

ruch uliczny
traffic

wiadukt
flyover

utwardzone
pobocze
hard shoulder

samochód
ciężarowy
lorry

pas dzielący
central reservation

przejazd dołem
underpass

telefon alarmowy
emergency phone

przejście dla pieszych
pedestrian crossing

miejsce parkingowe dla niepełnosprawnych
disabled parking

korek
traffic jam

nawigacja satelitarna
satnav

parkomat
parking meter

funkcjonariusz policji drogowej
traffic policeman

słowniczek • vocabulary

rondo roundabout	**parkować** park (v)	**odholować** tow away (v)
objazd diversion	**wyprzedzać** overtake (v)	**droga szybkiego ruchu** *(dwujezdniowa)* dual carriageway
roboty drogowe roadworks	**prowadzić** drive (v)	**Czy ta droga prowadzi do...?** Is this the road to...?
bariera bezpieczeństwa crash barrier	**cofać** reverse (v)	**Gdzie mogę zaparkować?** Where can I park?

znaki drogowe • road signs

zakaz wjazdu
no entry

ograniczenie prędkości
speed limit

niebezpieczeństwo
hazard

zakaz zatrzymywania się
no stopping

zakaz skrętu w prawo
no right turn

polski • english

autobus • bus

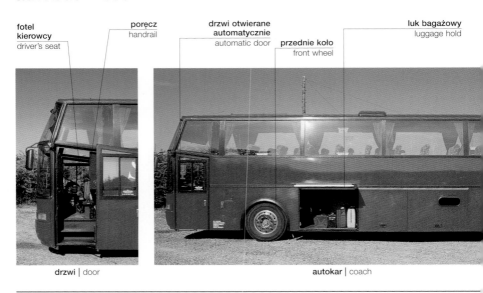

fotel
kierowcy
driver's seat

poręcz
handrail

**drzwi otwierane
automatycznie**
automatic door

przednie koło
front wheel

luk bagażowy
luggage hold

drzwi | door

autokar | coach

rodzaje autobusów • types of buses

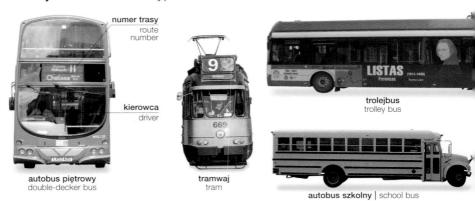

numer trasy
route
number

kierowca
driver

autobus piętrowy
double-decker bus

tramwaj
tram

trolejbus
trolley bus

autobus szkolny | school bus

tylne koło
rear wheel

okno
window

przycisk "stop"
stop button

bilet autobusowy
bus ticket

dzwonek
bell

przystanek autobusowy
bus stop

dworzec autobusowy
bus station

słowniczek • vocabulary

opłata za przejazd
fare

rozkład jazdy
timetable

Czy ten autobus zatrzymuje się przy...?
Do you stop at...?

wjazd dla wózków inwalidzkich
wheelchair access

wiata na przystanku autobusowym
bus shelter

Który autobus jedzie do...?
Which bus goes to...?

mikrobus
minibus

autobus turystyczny | tourist bus

autobus wahadłowy | shuttle bus

samochód 1 • car 1

elementy zewnętrzne • exterior

lusterko boczne
wing mirror

przednia szyba
windscreen

lusterko wsteczne
rearview mirror

wycieraczka
windscreen wiper

drzwi
door

bagażnik
boot

maska
bonnet

kierunkowskaz
indicator

zderzak
bumper

reflektor
headlight

koło
wheel

opona
tyre

tablica rejestracyjna
licence plate

bagaż
luggage

bagażnik dachowy
roofrack

pokrywa bagażnika
tailgate

pas bezpieczeństwa
seat belt

fotelik dziecięcy
child seat

typy • types

samochód elektryczny
Electric car

hatchback
hatchback

sedan
saloon

kombi
estate

kabriolet
convertible

samochód sportowy
sports car

minivan
people carrier

**samochód z napędem
na cztery koła**
four-wheel drive

stary model
vintage

limuzyna
limousine

stacja benzynowa • petrol station

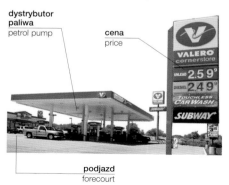

**dystrybutor
paliwa**
petrol pump

cena
price

podjazd
forecourt

słowniczek • vocabulary

olej oil	**ołowiowy** leaded	**myjnia samochodowa** car wash
benzyna petrol	**olej napędowy** diesel	**płyn chłodnicowy** antifreeze
bezołowiowy unleaded	**garaż** garage	**płyn do spryskiwacza** screenwash

Do pełna proszę.
Fill the tank, please.

samochód 2 • car 2

wnętrze • interior

tylne siedzenie
back seat

podłokietnik
armrest

zagłówek
headrest

zamek drzwiowy
door lock

klamka
handle

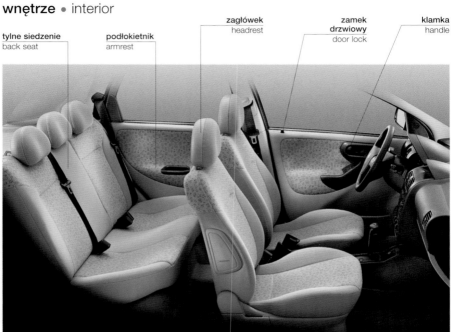

słowniczek • vocabulary

dwudrzwiowy two-door	**czterodrzwiowy** four-door	**automatyczny** automatic	**hamulec** brake	**pedał gazu** accelerator
trzydrzwiowy three-door	**ręczny** manual	**zapłon** ignition	**sprzęgło** clutch	**klimatyzacja** air conditioning

Czy może mi pan/pani wskazać drogę do…?
Can you tell me the way to…?

Gdzie jest parking?
Where is the car park?

Czy można tutaj zaparkować?
Can I park here?

układ sterowania • controls

kierownica
steering wheel

klakson
horn

deska rozdzielcza
dashboard

światła awaryjne
hazard lights

nawigacja satelitarna
satellite navigation

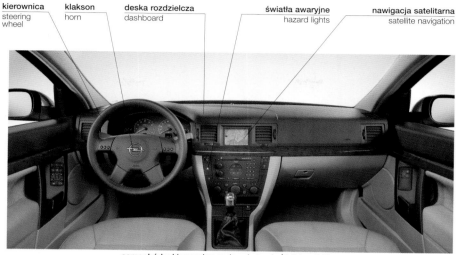

samochód z kierownicą po lewej stronie | left-hand drive

wskaźnik temperatury
temperature gauge

obrotomierz
rev counter

prędkościomierz
speedometer

wskaźnik paliwa
fuel gauge

samochodowy zestaw audio
car stereo

włącznik świateł
lights switch

regulacja ogrzewania
heater controls

drogomierz

poduszka powietrzna
air bag

dźwignia zmiany biegów
gearstick

samochód z kierownicą po prawej stronie | right-hand drive

polski • english

samochód 3 • car 3

mechanika • mechanics

zbiornik na płyn do spryskiwacza
screen wash reservoir

prętowy wskaźnik poziomu oleju
dipstick

filtr powietrza
air filter

zbiornik na płyn hamulcowy
brake fluid reservoir

akumulator
battery

karoseria
bodywork

zbiornik na płyn do chłodnicy
coolant reservoir

głowica cylindra
cylinder head

rura
pipe

szyberdach
sunroof

chłodnica
radiator

wentylator
fan

silnik
engine

dekiel
hubcap

skrzynia biegów
gearbox

skrzynia przekładniowa
transmission

wał napędowy
driveshaft

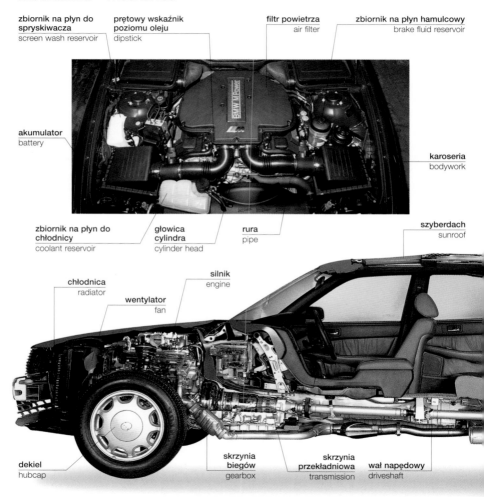

przebicie opony • puncture

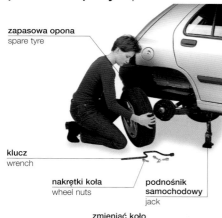

zapasowa opona
spare tyre

klucz
wrench

nakrętki koła
wheel nuts

podnośnik samochodowy
jack

zmieniać koło
change a wheel (v)

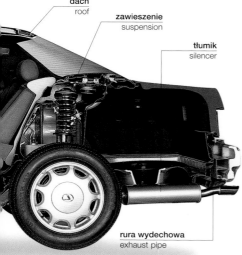

dach
roof

zawieszenie
suspension

tłumik
silencer

rura wydechowa
exhaust pipe

słowniczek • vocabulary

wypadek samochodowy
car accident

awaria
breakdown

ubezpieczenie
insurance

samochód z wózkiem holowniczym
tow truck

mechanik
mechanic

ciśnienie w oponach
tyre pressure

skrzynka bezpiecznikowa
fuse box

świeca zapłonowa
spark plug

pasek klinowy
fan belt

zbiornik paliwa
petrol tank

ustawienie zapłonu
timing

turbosprężarka
turbocharger

rozdzielacz
distributor

podwozie
chassis

hamulec ręczny
handbrake

alternator
alternator

pasek rozrządu
cam belt

. . . .

Zepsuł mi się samochód.
I've broken down.

Mój samochód nie chce zapalić.
My car won't start.

Czy wykonują państwo naprawy?
Do you do repairs?

Silnik się przegrzewa.
The engine is overheating.

motocykl • motorbike

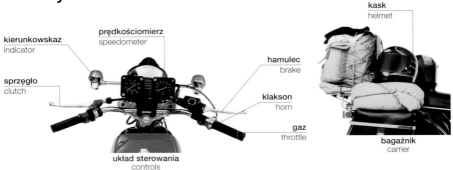

kierunkowskaz
indicator

prędkościomierz
speedometer

sprzęgło
clutch

hamulec
brake

klakson
horn

gaz
throttle

układ sterowania
controls

kask
helmet

bagażnik
carrier

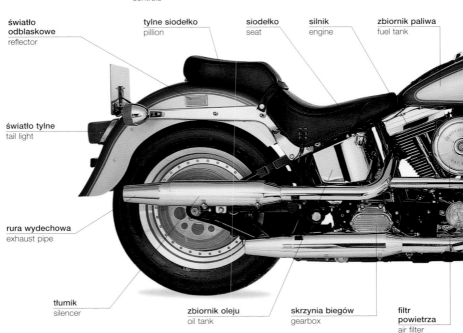

**światło
odblaskowe**
reflector

tylne siodełko
pillion

siodełko
seat

silnik
engine

zbiornik paliwa
fuel tank

światło tylne
tail light

rura wydechowa
exhaust pipe

tłumik
silencer

zbiornik oleju
oil tank

skrzynia biegów
gearbox

**filtr
powietrza**
air filter

polski • english

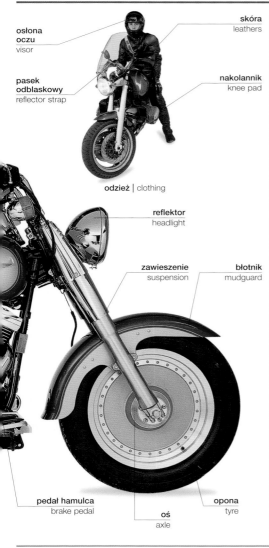

osłona oczu
visor

pasek odblaskowy
reflector strap

skóra
leathers

nakolannik
knee pad

odzież | clothing

reflektor
headlight

zawieszenie
suspension

błotnik
mudguard

pedał hamulca
brake pedal

oś
axle

opona
tyre

typy • types

motocykl wyścigowy | racing bike

szyba ochronna
windshield

motocykl turystyczny | tourer

motocykl terenowy | dirt bike

podpórka
stand

skuter | scooter

rower • bicycle

tandem
tandem

rower wyścigowy
racing bike

rower górski
mountain bike

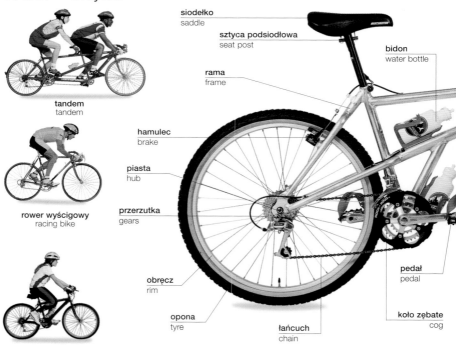

siodełko
saddle

sztyca podsiodłowa
seat post

bidon
water bottle

rama
frame

hamulec
brake

piasta
hub

przerzutka
gears

obręcz
rim

opona
tyre

łańcuch
chain

pedał
pedal

koło zębate
cog

rower turystyczny
touring bike

rower szosowy
road bike

kask
helmet

ścieżka rowerowa | cycle lane

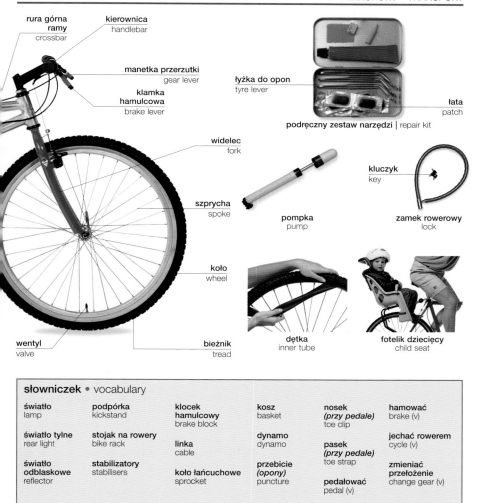

rura górna ramy
crossbar

kierownica
handlebar

manetka przerzutki
gear lever

klamka hamulcowa
brake lever

łyżka do opon
tyre lever

łata
patch

podręczny zestaw narzędzi | repair kit

widelec
fork

kluczyk
key

szprycha
spoke

pompka
pump

zamek rowerowy
lock

koło
wheel

wentyl
valve

bieżnik
tread

dętka
inner tube

fotelik dziecięcy
child seat

---

słowniczek • vocabulary

światło lamp	**podpórka** kickstand	**klocek hamulcowy** brake block	**kosz** basket	**nosek** *(przy pedale)* toe clip	**hamować** brake (v)
światło tylne rear light	**stojak na rowery** bike rack	**linka** cable	**dynamo** dynamo	**pasek** *(przy pedale)* toe strap	**jechać rowerem** cycle (v)
światło odblaskowe reflector	**stabilizatory** stabilisers	**koło łańcuchowe** sprocket	**przebicie** *(opony)* puncture	**pedałować** pedal (v)	**zmieniać przełożenie** change gear (v)

---

pociąg • train

wagon
carriage

peron
platform

wózek
trolley

numer peronu
platform number

dojeżdżający
(do pracy)
commuter

dworzec kolejowy | train station

typy pociągów • types of train

lokomotywa
engine

**kabina
maszynisty**
driver's cab

szyna
rail

pociąg z lokomotywą parową
steam train

pociąg z lokomotywą spalinowo-elektryczną | diesel train

pociąg elektryczny
electric train

pociąg szybkobieżny
high-speed train

kolej jednotorowa
monorail

metro
underground train

tramwaj
tram

pociąg towarowy
freight train

polski • english

półka bagażowa
luggage rack

okno
window

tor
track

drzwi
door

miejsce
seat

bramka
ticket barrier

przedział
compartment

urządzenia nagłaśniające
public address system

rozkład jazdy
timetable

bilet
ticket

wagon restauracyjny | dining car

hala | concourse

przedział sypialny
sleeping compartment

słowniczek • vocabulary

sieć kolejowa rail network	**plan metra** underground map	**kasa biletowa** ticket office	**szyna napięciowa** live rail
pociąg InterCity inter-city train	**opóźnienie** delay	**kontroler biletów** ticket inspector	**sygnał** signal
godzina szczytu rush hour	**opłata za przejazd** fare	**przesiadać się** change (v)	**hamulec bezpieczeństwa** emergency lever

samolot • aircraft

samolot pasażerski • airliner

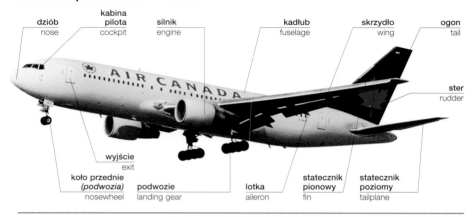

dziób nose	**kabina pilota** cockpit	**silnik** engine	**kadłub** fuselage	**skrzydło** wing	**ogon** tail

ster rudder

wyjście exit

koło przednie *(podwozia)* nosewheel

podwozie landing gear

lotka aileron

statecznik pionowy fin

statecznik poziomy tailplane

kabina • cabin

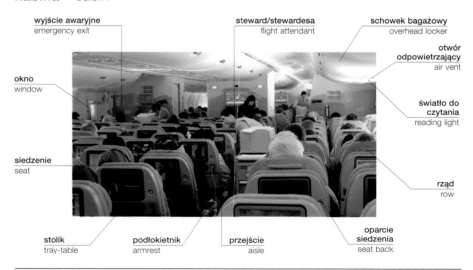

wyjście awaryjne emergency exit

steward/stewardesa flight attendant

schowek bagażowy overhead locker

otwór odpowietrzający air vent

okno window

światło do czytania reading light

siedzenie seat

rząd row

stolik tray-table

podłokietnik armrest

przejście aisle

oparcie siedzenia seat back

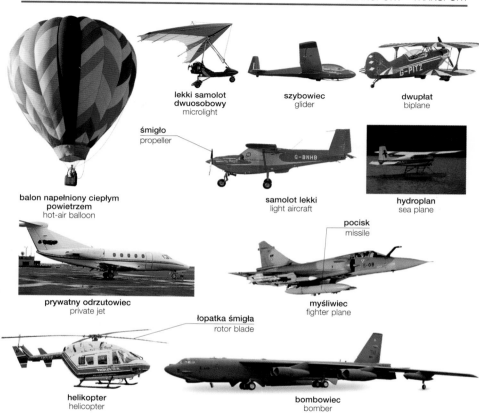

lekki samolot dwuosobowy
microlight

szybowiec
glider

dwupłat
biplane

śmigło
propeller

balon napełniony ciepłym powietrzem
hot-air balloon

samolot lekki
light aircraft

hydroplan
sea plane

pocisk
missile

prywatny odrzutowiec
private jet

myśliwiec
fighter plane

łopatka śmigła
rotor blade

helikopter
helicopter

bombowiec
bomber

słowniczek • vocabulary

pilot pilot	**startować** take off (v)	**lądować** land (v)	**klasa ekonomiczna** economy class	**bagaż podręczny** hand luggage
drugi pilot co-pilot	**latać** fly (v)	**wysokość (nad poziomem morza)** altitude	**klasa biznesowa** business class	**pas bezpieczeństwa** seat belt

lotnisko • airport

płyta lotniska
apron

przyczepa do
przewozu bagażu
baggage trailer

terminal
terminal

pojazd obsługi lotniska
service vehicle

rękaw lotniczy
walkway

samolot pasażerski | airliner

słowniczek • vocabulary

pas startowy runway	**numer lotu** flight number	**taśmociąg bagażowy** carousel	**urlop** holiday
lot międzynarodowy international flight	**kontrola paszportowa** immigration	**bezpieczeństwo** security	**zgłosić się do odprawy** check in (v)
lot krajowy domestic flight	**odprawa celna** customs	**aparat rentgenowski** X-ray machine	**wieża kontroli lotów** control tower
połączenie connection	**nadwyżka bagażu** excess baggage	**broszura turystyczna** holiday brochure	**zarezerwować lot** book a flight (v)

bagaż
podręczny
hand luggage

bagaż
luggage

wózek
trolley

stanowisko odprawy
check-in desk

paszport | passport

wiza
visa

kontrola paszportowa
passport control

karta pokładowa
boarding pass

bilet
ticket

numer wyjścia
gate number

odloty
departures

hala odlotów
departure lounge

port docelowy
destination

przyloty
arrivals

tablica lotów
information screen

sklep wolnocłowy
duty-free shop

odbiór bagażu
baggage reclaim

postój taksówek
taxi rank

wynajem samochodów
car hire

statek • ship

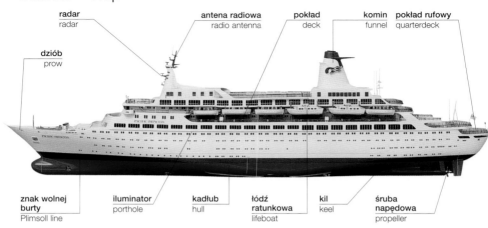

radar
radar

antena radiowa
radio antenna

pokład
deck

komin
funnel

pokład rufowy
quarterdeck

dziób
prow

znak wolnej burty
Plimsoll line

iluminator
porthole

kadłub
hull

łódź ratunkowa
lifeboat

kil
keel

śruba napędowa
propeller

transatlantyk | ocean liner

mostek kapitański
bridge

maszynownia
engine room

kajuta
cabin

kambuz *(kuchnia)*
galley

słowniczek • vocabulary

dok
dock

port
port

trap
gangway

kotwica
anchor

pachołek cumowy
bollard

winda kotwiczna
windlass

kapitan
captain

łódź motorowa
speedboat

łódź wiosłowa
rowing boat

kajak
canoe

inne statki · other ships

prom
ferry

silnik
przyczepny
outboard motor

ponton
inflatable dinghy

wodolot
hydrofoil

jacht
yacht

katamaran
catamaran

holownik
tug boat

poduszkowiec
hovercraft

kontenerowiec
container ship

takielunek
rigging

luk towarowy
hold

żaglówka
sailboat

frachtowiec
freighter

tankowiec
oil tanker

lotniskowiec
aircraft carrier

pancernik
battleship

kiosk
conning tower

okręt podwodny
submarine

port • port

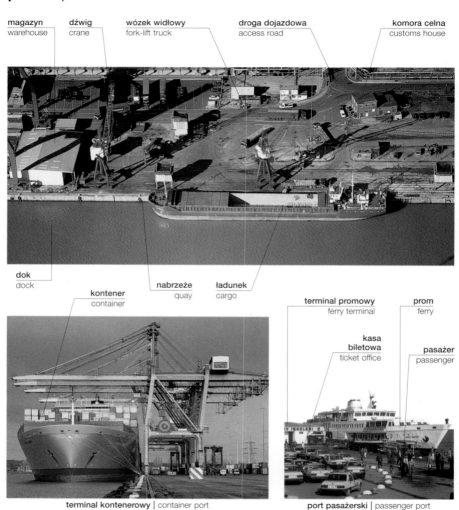

magazyn
warehouse

dźwig
crane

wózek widłowy
fork-lift truck

droga dojazdowa
access road

komora celna
customs house

dok
dock

kontener
container

nabrzeże
quay

ładunek
cargo

terminal promowy
ferry terminal

prom
ferry

kasa
biletowa
ticket office

pasażer
passenger

terminal kontenerowy | container port

port pasażerski | passenger port

sieć
net

łódź rybacka
fishing boat

miejsce
cumowania
mooring

marina | marina

port rybacki | fishing port

przystań | harbour

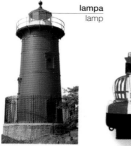

molo | pier

molo
jetty

stocznia
shipyard

lampa
lamp

latarnia morska
lighthouse

boja
buoy

słowniczek • vocabulary

straż przybrzeżna coastguard	suchy dok dry dock	wchodzić na pokład board (v)
kapitan portu harbour master	cumować moor (v)	wysiadać disembark (v)
rzucić kotwicę drop anchor (v)	przybić do portu dock (v)	wypłynąć w morze set sail (v)

futbol amerykański • American football

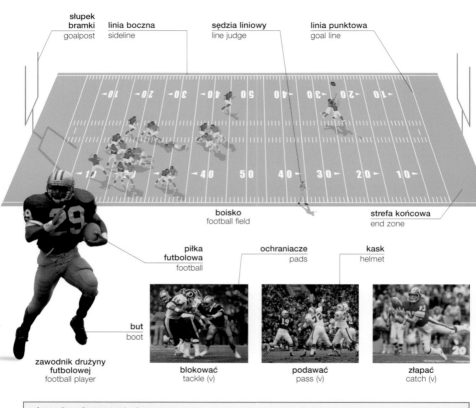

słupek bramki
goalpost

linia boczna
sideline

sędzia liniowy
line judge

linia punktowa
goal line

boisko
football field

strefa końcowa
end zone

piłka futbolowa
football

ochraniacze
pads

kask
helmet

but
boot

zawodnik drużyny futbolowej
football player

blokować
tackle (v)

podawać
pass (v)

złapać
catch (v)

---

słowniczek • vocabulary

przerwa time out	**drużyna** team	**obrona** defence	**cheerleaderka** cheerleader	**Jaki jest wynik?** What is the score?
wypuszczenie piłki fumble	**atak** attack	**wynik** score	**przyłożenie** touchdown	**Kto wygrywa?** Who is winning?

rugby • rugby

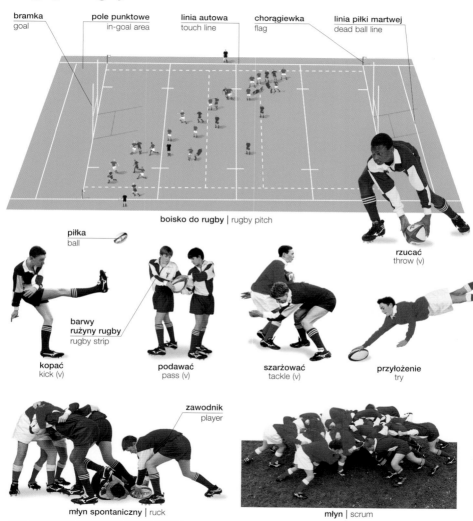

bramka
goal

pole punktowe
in-goal area

linia autowa
touch line

chorągiewka
flag

linia piłki martwej
dead ball line

boisko do rugby | rugby pitch

rzucać
throw (v)

piłka
ball

kopać
kick (v)

barwy
rużyny rugby
rugby strip

podawać
pass (v)

szarżować
tackle (v)

przyłożenie
try

zawodnik
player

młyn spontaniczny | ruck

młyn | scrum

piłka nożna • soccer

piłka
futbolowa
football

napastnik
forward

sędzia
referee

koło środkowe
centre circle

bramkarz
goalkeeper

barwy
drużyny
piłkarskiej
football strip

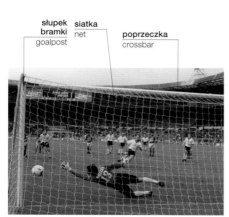

piłkarz
footballer

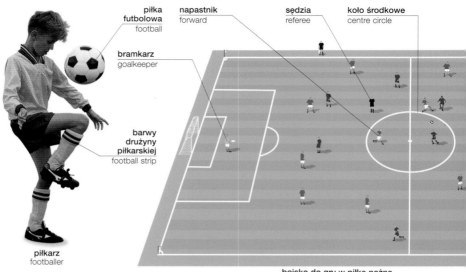

boisko do gry w piłkę nożną
football pitch

słupek
bramki
goalpost

siatka
net

poprzeczka
crossbar

dryblować | dribble (v)

zagrać główką
head (v)

mur
wall

bramka | goal

rzut wolny | free kick

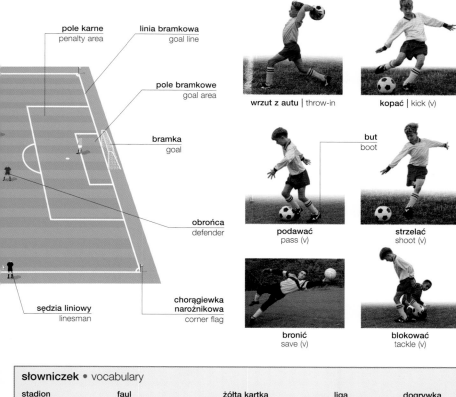

pole karne
penalty area

linia bramkowa
goal line

pole bramkowe
goal area

bramka
goal

obrońca
defender

sędzia liniowy
linesman

chorągiewka narożnikowa
corner flag

wrzut z autu | throw-in

kopać | kick (v)

but
boot

podawać
pass (v)

strzelać
shoot (v)

bronić
save (v)

blokować
tackle (v)

słowniczek • vocabulary

stadion stadium	**faul** foul	**żółta kartka** yellow card	**liga** league	**dogrywka** extra time
strzelić gola score a goal (v)	**rzut rożny** corner	**spalony** off-side	**remis** draw	**rezerwowy** substitute
kara penalty	**czerwona kartka** red card	**usunięcie z boiska** send off	**przerwa** half time	**zmiana** substitution

hokej • hockey

hokej na lodzie • ice hockey

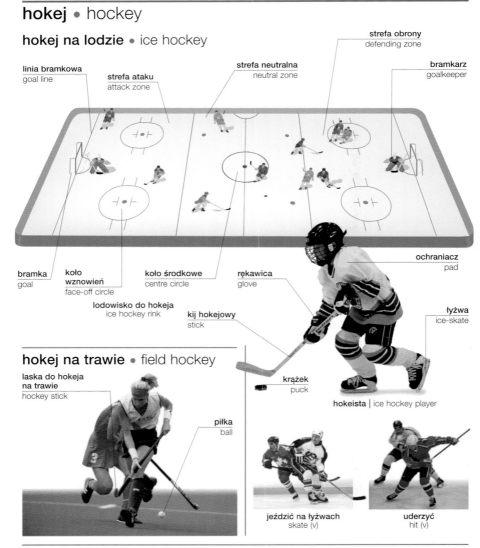

strefa obrony
defending zone

linia bramkowa
goal line

strefa ataku
attack zone

strefa neutralna
neutral zone

bramkarz
goalkeeper

bramka
goal

koło wznowień
face-off circle

koło środkowe
centre circle

rękawica
glove

ochraniacz
pad

lodowisko do hokeja
ice hockey rink

kij hokejowy
stick

łyżwa
ice-skate

hokej na trawie • field hockey

laska do hokeja na trawie
hockey stick

piłka
ball

krążek
puck

hokeista | ice hockey player

jeździć na łyżwach
skate (v)

uderzyć
hit (v)

krykiet • cricket

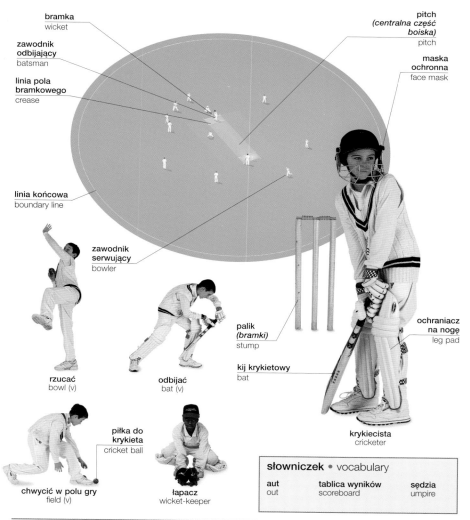

bramka
wicket

**zawodnik
odbijający**
batsman

**linia pola
bramkowego**
crease

pitch
*(centralna część
boiska)*
pitch

**maska
ochronna**
face mask

linia końcowa
boundary line

**zawodnik
serwujący**
bowler

palik
(bramki)
stump

kij krykietowy
bat

**ochraniacz
na nogę**
leg pad

rzucać
bowl (v)

odbijać
bat (v)

**piłka do
krykieta**
cricket ball

chwycić w polu gry
field (v)

łapacz
wicket-keeper

krykiecista
cricketer

słowniczek • vocabulary		
aut out	**tablica wyników** scoreboard	**sędzia** umpire

koszykówka • basketball

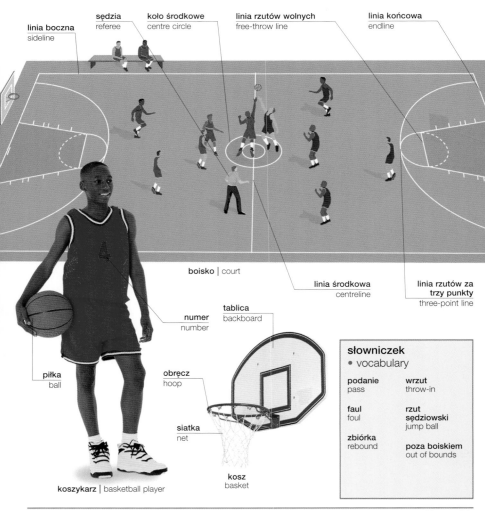

linia boczna
sideline

sędzia
referee

koło środkowe
centre circle

linia rzutów wolnych
free-throw line

linia końcowa
endline

boisko | court

linia środkowa
centreline

**linia rzutów za
trzy punkty**
three-point line

numer
number

tablica
backboard

piłka
ball

obręcz
hoop

siatka
net

kosz
basket

koszykarz | basketball player

słowniczek
• vocabulary

podanie pass	**wrzut** throw-in
faul foul	**rzut** **sędziowski** jump ball
zbiórka rebound	**poza boiskiem** out of bounds

czynności • actions

rzucać
throw (v)

łapać
catch (v)

strzelać
shoot (v)

skakać
jump (v)

kryć
mark (v)

blokować
block (v)

odbijać
bounce (v)

wykonać wsad
dunk (v)

siatkówka • volleyball

blokować
block (v)

siatka
net

podbić
dig (v)

sędzia
referee

**opaska
elastyczna
na kolano**
knee support

boisko | court

baseball • baseball

boisko • field

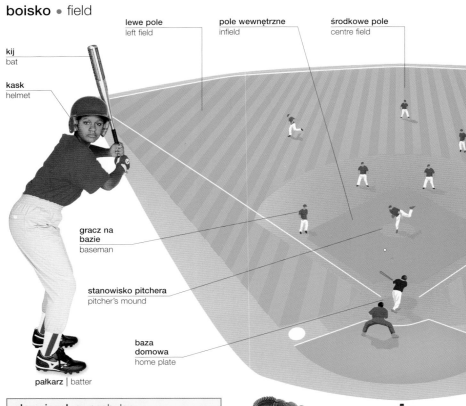

lewe pole
left field

pole wewnętrzne
infield

środkowe pole
centre field

kij
bat

kask
helmet

gracz na bazie
baseman

stanowisko pitchera
pitcher's mound

baza domowa
home plate

pałkarz | batter

---

słowniczek • vocabulary

runda inning	**zdobycie bazy** safe	**odbicie piłki poza linie boczne** foul ball
punkt run	**aut** out	**nieudane odbicie przez pałkarza** strike

piłka
ball

rękawica | mitt

maska | mask

zapole
outfield

prawe pole
right field

**boczna
granica
boiska**
foul line

drużyna
team

ławka rezerwowych
dugout

łapacz | catcher

miotacz | pitcher

czynności • actions

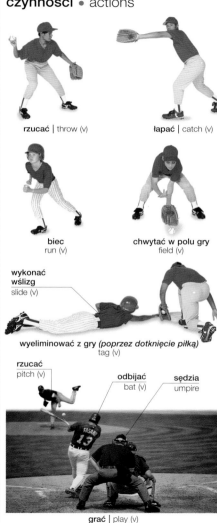

rzucać | throw (v)

łapać | catch (v)

biec
run (v)

chwytać w polu gry
field (v)

**wykonać
wślizg**
slide (v)

wyeliminować z gry *(poprzez dotknięcie piłką)*
tag (v)

rzucać
pitch (v)

odbijać
bat (v)

sędzia
umpire

grać | play (v)

tenis • tennis

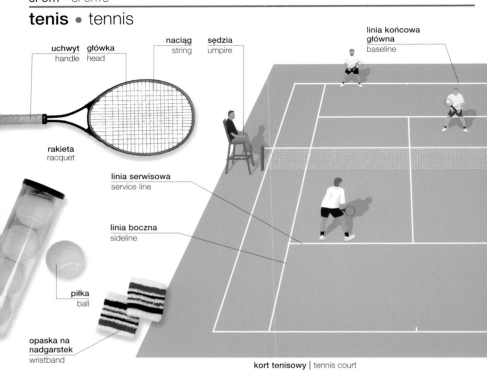

uchwyt **główka**
handle head

naciąg **sędzia**
string umpire

**linia końcowa
główna**
baseline

rakieta
racquet

linia serwisowa
service line

linia boczna
sideline

piłka
ball

**opaska na
nadgarstek**
wristband

kort tenisowy | tennis court

słowniczek • vocabulary

singel singles	**set** set	**równowaga** deuce	**błąd serwisowy** fault	**uderzenie z boku** slice	**podkręcenie** spin
debel doubles	**mecz** match	**przewaga** advantage	**as** ace	**wymiana** rally	**sędzia liniowy** linesman
gem game	**tie-break** tiebreak	**zero** love	**piłka ścięta** *(spadająca tuż za siatką)* dropshot	**net** let!	**turniej** championship

uderzenia • strokes

serw
serve

wolej
volley

return
return

lob
lob

forhend
forehand

bekhend
backhand

siatka
net

smecz
smash

chłopiec do
podawania piłek
ballboy

serwować
serve (v)

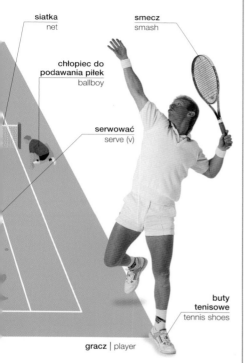

buty
tenisowe
tennis shoes

gracz | player

sporty rakietowe • racquet games

lotka
shuttlecock

rakietka
bat

badminton
badminton

tenis stołowy
table tennis

squash
squash

racquetball
racquetball

golf • golf

green
green

bunkier
bunker

chorągiewka
flag

obszar tee
teeing ground

dołek
hole

wykonać zamach
swing (v)

tor gry
fairway

rough
rough

przeszkoda wodna
water hazard

pole golfowe
golf course

wózek golfowy
buggy

pozycja
stance

golfista | golfer

budynek klubowy | clubhouse

sprzęt • equipment

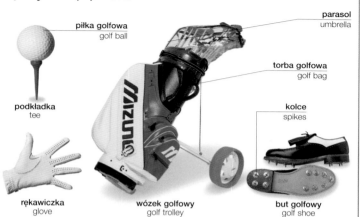

piłka golfowa
golf ball

podkładka
tee

rękawiczka
glove

parasol
umbrella

torba golfowa
golf bag

wózek golfowy
golf trolley

kolce
spikes

but golfowy
golf shoe

kije golfowe • golf clubs

kij drewniany
wood

putter
putter

kij metalowy
iron

kij z główką klinowatą
wedge

czynności • actions

uderzyć piłkę z podkładki
tee-off (v)

uderzyć piłkę z obszaru tee
drive (v)

uderzyć piłkę na greenie
putt (v)

lekko uderzyć piłkę w stronę dołka
chip (v)

słowniczek • vocabulary

norma par	**powyżej normy** over par	**handicap** handicap	**pomocnik noszący kije za graczem** caddy	**zamach** backswing	**uderzenie** stroke
poniżej normy under par	**wbicie piłki do dołka za jednym uderzeniem** hole in one	**turniej** tournament	**widzowie** spectators	**zamach próbny** practice swing	**linia gry** line of play

lekkoatletyka • athletics

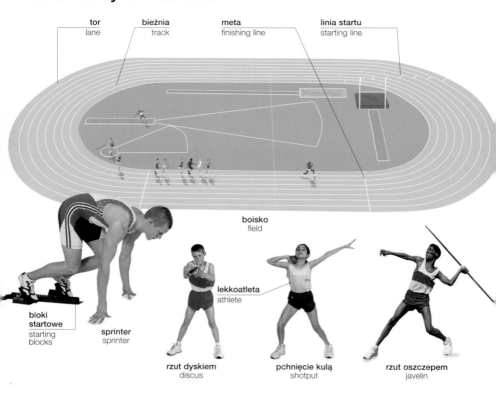

tor	bieżnia	meta	linia startu
lane	track	finishing line	starting line

boisko
field

bloki
startowe
starting
blocks

sprinter
sprinter

lekkoatleta
athlete

rzut dyskiem
discus

pchnięcie kulą
shotput

rzut oszczepem
javelin

słowniczek • vocabulary

wyścig	rekord	zapis wideo	skok o tyczce
race	record	finiszu	pole vault
		photo finish	
czas	pobić rekord		rekord własny
time	break a record (v)	maraton	personal best
		marathon	

stoper
stopwatch

pałeczka
baton

bieg sztafetowy
relay race

poprzeczka
crossbar

skok wzwyż
high jump

skok w dal
long jump

płotki
hurdles

gimnastyka • gymnastics

trampolina
springboard

gimnastyk
gymnast

kozioł
horse

salto
somersault

równoważnia | beam

wstążka
ribbon

mata
mat

skok
vault

ćwiczenia wolne
floor exercises

przerzut
tumble

gimnastyka artystyczna
rhythmic gymnastics

słowniczek • vocabulary

drążek horizontal bar	**koń z łękami** pommel horse	**kółka** rings	**medale** medals	**srebro** silver
poręcze parallel bars	**poręcze asymetryczne** asymmetric bars	**podium** podium	**złoto** gold	**brąz** bronze

sporty walki • combat sports

przeciwnik
opponent

kask ochronny
guard

pas
belt

rękawica
glove

taekwondo | taekwondo

karate | karate

maska
mask

miecz
sword

judo | judo

aikido | aikido

kendo | kendo

kung-fu | kung fu

kick boxing | kickboxing

zapasy | wrestling

boks | boxing

czynności • actions

powalenie przeciwnika
fall

chwyt | hold

rzut | throw

rzut na łopatki | pin

kopnięcie | kick

cios pięścią | punch

uderzenie | strike

cios | chop

skok | jump

blok | block

---

słowniczek • vocabulary

ring bokserski boxing ring	**runda** round	**pięść** fist	**czarny pas** black belt	**capoeira** capoeira
rękawice bokserskie boxing gloves	**walka** bout	**nokaut** knock out	**samoobrona** self defence	**sumo** sumo wrestling
ochraniacz szczęki mouth guard	**sparing** sparring	**worek treningowy** punch bag	**sztuki walki** martial arts	**wt'ai chi** tai-chi

---

pływanie • swimming
sprzęt • equipment

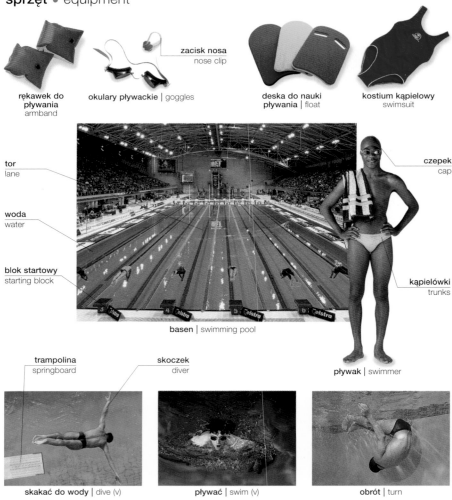

rękawek do
pływania
armband

okulary pływackie | goggles

zacisk nosa
nose clip

deska do nauki
pływania | float

kostium kąpielowy
swimsuit

tor
lane

czepek
cap

woda
water

blok startowy
starting block

kąpielówki
trunks

basen | swimming pool

trampolina
springboard

skoczek
diver

pływak | swimmer

skakać do wody | dive (v)

pływać | swim (v)

obrót | turn

style • styles

kraul | front crawl

żabka | breaststroke

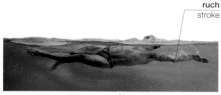

ruch
stroke

styl grzbietowy | backstroke

uderzenie
nogami
kick

motylek | butterfly

nurkowanie z akwalungiem • scuba diving

kombinezon
piankowy
wetsuit

płetwa
flipper

balast
weight belt

butla ze
sprężonym
powietrzem
air cylinder

maska
mask

regulator
regulator

rurka
snorkel

słowniczek • vocabulary

skok do wody dive	pływać w miejscu tread water (v)	szafki lockers	piłka wodna water polo	płytka część basenu shallow end	kurcz cramp
skok do wody z trampoliny high dive	skok startowy racing dive	ratownik lifeguard	najgłębsza część basenu deep end	pływanie synchroniczne synchronized swimming	tonąć drown (v)

żeglarstwo • sailing

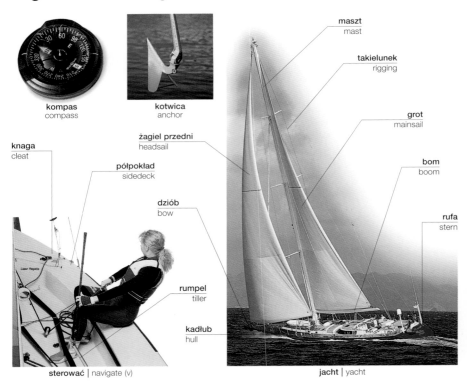

kompas
compass

kotwica
anchor

maszt
mast

takielunek
rigging

grot
mainsail

żagiel przedni
headsail

knaga
cleat

półpokład
sidedeck

bom
boom

dziób
bow

rufa
stern

rumpel
tiller

kadłub
hull

sterować | navigate (v)

jacht | yacht

bezpieczeństwo • safety

raca
flare

koło ratunkowe
lifebuoy

kamizelka ratunkowa
life jacket

tratwa ratunkowa
life raft

sporty wodne • watersports

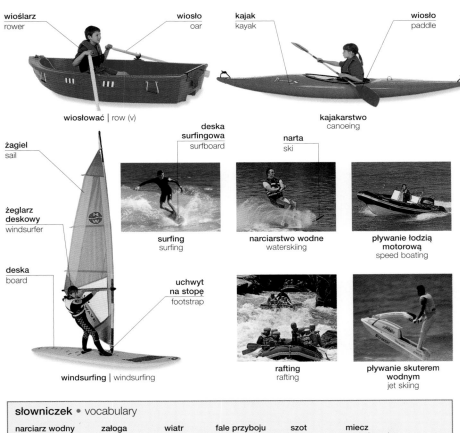

wioślarz
rower

wiosło
oar

kajak
kayak

wiosło
paddle

wiosłować | row (v)

kajakarstwo
canoeing

żagiel
sail

deska surfingowa
surfboard

narta
ski

żeglarz deskowy
windsurfer

deska
board

uchwyt na stopę
footstrap

surfing
surfing

narciarstwo wodne
waterskiing

pływanie łodzią motorową
speed boating

windsurfing | windsurfing

rafting
rafting

pływanie skuterem wodnym
jet skiing

słowniczek • vocabulary

narciarz wodny waterskier	**załoga** crew	**wiatr** wind	**fale przyboju** surf	**szot** sheet	**miecz** centreboard
surfingowiec surfer	**halsować** tack (v)	**fala** wave	**bystrza** *(rzeki)* rapids	**ster** rudder	**wywrócić się do góry dnem** capsize (v)

jazda konna •
horse riding

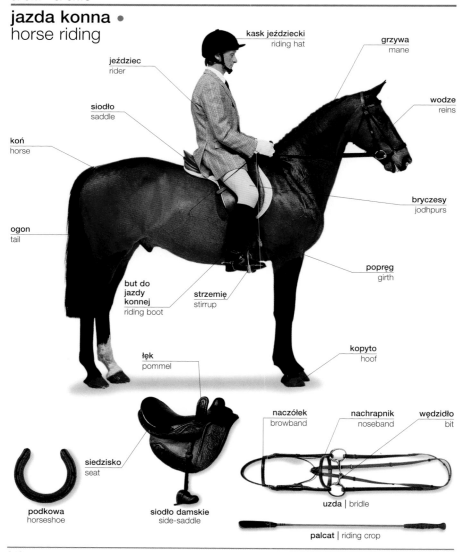

kask jeździecki
riding hat

grzywa
mane

jeździec
rider

wodze
reins

siodło
saddle

koń
horse

bryczesy
jodhpurs

ogon
tail

popręg
girth

but do
jazdy
konnej
riding boot

strzemię
stirrup

łęk
pommel

kopyto
hoof

naczółek
browband

nachrapnik
noseband

wędzidło
bit

siedzisko
seat

podkowa
horseshoe

siodło damskie
side-saddle

uzda | bridle

palcat | riding crop

konkurencje • events

koń wyścigowy
racehorse

gonitwa
horse race

przeszkoda
fence

gonitwa z przeszkodami
steeplechase

wyścig zaprzęgów
harness race

rodeo
rodeo

skoki przez przeszkody
showjumping

wyścig powozów
carriage race

trekking | trekking

ujeżdżanie | dressage

polo | polo

słowniczek • vocabulary

stęp walk	**cwał** canter	**skok** jump	**kantar** halter	**padok** paddock	**wyścig płaski** flat race
kłus trot	**galop** gallop	**stajenny** groom	**stajnia** stable	**arena** arena	**tor wyścigowy** racecourse

wędkarstwo • fishing

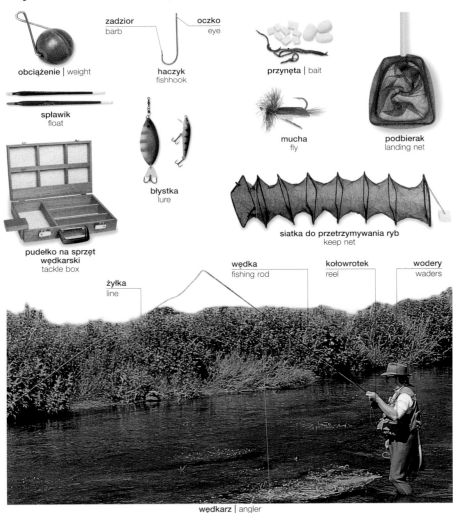

obciążenie | weight

zadzior
barb

oczko
eye

haczyk
fishhook

przynęta | bait

spławik
float

błystka
lure

mucha
fly

podbierak
landing net

**pudełko na sprzęt
wędkarski**
tackle box

siatka do przetrzymywania ryb
keep net

wędka
fishing rod

kołowrotek
reel

wodery
waders

żyłka
line

wędkarz | angler

rodzaje wędkarstwa • types of fishing

wędkarstwo słodkowodne
freshwater fishing

wędkarstwo muchowe
fly fishing

wędkarstwo sportowe
sport fishing

wędkarstwo dalekomorskie
deep sea fishing

łowienie ryb z plaży
surfcasting

czynności • activities

zarzucać
cast (v)

łapać
catch (v)

wciągać
reel in (v)

łowić w sieć
net (v)

wypuszczać
release (v)

słowniczek • vocabulary

zakładać przynętę bait (v)	**sprzęt wędkarski** tackle	**ubranie nieprzemakalne** waterproofs	**karta wędkarska** fishing permit	**kosz** creel
brać *(o rybie)* bite (v)	**kołowrotek** spool	**wędzisko** pole	**wędkarstwo morskie** marine fishing	**połów kuszą** spearfishing

narciarstwo • skiing

stok narciarski
ski slope

wyciąg krzesełkowy
chairlift

wagonik kolejki linowej
cable car

kijek narciarski
ski pole

rękawica
glove

dziób
tip

krawędź
edge

trasa narciarska
ski run

barierka bezpieczeństwa
safety barrier

narta
ski

Kurtka narciarska
ski jacket

but narciarski
ski boot

narciarz
skier

dyscypliny • events

narciarstwo zjazdowe
downhill skiing

bramka
gate

slalom
slalom

skok narciarski
ski jump

narciarstwo biegowe
cross-country skiing

sporty zimowe • winter sports

wspinaczka lodowa
ice climbing

łyżwiarstwo
ice-skating

gogle
goggles

łyżwa
skate

łyżwiarstwo figurowe
figure skating

snowboarding
snowboarding

bobslej
bobsleigh

saneczkarstwo
luge

skuter śnieżny
snowmobile

jazda na sankach
sledding

słowniczek • vocabulary

narciarstwo alpejskie alpine skiing	**psie zaprzęgi** dog sledding
slalom gigant giant slalom	**łyżwiarstwo szybkie** speed skating
poza wyznaczonymi trasami off-piste	**biatlon** biathlon
curling curling	**lawina** avalanche

inne sporty • other sports

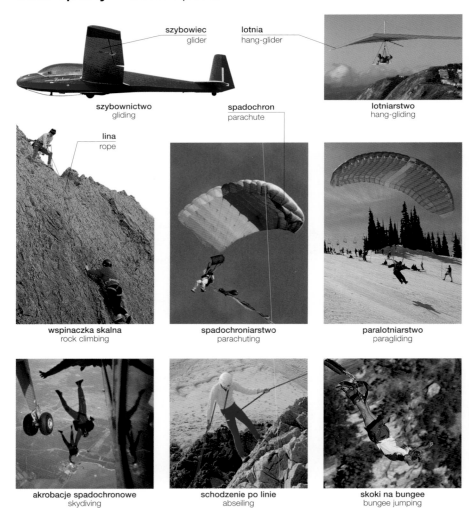

szybowiec
glider

lotnia
hang-glider

szybownictwo
gliding

lotniarstwo
hang-gliding

spadochron
parachute

lina
rope

wspinaczka skalna
rock climbing

spadochroniarstwo
parachuting

paralotniarstwo
paragliding

akrobacje spadochronowe
skydiving

schodzenie po linie
abseiling

skoki na bungee
bungee jumping

rajdy samochodowe
rally driving

kierowca
wyścigowy
racing driver

wyścigi samochodowe
motor racing

motocross
motorcross

wyścigi motocyklowe
motorbike racing

deskorolka
skateboard

jazda na deskorolce
skateboarding

Jazda na łyżworolkach
inline skating

kij
stick

lacrosse
lacrosse

maska
mask

floret
foil

szermierka
fencing

kręgiel
pin

łuk
bow

strzała
arrow

kołczan
quiver

łucznictwo
archery

tarcza
target

strzelectwo
target shooting

kula do
kręgli
bowling ball

kręgle
bowling

bilard
pool

snooker
snooker

fitness • fitness

rower
treningowy
exercise bike

sprzęt siłowy
gym machine

ławka
treningowa
bench

ciężarki
free weights

gryf
bar

siłownia
gym

wioślarz
treningowy
rowing machine

bieżnia
treadmill

trenażer eliptyczny
cross trainer

trener osobisty
personal trainer

stepper
step machine

basen
swimming pool

sauna
sauna

ćwiczenia • exercises

ćwiczenie rozciągające
stretch

wypad
lunge

legginsy
tights

pompka
press-up

przysiad
squat

brzuszek
sit-up

hantla
dumbbell

uginanie przedramion
bicep curl

wyciskanie nogami
leg press

wyciskanie na klatkę piersiową
chest press

buty sportowe
trainers

sztanga
weight bar

ćwiczenia siłowe
weight training

jogging
jogging

pilates
pilates

---

słowniczek • vocabulary

trenować train (v)	**biegać w miejscu** jog on the spot (v)	**wyciągać** extend (v)	**boxercise** boxercise	**trening kondycyjny** circuit training
robić rozgrzewkę warm up (v)	**napinać** flex (v)	**podciągać** pull up (v)	**skakanie przez skakankę** skipping	

czas wolny
leisure

teatr • theatre

kurtyna
curtain

kulisy
wings

dekoracje
set

publiczność
audience

orkiestra
orchestra

scena | stage

miejsce
seat

drugi balkon
upper circle

rząd
row

loża
box

balkon
circle

balkon
balcony

przejście
aisle

parter
stalls

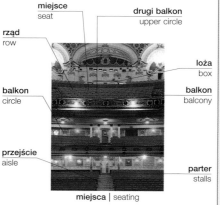

miejsca | seating

---

słowniczek • vocabulary

obsada cast	**scenariusz** script	**premiera** first night
aktor actor	**prospekt** backdrop	**antrakt** interval
aktorka actress	**reżyser** director	**program** programme
sztuka play	**producent** producer	**kanał dla** **orkiestry** orchestra pit

koncert | concert

musical | musical

kostium
costume

balet | ballet

słowniczek • vocabulary

bileter
usher

muzyka klasyczna
classical music

partytura
musical score

ścieżka dźwiękowa
soundtrack

oklaskiwać
applaud (v)

bis
encore

O której godzinie się to zaczyna?
What time does it start?

Poproszę dwa bilety na dzisiejsze przedstawienie.
I'd like two tickets for tonight's performance.

opera | opera

kino • cinema

popcorn
popcorn

kasa biletowa
box office

hol
lobby

plakat
poster

sala kinowa
cinema hall

ekran
screen

słowniczek • vocabulary

komedia
comedy

thriller
thriller

horror
horror film

western
western

romans
romance

film science fiction
science fiction film

film przygodowy
adventure

film animowany
animated film

orkiestra • orchestra

instrumenty strunowe • strings

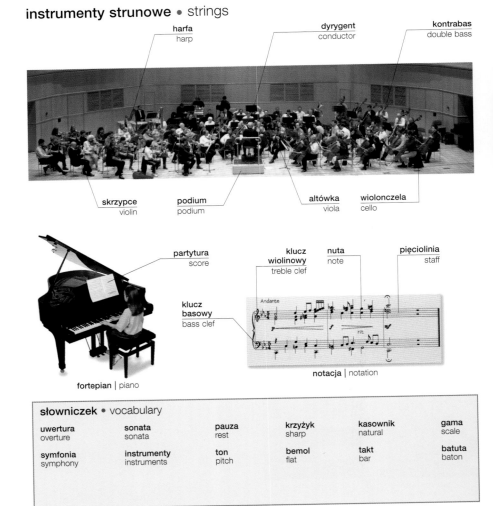

harfa
harp

dyrygent
conductor

kontrabas
double bass

skrzypce
violin

podium
podium

altówka
viola

wiolonczela
cello

partytura
score

klucz wiolinowy
treble clef

nuta
note

pięciolinia
staff

klucz basowy
bass clef

notacja | notation

fortepian | piano

słowniczek • vocabulary

uwertura overture	**sonata** sonata	**pauza** rest	**krzyżyk** sharp	**kasownik** natural	**gama** scale
symfonia symphony	**instrumenty** instruments	**ton** pitch	**bemol** flat	**takt** bar	**batuta** baton

instrumenty dęte drewniane • woodwind

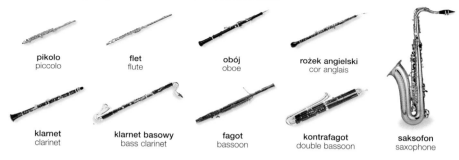

pikolo
piccolo

flet
flute

obój
oboe

rożek angielski
cor anglais

klarnet
clarinet

klarnet basowy
bass clarinet

fagot
bassoon

kontrafagot
double bassoon

saksofon
saxophone

instrumenty perkusyjne • percussion

wibrafon
vibraphone

kocioł
kettledrum

gong
gong

bongosy
bongos

werbel
snare drum

talerze
cymbals

tamburyn
tambourine

pedały
foot pedals

trójkąt
triangle

marakasy
maracas

instrumenty dęte blaszane • brass

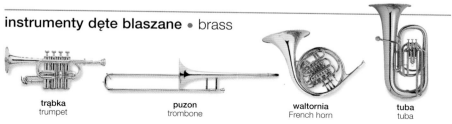

trąbka
trumpet

puzon
trombone

waltornia
French horn

tuba
tuba

koncert • concert

głośnik
speaker

fani
fans

lider
lead singer

gitarzysta
guitarist

mikrofon
microphone

perkusista
drummer

koncert rockowy | rock concert

instrumenty • instruments

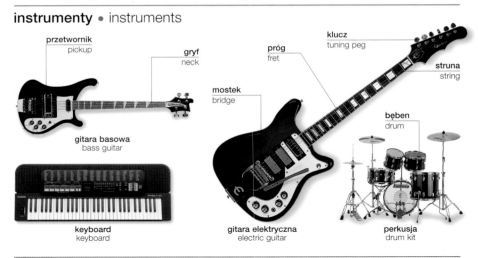

przetwornik
pickup

gryf
neck

próg
fret

klucz
tuning peg

struna
string

mostek
bridge

bęben
drum

gitara basowa
bass guitar

keyboard
keyboard

gitara elektryczna
electric guitar

perkusja
drum kit

style muzyczne • musical styles

jazz | jazz

blues | blues

punk | punk

muzyka folk | folk music

pop | pop

dance | dance

rap | rap

heavy metal | heavy metal

muzyka klasyczna | classical music

---

słowniczek • vocabulary

piosenka song	**tekst** lyrics	**melodia** melody	**rytm** beat	**reggae** reggae	**country** country	**reflektor** spotlight

---

zwiedzanie • sightseeing

turysta
tourist

atrakcja turystyczna | tourist attraction

trasa
itinerary

z otwartym dachem
open-top

autobus wycieczkowy | tour bus

przewodnik
tour guide

statuetka
statuette

zwiedzanie z przewodnikiem
guided tour

pamiątki
souvenirs

---

słowniczek • vocabulary

otwarty open	**przewodnik** guide book	**kamera wideo** camcorder	**w lewo** left	**Gdzie jest…?** Where is…?
zamknięty closed	**film** film	**aparat** camera	**w prawo** right	**Zgubiłem się.** I'm lost.
opłata za wstęp entrance fee	**baterie** batteries	**wskazówki** directions	**prosto** straight on	**Czy może mi pan/pani wskazać drogę do…?** Can you tell me the way to….?

atrakcje • attractions

obraz
painting

eksponat
exhibit

wystawa
exhibition

słynne ruiny
famous ruin

galeria sztuki
art gallery

pomnik
monument

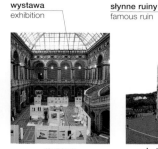

muzeum
museum

zabytkowy budynek
historic building

kasyno
casino

ogrody
gardens

park narodowy
national park

informacje • information

godziny
times

plan piętra
floor plan

mapa
map

rozkład jazdy
timetable

**biuro informacji
turystycznej**
tourist information

zajęcia na świeżym powietrzu • outdoor activities

chodnik
footpath

zegar słoneczny
sundial

kawiarnia
café

park | park

trawa
grass

ławka
bench

ogród francuski
formal gardens

kolejka górska
roller coaster

wesołe miasteczko
fairground

tematyczny park rozrywki
theme park

park safari
safari park

zoo
zoo

zajęcia • activites

jazda na rowerze
cycling

jogging
jogging

jazda na deskorolce
skateboarding

jazda na rolkach
rollerblading

ścieżka do jazdy konnej
bridle path

kosz
hamper

obserwowanie ptaków
bird watching

jazda konna
horse riding

piesze wędrówki
hiking

piknik
picnic

plac zabaw • playground

piaskownica
sandpit

basen nadmuchiwany
paddling pool

huśtawki
swings

huśtawka | seesaw

zjeżdżalnia | slide

drabinki | climbing frame

plaża • beach

hotel
hotel

parasol plażowy
beach umbrella

kabina plażowa
beach hut

piasek
sand

fala
wave

morze
sea

torba plażowa
beach bag

bikini
bikini

opalać się | sunbathe (v)

ratownik
lifeguard

wieża ratownika
lifeguard tower

parawan plażowy
windbreak

promenada
promenade

leżak
deck chair

**okulary
przeciwsłoneczne**
sunglasses

kapelusz od słońca
sunhat

emulsja do opalania
suntan lotion

**krem z wysokim filtrem
przeciwsłonecznym**
sunblock

piłka plażowa
beach ball

koło dmuchane
rubber ring

kostium kąpielowy
swimsuit

łopatka
spade

wiaderko
bucket

zamek z piasku
sandcastle

ręcznik plażowy
beach towel

muszla
shell

kemping • camping

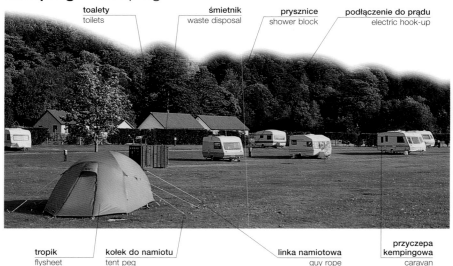

toalety
toilets

śmietnik
waste disposal

prysznice
shower block

podłączenie do prądu
electric hook-up

tropik
flysheet

kołek do namiotu
tent peg

linka namiotowa
guy rope

przyczepa kempingowa
caravan

pole kempingowe | campsite

słowniczek • vocabulary

kempingować
camp (v)

biuro zarządu
site manager's
office

wolne miejsca
pitches available

pełny
full

miejsce
pitch

**rozbić
namiot**
pitch a tent (v)

**maszt
namiotu**
tent pole

łóżko polowe
camp bed

ławka piknikowa
picnic bench

hamak
hammock

**samochód z częścią
mieszkalną**
camper van

przyczepa kempingowa
trailer

węgiel drzewny
charcoal

podpałka
firelighter

rozpalić ogień
light a fire (v)

ognisko
campfire

stelaż
frame

mata wodoodporna
ground sheet

plecak
backpack

termos
vacuum flask

manierka
water bottle

namiot
tent

środek odstraszający
owady
insect repellent

latarka
torch

moskitiera
mosquito net

odzież termoaktywna
thermals

buty turystyczne
walking boots

odzież nieprzemakalna
waterproofs

śpiwór
sleeping bag

karimata
sleeping mat

kuchenka
turystyczna
camping stove

grill
barbecue

materac nadmuchiwany | air mattress

rozrywka domowa • home entertainment

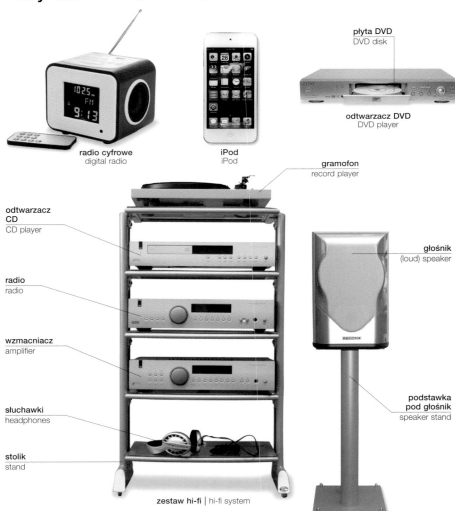

płyta DVD
DVD disk

odtwarzacz DVD
DVD player

radio cyfrowe
digital radio

iPod
iPod

gramofon
record player

odtwarzacz CD
CD player

głośnik
(loud) speaker

radio
radio

wzmacniacz
amplifier

słuchawki
headphones

podstawka pod głośnik
speaker stand

stolik
stand

zestaw hi-fi | hi-fi system

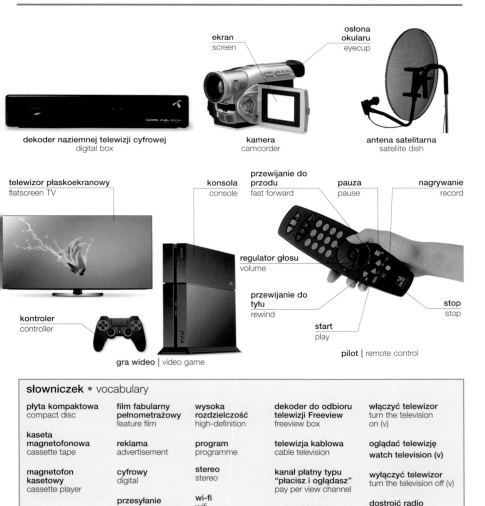

ekran
screen

osłona okularu
eyecup

dekoder naziemnej telewizji cyfrowej
digital box

kamera
camcorder

antena satelitarna
satellite dish

telewizor płaskoekranowy
flatscreen TV

konsola
console

przewijanie do przodu
fast forward

pauza
pause

nagrywanie
record

regulator głosu
volume

przewijanie do tyłu
rewind

stop
stop

start
play

kontroler
controller

gra wideo | video game

pilot | remote control

---

słowniczek • vocabulary

płyta kompaktowa compact disc	**film fabularny pełnometrażowy** feature film	**wysoka rozdzielczość** high-definition	**dekoder do odbioru telewizji Freeview** freeview box	**włączyć telewizor** turn the television on (v)
kaseta magnetofonowa cassette tape	**reklama** advertisement	**program** programme	**telewizja kablowa** cable television	**oglądać telewizję** watch television (v)
magnetofon kasetowy cassette player	**cyfrowy** digital	**stereo** stereo	**kanał płatny typu "płacisz i oglądasz"** pay per view channel	**wyłączyć telewizor** turn the television off (v)
	przesyłanie strumieniowe streaming	**wi-fi** wifi	**zmienić kanał** change channel (v)	**dostroić radio** tune the radio (v)

---

fotografika • photography

wyzwalacz migawki
shutter release

regulator przysłony
aperture dial

obiektyw
lens

lustrzanka jednoobiektywowa | SLR camera

filtr
filter

osłona obiektywu
lens cap

flesz
flash gun

światłomierz
lightmeter

teleobiektyw
zoom lens

statyw
tripod

rodzaje aparatów fotograficznych • types of camera

lampa błyskowa
flash

aparat polaroid
Polaroid camera

aparat cyfrowy
digital camera

telefon z aparatem
cameraphone

aparat jednorazowy
disposable camera

fotografować • photograph (v)

szpulka z filmem
film spool

film
film

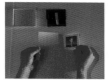

ustawiać ostrość
focus (v)

wywoływać
develop (v)

negatyw
negative

pejzaż
landscape

portret
portrait

album fotograficzny
photo album

ramka na zdjęcie
photo frame

fotografia | photograph

problemy • problems

niedoświetlony
underexposed

prześwietlony
overexposed

nieostry
out of focus

czerwone oko
red eye

słowniczek • vocabulary

wizjer
viewfinder

futerał na aparat fotograficzny
camera case

naświetlenie
exposure

ciemnia
darkroom

odbitka
print

matowy
matt

błyszczący
gloss

powiększenie
enlargement

Chciałbym oddać ten film do wywołania.
I'd like this film processed.

gry • games

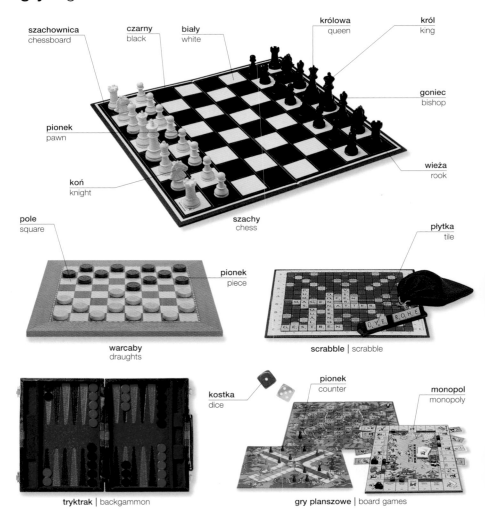

szachownica
chessboard

czarny
black

biały
white

królowa
queen

król
king

goniec
bishop

pionek
pawn

wieża
rook

koń
knight

pole
square

pionek
piece

płytka
tile

szachy
chess

warcaby
draughts

scrabble | scrabble

kostka
dice

pionek
counter

monopol
monopoly

tryktrak | backgammon

gry planszowe | board games

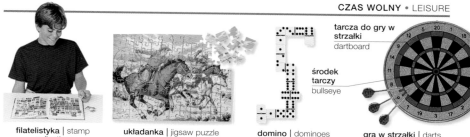

filatelistyka | stamp collecting

układanka | jigsaw puzzle

domino | dominoes

tarcza do gry w strzałki
dartboard

środek tarczy
bullseye

gra w strzałki | darts

dżoker
joker

walet
jack

dama
queen

król
king

as
ace

karty | cards

karo
diamond

pik
spade

kier
heart

trefl
club

tasować | shuffle (v)

rozdawać | deal (v)

---

słowniczek • vocabulary

ruch move	wygrywać win (v)	przegrany loser	punkt point	brydż bridge	**Rzuć kostką.** Roll the dice.
grać play (v)	zwycięzca winner	gra game	wynik score	talia kart pack of cards	**Czyja kolejka?** Whose turn is it?
gracz player	przegrywać lose (v)	zakład bet	poker poker	kolor suit	**Twój ruch.** It's your move.

rzemiosło artystyczne 1 • arts and crafts 1

artysta
artist

obraz
painting

sztaluga
easel

płótno
canvas

pędzel
brush

paleta
palette

malarstwo | painting

farby • paints

farby olejne
oil paints

akwarela
watercolour paint

pastele
pastels

farba akrylowa
acrylic paint

farba plakatowa
poster paint

kolory • colours

 czerwony | red

 **niebieski | blue**

 żółty | yellow

 zielony | green

 pomarańczowy orange

 fioletowy | purple

 biały | white

 czarny | black

 szary | grey

 różowy | pink

 brązowy | brown

 indygo | indigo

inne sztuki • other crafts

szkicownik sketch pad

szkic sketch

tusz ink

ołówek pencil

węgiel charcoal

rysunek | drawing

grafika | printing

rycina | engraving

kamień stone

pobijak mallet

dłuto chisel

drewno wood

narzędzie do ceramiki modelling tool

koło garncarskie potter's wheel

rzeźbiarstwo sculpting

stolarstwo woodworking

klej glue

tektura cardboard

glina clay

kolaż | collage

garncarstwo | pottery

wyrób biżuterii jewellery making

papier-mâché papier-mâché

origami origami

modelarstwo model making

rzemiosło artystyczne 2 • arts and crafts 2

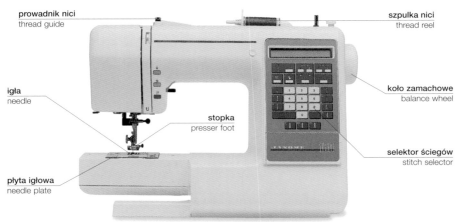

prowadnik nici
thread guide

szpulka nici
thread reel

igła
needle

koło zamachowe
balance wheel

stopka
presser foot

selektor ściegów
stitch selector

płyta igłowa
needle plate

maszyna do szycia | sewing machine

nożyce
scissors

wykrój
pattern

poduszeczka do
szpilek
pincushion

centymetr
tape measure

materiał
material

szpilka
pin

kosz na przybory do szycia
sewing basket

nić
thread

oczko
eye

szpulka
bobbin

haftka
hook

naparstek
thimble

kreda krawiecka
tailor's chalk

manekin krawiecki
tailor's dummy

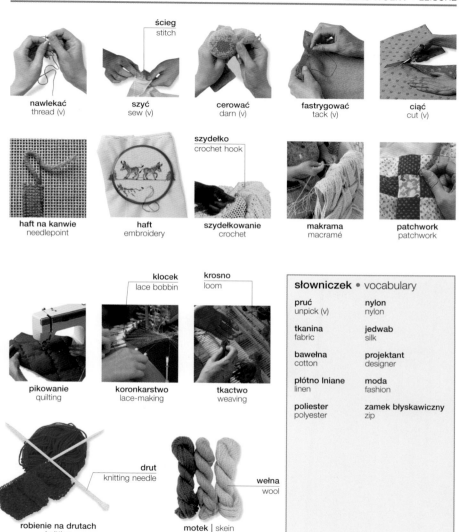

nawlekać
thread (v)

ścieg
stitch

szyć
sew (v)

cerować
darn (v)

fastrygować
tack (v)

ciąć
cut (v)

haft na kanwie
needlepoint

haft
embroidery

szydełko
crochet hook

szydełkowanie
crochet

makrama
macramé

patchwork
patchwork

klocek
lace bobbin

krosno
loom

pikowanie
quilting

koronkarstwo
lace-making

tkactwo
weaving

słowniczek • vocabulary

pruć
unpick (v)

nylon
nylon

tkanina
fabric

jedwab
silk

bawełna
cotton

projektant
designer

płótno lniane
linen

moda
fashion

poliester
polyester

zamek błyskawiczny
zip

drut
knitting needle

wełna
wool

robienie na drutach
knitting

motek | skein

środowisko
environment

przestrzeń kosmiczna • space

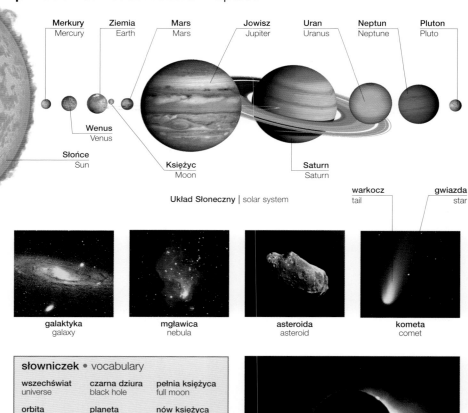

Merkury / Mercury
Ziemia / Earth
Mars / Mars
Jowisz / Jupiter
Uran / Uranus
Neptun / Neptune
Pluton / Pluto

Wenus / Venus

Słońce / Sun

Księżyc / Moon

Saturn / Saturn

Układ Słoneczny | solar system

warkocz / tail

gwiazda / star

galaktyka / galaxy

mgławica / nebula

asteroida / asteroid

kometa / comet

słowniczek • vocabulary

wszechświat universe	**czarna dziura** black hole	**pełnia księżyca** full moon
orbita orbit	**planeta** planet	**nów księżyca** new moon
ciążenie gravity	**meteor** meteor	**sierp księżyca** crescent moon

zaćmienie | eclipse

badania kosmosu • space exploration

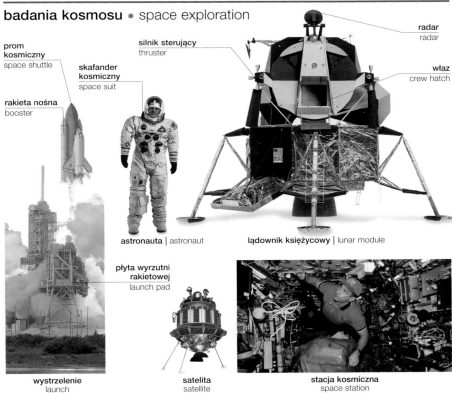

radar
radar

prom kosmiczny
space shuttle

silnik sterujący
thruster

skafander kosmiczny
space suit

właz
crew hatch

rakieta nośna
booster

astronauta | astronaut

lądownik księżycowy | lunar module

płyta wyrzutni rakietowej
launch pad

wystrzelenie
launch

satelita
satellite

stacja kosmiczna
space station

astronomia • astronomy

teleskop
telescope

statyw
tripod

gwiazdozbiór
constellation

lornetka
binoculars

Ziemia • Earth

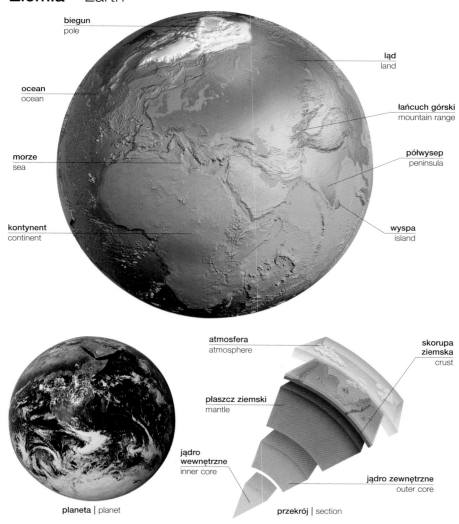

biegun
pole

ląd
land

ocean
ocean

łańcuch górski
mountain range

morze
sea

półwysep
peninsula

kontynent
continent

wyspa
island

atmosfera
atmosphere

skorupa
ziemska
crust

płaszcz ziemski
mantle

jądro
wewnętrzne
inner core

jądro zewnętrzne
outer core

planeta | planet

przekrój | section

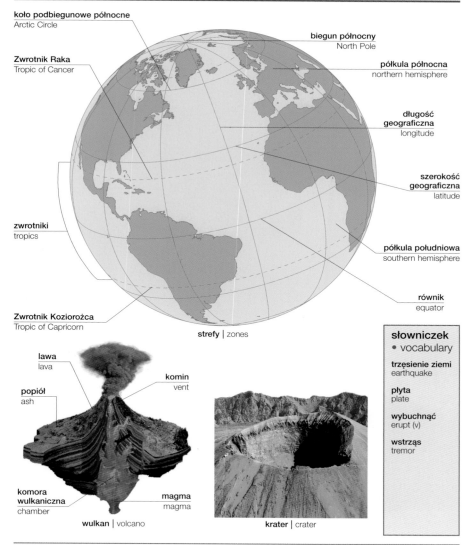

koło podbiegunowe północne
Arctic Circle

biegun północny
North Pole

Zwrotnik Raka
Tropic of Cancer

półkula północna
northern hemisphere

**długość
geograficzna**
longitude

**szerokość
geograficzna**
latitude

zwrotniki
tropics

półkula południowa
southern hemisphere

równik
equator

Zwrotnik Koziorożca
Tropic of Capricorn

strefy | zones

lawa
lava

komin
vent

popiół
ash

**komora
wulkaniczna**
chamber

magma
magma

wulkan | volcano

krater | crater

słowniczek
• vocabulary

trzęsienie ziemi
earthquake

płyta
plate

wybuchnąć
erupt (v)

wstrząs
tremor

krajobraz • landscape

góra
mountain

stok
slope

brzeg
bank

rzeka
river

bystrza
rapids

skały
rocks

lodowiec
glacier

dolina | valley

wzgórze
hill

płaskowyż
plateau

wąwóz
gorge

jaskinia
cave

polski • english

równina | plain

pustynia | desert

las | forest

las | wood

las deszczowy
rainforest

bagno
swamp

łąka
meadow

step
grassland

wodospad
waterfall

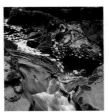

strumień
stream

jezioro
lake

gejzer
geyser

wybrzeże
coast

klif
cliff

rafa koralowa
coral reef

ujście rzeki
estuary

pogoda • weather

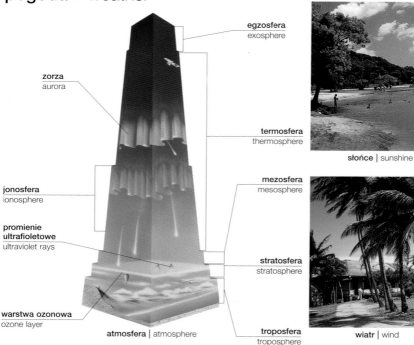

egzosfera
exosphere

zorza
aurora

termosfera
thermosphere

jonosfera
ionosphere

mezosfera
mesosphere

promienie
ultrafioletowe
ultraviolet rays

stratosfera
stratosphere

warstwa ozonowa
ozone layer

atmosfera | atmosphere

troposfera
troposphere

słońce | sunshine

wiatr | wind

słowniczek • vocabulary

śnieg z deszczem sleet	przelotny deszcz shower	gorący hot	suchy dry	wietrzny windy	Gorąco/ zimno mi. I'm hot/cold.
grad hail	słoneczny sunny	zimny cold	mokry wet	wichura gale	Pada deszcz. It's raining.
grzmot thunder	pochmurny cloudy	ciepły warm	wilgotny humid	temperatura temperature	Jest... stopni. It's ... degrees.

chmura | cloud

deszcz | rain

błyskawica
lightning

burza | storm

mgła | mist

mgła | fog

tęcza | rainbow

śnieg | snow

szron | frost

sopel
icicle

lód | ice

mróz | freeze

huragan | hurricane

tornado | tornado

monsun | monsoon

powódź | flood

skały • rocks

magmowe • igneous

granit
granite

obsydian
obsidian

bazalt
basalt

pumeks
pumice

osadowe • sedimentary

piaskowiec
sandstone

wapień
limestone

kreda
chalk

krzemień
flint

zlepieniec
conglomerate

węgiel
coal

metamorficzne • metamorphic

łupek
(drobnoziarnisty)
slate

łupek
schist

gnejs
gneiss

marmur
marble

kamienie szlachetne • gems

rubin / ruby
akwamaryn / aquamarine
ametyst / amethyst
diament / diamond
nefryt / jade
gagat / jet
szmaragd / emerald
opal / opal
szafir / sapphire
kamień księżycowy / moonstone
granat / garnet
topaz / topaz
turmalin / tourmaline

polski • english

minerały • minerals

kwarc
quartz

mika
mica

siarka
sulphur

hematyt
hematite

kalcyt
calcite

malachit
malachite

turkus
turquoise

onyks
onyx

agat
agate

grafit
graphite

metale • metals

złoto
gold

srebro
silver

platyna
platinum

nikiel
nickel

żelazo
iron

miedź
copper

cyna
tin

aluminium
aluminium

rtęć
mercury

cynk
zinc

zwierzęta 1 • animals 1

ssaki • mammals

wąsy
whiskers

ogon
tail

królik
rabbit

chomik
hamster

mysz
mouse

szczur
rat

jeż
hedgehog

wiewiórka
squirrel

nietoperz
bat

szop pracz
raccoon

lis
fox

wilk
wolf

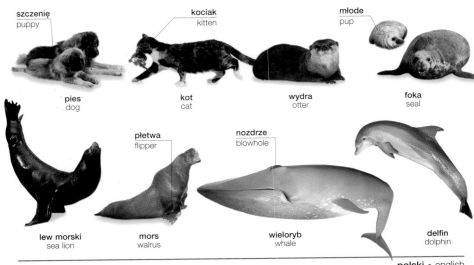

szczenię
puppy

kociak
kitten

młode
pup

pies
dog

kot
cat

wydra
otter

foka
seal

płetwa
flipper

nozdrze
blowhole

lew morski
sea lion

mors
walrus

wieloryb
whale

delfin
dolphin

poroże
antler

jeleń
deer

grzywa
mane

kopyto
hoof

zebra
zebra

żyrafa
giraffe

garb
hump

wielbłąd
camel

trąba
trunk

kieł
tusk

hipopotam
hippopotamus

słoń
elephant

róg
horn

nosorożec
rhinoceros

tygrys
tiger

grzywa
mane

lew
lion

małpa
monkey

goryl
gorilla

koala
koala

torba
pouch

kangur
kangaroo

niedźwiedź
bear

pazur
claw

niedźwiedź polarny
polar bear

panda
panda

zwierzęta 2 • animals 2

ptaki • birds

kanarek
canary

wróbel
sparrow

koliber
hummingbird

jaskółka
swallow

ogon
tail

wrona
crow

gołąb
pigeon

dzięcioł
woodpecker

sokół
falcon

sowa
owl

mewa
gull

orzeł
eagle

pelikan
pelican

flaming
flamingo

bocian
stork

żuraw
crane

pingwin
penguin

struś
ostrich

gęś | goose

łabędź
swan

paw
peacock

bażant
pheasant

indyk
turkey

kakadu
cockatoo

dziób
bill

pióro
feather

skrzydło
wing

szpon
claw

papuga
parrot

gady • reptiles

tarcze rogowe
scales

aligator
alligator

jaszczurka
lizard

iguana
iguana

skorupa
shell

żółw wodny
turtle

żółw lądowy
tortoise

wąż
snake

pysk
snout

krokodyl
crocodile

zwierzęta 3 • animals 3
płazy • amphibians

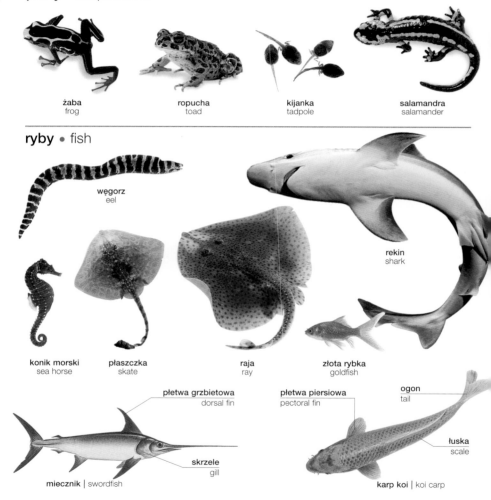

żaba
frog

ropucha
toad

kijanka
tadpole

salamandra
salamander

ryby • fish

węgorz
eel

rekin
shark

konik morski
sea horse

płaszczka
skate

raja
ray

złota rybka
goldfish

płetwa grzbietowa
dorsal fin

płetwa piersiowa
pectoral fin

ogon
tail

łuska
scale

skrzele
gill

miecznik | swordfish

karp koi | koi carp

bezkręgowce · invertebrates

mrówka
ant

termit
termite

pszczoła
bee

osa
wasp

chrząszcz
beetle

czułek
antenna

karaluch
cockroach

ćma
moth

motyl
butterfly

kokon
cocoon

gąsienica
caterpillar

kolec jadowy
sting

świerszcz | cricket

konik polny
grasshopper

modliszka
praying mantis

skorpion
scorpion

parecznik
centipede

ważka
dragonfly

mucha
fly

komar
mosquito

biedronka
ladybird

pająk
spider

ślimak nagi
slug

ślimak
snail

robak
worm

rozgwiazda
starfish

małż
mussel

krab
crab

homar
lobster

ośmiornica
octopus

kałamarnica
squid

meduza
jellyfish

rośliny • plants

drzewo • tree

gałąź
branch

kora
bark

korzeń
root

pień
trunk

dąb | oak

liść
leaf

gałązka
twig

wierzba
willow

topola
poplar

eukaliptus
eucalyptus

modrzew
larch

buk
beech

brzoza
birch

sosna
pine

cedr
cedar

klon
maple

wiąz
elm

lipa
lime

ostrokrzew
holly

jagoda
berry

palma
palm

roślina kwitnąca • flowering plant

kwiat
flower

pręcik
stamen

płatek
petal

kielich
calyx

ogonek liściowy
stalk

łodyga
stem

pąk
bud

jaskier
buttercup

margerytka
daisy

oset
thistle

mlecz
dandelion

wrzos
heather

mak
poppy

naparstnica
foxglove

kapryfolium
honeysuckle

słonecznik
sunflower

koniczyna
clover

dzwonki
bluebells

pierwiosnek
primrose

łubiny
lupins

pokrzywa
nettle

miasto • town

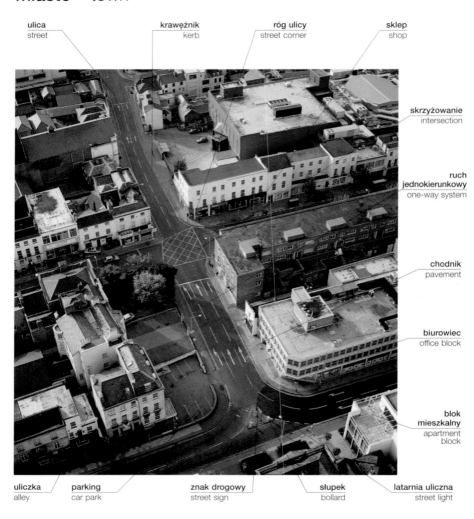

ulica
street

krawężnik
kerb

róg ulicy
street corner

sklep
shop

skrzyżowanie
intersection

ruch
jednokierunkowy
one-way system

chodnik
pavement

biurowiec
office block

blok
mieszkalny
apartment
block

uliczka
alley

parking
car park

znak drogowy
street sign

słupek
bollard

latarnia uliczna
street light

budynki • buildings

ratusz
town hall

biblioteka
library

kino
cinema

teatr
theatre

uniwersytet
university

drapacz chmur
skyscraper

szkoła
school

obszary • areas

strefa przemysłowa
industrial estate

miasto
city

dzielnica podmiejska
suburb

miasteczko
village

---

słowniczek • vocabulary

strefa piesza pedestrian zone	**boczna uliczka** side street	**studzienka włazowa** manhole	**rynsztok** gutter	**kościół** church
aleja avenue	**plac** square	**przystanek autobusowy** bus stop	**fabryka** factory	**studzienka** drain

---

architektura • architecture

budynki i konstrukcje • buildings and structures

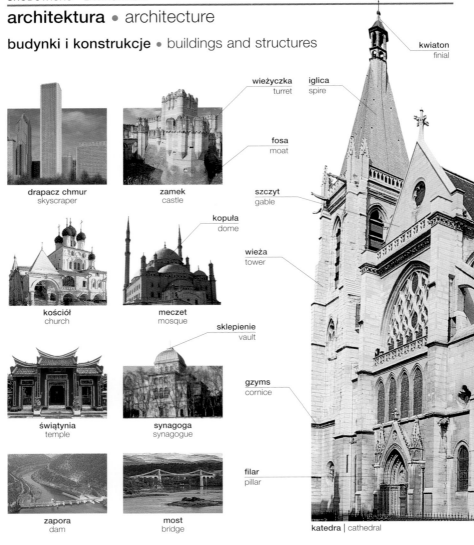

drapacz chmur
skyscraper

zamek
castle

wieżyczka
turret

fosa
moat

kwiaton
finial

iglica
spire

kościół
church

meczet
mosque

kopuła
dome

szczyt
gable

wieża
tower

świątynia
temple

synagoga
synagogue

sklepienie
vault

gzyms
cornice

zapora
dam

most
bridge

filar
pillar

katedra | cathedral

style • styles

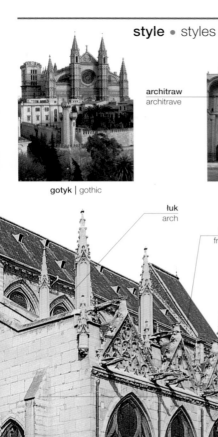

gotyk | gothic

architraw
architrave

renesans
Renaissance

barok
baroque

łuk
arch

fryz
frieze

prezbiterium
choir

rokoko
rococo

fronton
pediment

neoklasyczny
neoclassical

przypora
buttress

secesja
art nouveau

art deco
art deco

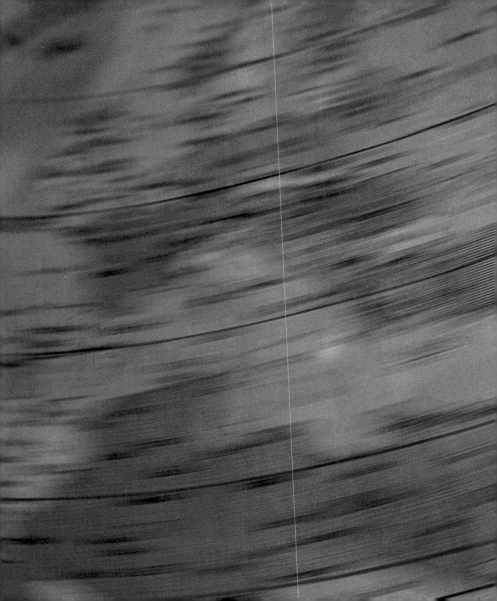

informacje
reference

czas • time

wskazówka minutowa
minute hand

wskazówka godzinowa
hour hand

zegar
clock

słowniczek • vocabulary

sekunda second	**później** later	**dwadzieścia minut** twenty minutes
minuta minute	**pół godziny** half an hour	**czterdzieści minut** forty minutes
godzina hour	**kwadrans** a quarter of an hour	
teraz now		

Która godzina?
What time is it?

Jest trzecia.
It's three o'clock.

pięć po pierwszej
five past one

dziesięć po pierwszej
ten past one

piętnaście po pierwszej
quarter past one

dwadzieścia po pierwszej
twenty past one

sekundnik
second hand

dwadzieścia pięć po pierwszej
twenty five past one

wpół do drugiej
one thirty

za dwadzieścia pięć druga
twenty five to two

za dwadzieścia druga
twenty to two

za piętnaście druga
quarter to two

za dziesięć druga
ten to two

za pięć druga
five to two

druga
two o'clock

noc i dzień • night and day

północ | midnight

wschód słońca | sunrise

świt | dawn

poranek | morning

zachód słońca
sunset

południe
midday

zmierzch | dusk

wieczór | evening

popołudnie | afternoon

słowniczek • vocabulary

wcześnie
early

na czas
on time

późno
late

Jesteś (za) wcześnie.
You're early.

Spóźniłeś się.
You're late.

Niedługo tam będę.
I'll be there soon.

Bądź punktualnie.
Please be on time.

Do zobaczenia później.
I'll see you later.

O której godzinie się to zaczyna?
What time does it start?

O której godzinie się to kończy?
What time does it finish?

Robi się późno.
It's getting late.

Jak długo to potrwa?
How long will it last?

kalendarz • calendar

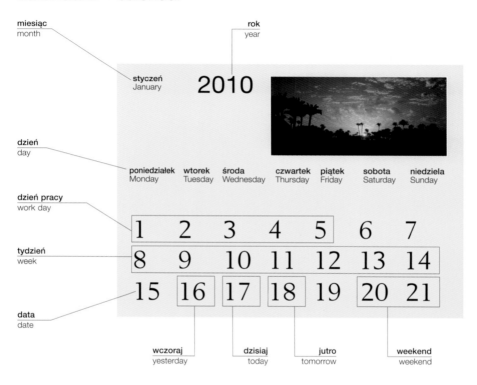

miesiąc
month

rok
year

styczeń
January

2010

dzień
day

poniedziałek **wtorek** **środa** **czwartek** **piątek** **sobota** **niedziela**
Monday   Tuesday   Wednesday Thursday   Friday   Saturday Sunday

dzień pracy
work day

tydzień
week

1   2   3   4   5   6   7
8   9   10 11 12 13 14
15 16 17 18 19 20 21

data
date

wczoraj
yesterday

dzisiaj
today

jutro
tomorrow

weekend
weekend

słowniczek • vocabulary

styczeń January	**marzec** March	**maj** May	**lipiec** July	**wrzesień** September	**listopad** November
luty February	**kwiecień** April	**czerwiec** June	**sierpień** August	**październik** October	**grudzień** December

lata • years

1900   **tysiąc dziewięćsetny** • nineteen hundred

1901   **tysiąc dziewięćset pierwszy** • nineteen hundred and one

1910   **tysiąc dziewięćset dziesiąty** • nineteen ten

2000   **dwutysięczny** • two thousand

2001   **dwa tysiące pierwszy** • two thousand and one

pory roku • seasons

wiosna
spring

lato
summer

jesień
autumn

zima
winter

słowniczek • vocabulary

wiek century	**w tym tygodniu** this week	**pojutrze** the day after tomorrow	**Który dziś jest?** What's the date today?
dekada decade	**w zeszłym tygodniu** last week	**(co)tygodniowy** weekly	**Jest siódmy lutego dwa tysiące drugiego roku.** It's February seventh, two thousand and two.
tysiąclecie millennium	**w przyszłym tygodniu** next week	**(co)miesięczny** monthly	
dwa tygodnie fortnight	**przedwczoraj** the day before yesterday	**(co)roczny** annual	

liczby • numbers

0	**zero** • zero		20	**dwadzieścia** • twenty
1	**jeden** • one		21	**dwadzieścia jeden** • twenty-one
2	**dwa** • two		22	**dwadzieścia dwa** • twenty-two
3	**trzy** • three		30	**trzydzieści** • thirty
4	**cztery** • four		40	**czterdzieści** • forty
5	**pięć** • five		50	**pięćdziesiąt** • fifty
6	**sześć** • six		60	**sześćdziesiąt** • sixty
7	**siedem** • seven		70	**siedemdziesiąt** • seventy
8	**osiem** • eight		80	**osiemdziesiąt** • eighty
9	**dziewięć** • nine		90	**dziewięćdziesiąt** • ninety
10	**dziesięć** • ten		100	**sto** • one hundred
11	**jedenaście** • eleven		110	**sto dziesięć** • one hundred and ten
12	**dwanaście** • twelve		200	**dwieście** • two hundred
13	**trzynaście** • thirteen		300	**trzysta** • three hundred
14	**czternaście** • fourteen		400	**czterysta** • four hundred
15	**piętnaście** • fifteen		500	**pięćset** • five hundred
16	**szesnaście** • sixteen		600	**sześćset** • six hundred
17	**siedemnaście** • seventeen		700	**siedemset** • seven hundred
18	**osiemnaście** • eighteen		800	**osiemset** • eight hundred
19	**dziewiętnaście** • nineteen		900	**dziewięćset** • nine hundred

1,000   **tysiąc** • one thousand

10,000   **dziesięć tysięcy** • ten thousand

20,000   **dwadzieścia tysięcy** • twenty thousand

50,000   **pięćdziesiąt tysięcy** • fifty thousand

55,500   **pięćdziesiąt pięć tysięcy pięćset** • fifty-five thousand five hundred

100,000   **sto tysięcy** • one hundred thousand

1,000,000   **milion** • one million

1,000,000,000   **miliard** • one billion

---

pierwszy first   **drugi** second   **trzeci** third

czwarty • fourth

piąty • fifth

szósty • sixth

siódmy • seventh

ósmy • eighth

dziewiąty • ninth

dziesiąty • tenth

jedenasty • eleventh

dwunasty • twelfth

trzynasty • thirteenth

czternasty • fourteenth

piętnasty • fifteenth

szesnasty • sixteenth

siedemnasty • seventeenth

osiemnasty • eighteenth

dziewiętnasty • nineteenth

dwudziesty • twentieth

dwudziesty pierwszy • twenty-first

dwudziesty drugi • twenty-second

dwudziesty trzeci • twenty-third

trzydziesty • thirtieth

czterdziesty • fortieth

pięćdziesiąty • fiftieth

sześćdziesiąty • sixtieth

siedemdziesiąty • seventieth

osiemdziesiąty • eightieth

dziewięćdziesiąty • ninetieth

setny • one hundredth

---

wagi i miary • weights and measures

powierzchnia • area

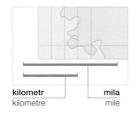

stopa kwadratowa
square foot

metr kwadratowy
square metre

odległość • distance

kilometr
kilometre

mila
mile

szalka
pan

funt
pound

kilogram
kilogram

uncja
ounce

gram
gram

waga | scales

słowniczek • vocabulary

jard yard	**tona (metryczna)** tonne	**mierzyć** measure (v)
metr metre	**miligram** milligram	**ważyć** weigh (v)

długość • length

stopa
foot

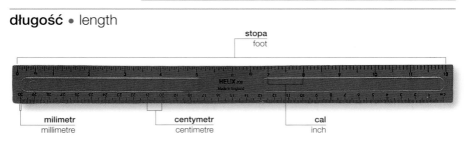

milimetr
millimetre

centymetr
centimetre

cal
inch

pojemność • capacity

pół litra
half-litre

pół kwarty
pint

objętość
volume

mililitr
millilitre

miarka kuchenna | measuring jug

miarka do cieczy | liquid measure

pojemnik • container

karton
carton

paczka
packet

butelka
bottle

worek
bag

pudełko | tub

słoik | jar

puszka
can

puszka | tin

rozpylacz | liquid dispenser

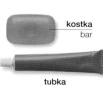

kostka
bar

tubka
tube

rolka
roll

paczka
pack

aerozol
spray can

mapa świata • world map

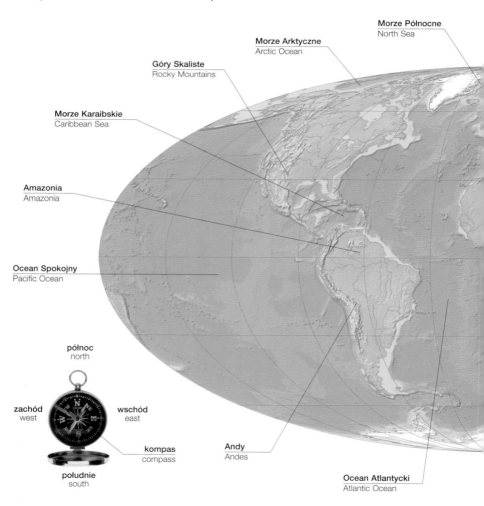

Morze Północne
North Sea

Morze Arktyczne
Arctic Ocean

Góry Skaliste
Rocky Mountains

Morze Karaibskie
Caribbean Sea

Amazonia
Amazonia

Ocean Spokojny
Pacific Ocean

północ
north

zachód
west

wschód
east

kompas
compass

południe
south

Andy
Andes

Ocean Atlantycki
Atlantic Ocean

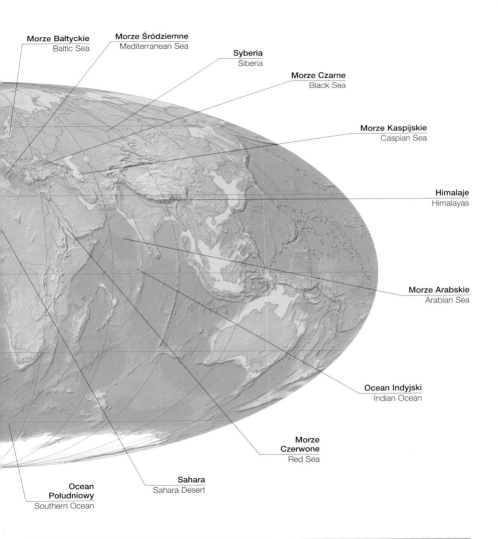

Morze Bałtyckie
Baltic Sea

Morze Śródziemne
Mediterranean Sea

Syberia
Siberia

Morze Czarne
Black Sea

Morze Kaspijskie
Caspian Sea

Himalaje
Himalayas

Morze Arabskie
Arabian Sea

Ocean Indyjski
Indian Ocean

Morze Czerwone
Red Sea

Ocean Południowy
Southern Ocean

Sahara
Sahara Desert

Ameryka Północna i Środkowa
• North and Central America

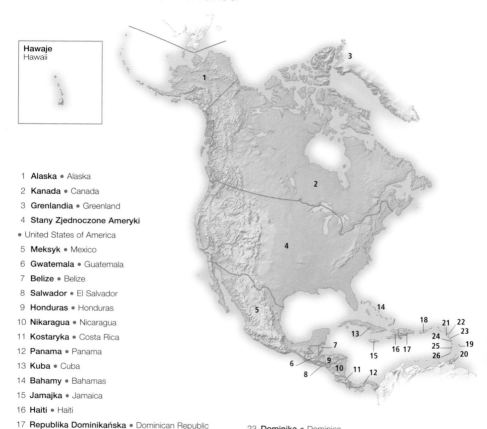

Hawaje
Hawaii

1 **Alaska** • Alaska

2 **Kanada** • Canada

3 **Grenlandia** • Greenland

4 **Stany Zjednoczone Ameryki**

• United States of America

5 **Meksyk** • Mexico

6 **Gwatemala** • Guatemala

7 **Belize** • Belize

8 **Salwador** • El Salvador

9 **Honduras** • Honduras

10 **Nikaragua** • Nicaragua

11 **Kostaryka** • Costa Rica

12 **Panama** • Panama

13 **Kuba** • Cuba

14 **Bahamy** • Bahamas

15 **Jamajka** • Jamaica

16 **Haiti** • Haiti

17 **Republika Dominikańska** • Dominican Republic

18 **Portoryko** • Puerto Rico

19 **Barbados** • Barbados

20 **Trynidad i Tobago** • Trinidad and Tobago

21 **Saint Kitts i Nevis** • St Kitts and Nevis

22 **Antigua i Barbuda** • Antigua and Barbuda

23 **Dominika** • Dominica

24 **Saint Lucia** • St Lucia

25 **Saint Vincent i Grenadyny**

• St Vincent and The Grenadines

26 **Grenada** • Grenada

Ameryka Południowa • South America

1 **Wenezuela** • Venezuela

2 **Kolumbia** • Colombia

3 **Ekwador** • Ecuador

4 **Peru** • Peru

5 **Galapagos** • Galapagos Islands

6 **Gujana** • Guyana

7 **Surinam** • Suriname

8 **Gujana Francuska** • French Guiana

9 **Brazylia** • Brazil

10 **Boliwia** • Bolivia

11 **Chile** • Chile

12 **Argentyna** • Argentina

13 **Paragwaj** • Paraguay

14 **Urugwaj** • Uruguay

15 **Falklandy** • Falkland Islands

słowniczek • vocabulary

kraj country	**prowincja** province	**strefa** zone
naród nation	**terytorium** territory	**rejon** district
państwo state	**kolonia** colony	**region** region
kontynent continent	**księstwo** principality	**stolica** capital

Europa • Europe

1 **Irlandia** • Ireland

2 **Wielka Brytania** • United Kingdom

3 **Portugalia** • Portugal

4 **Hiszpania** • Spain

5 **Baleary** • Balearic Islands

6 **Andora** • Andorra

7 **Francja** • France

8 **Belgia** • Belgium

9 **Holandia** • Netherlands

10 **Luksemburg** • Luxembourg

11 **Niemcy** • Germany

12 **Dania** • Denmark

13 **Norwegia** • Norway

14 **Szwecja** • Sweden

15 **Finlandia** • Finland

16 **Estonia** • Estonia

17 **Łotwa** • Latvia

18 **Litwa** • Lithuania

19 **Kaliningrad** • Kaliningrad

20 **Polska** • Poland

21 **Republika Czeska** • Czech Republic

22 **Austria** • Austria

23 **Liechtenstein** • Liechtenstein

24 **Szwajcaria** • Switzerland

25 **Włochy** • Italy

26 **Monako** • Monaco

27 **Korsyka** • Corsica

28 **Sardynia** • Sardinia

29 **San Marino** • San Marino

30 **Państwo Watykańskie** • Vatican City

31 **Sycylia** • Sicily

32 **Malta** • Malta

33 **Słowenia** • Slovenia

34 **Chorwacja** • Croatia

35 **Węgry** • Hungary

36 **Słowacja** • Slovakia

37 **Ukraina** • Ukraine

38 **Białoruś** • Belarus

39 **Mołdawia** • Moldova

40 **Rumunia** • Romania

41 **Serbia** • Serbia

42 **Bośnia i Hercegowina** • Bosnia and Herzegovina

43 **Albania** • Albania

44 **Macedonia** • Macedonia

45 **Bułgaria** • Bulgaria

46 **Grecja** • Greece

47 **Turcja** • Kosovo

48 **Czarnogóra** • Montenegro

49 **Islandia** • Iceland

Afryka • Africa

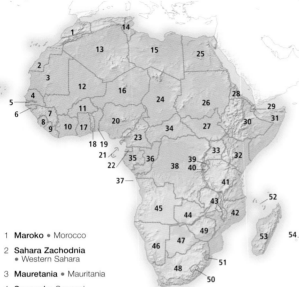

1 **Maroko** • Morocco

2 **Sahara Zachodnia** • Western Sahara

3 **Mauretania** • Mauritania

4 **Senegal** • Senegal

5 **Gambia** • Gambia

6 **Gwinea Bissau** • Guinea-Bissau

7 **Gwinea** • Guinea

8 **Sierra Leone** • Sierra Leone

9 **Liberia** • Liberia

10 **Wybrzeże Kości Słoniowej** • Ivory Coast

11 **Burkina Faso** • Burkina Faso

12 **Mali** • Mali

13 **Algieria** • Algeria

14 **Tunezja** • Tunisia

15 **Libia** • Libya

16 **Niger** • Niger

17 **Ghana** • Ghana

18 **Togo** • Togo

19 **Benin** • Benin

20 **Nigeria** • Nigeria

21 **Wyspy Świętego Tomasza i Książęca** • São Tomé and Principe

22 **Gwinea Równikowa** • Equatorial Guinea

23 **Kamerun** • Cameroon

24 **Czad** • Chad

25 **Egipt** • Egypt

26 **Sudan** • Sudan

27 **Południowy Sudan** • South Sudan

28 **Erytrea** • Eritrea

29 **Dżibuti** • Djibouti

30 **Etiopia** • Ethiopia

31 **Somalia** • Somalia

32 **Kenia** • Kenya

33 **Uganda** • Uganda

34 **Republika Środkowoafrykańska** • Central African Republic

35 **Gabon** • Gabon

36 **Kongo** • Congo

37 **Kabinda** • Cabinda

38 **Demokratyczna Republika Konga** • Democratic Republic of the Congo

39 **Rwanda** • Rwanda

40 **Burundi** • Burundi

41 **Tanzania** • Tanzania

42 **Mozambik** • Mozambique

43 **Malawi** • Malawi

44 **Zambia** • Zambia

45 **Angola** • Angola

46 **Namibia** • Namibia

47 **Botswana** • Botswana

48 **Zimbabwe** • Zimbabwe

49 **Republika Południowej Afryki** • South Africa

50 **Lesotho** • Lesotho

51 **Suazi** • Swaziland

52 **Komory** • Comoros

53 **Madagaskar** • Madagascar

54 **Mauritius** • Mauritius

Azja • Asia

1 **Turcja** • Turkey

2 **Cypr** • Cyprus

3 **Federacja Rosyjska** • Russian Federation

4 **Gruzja** • Georgia

5 **Armenia** • Armenia

6 **Azerbejdżan** • Azerbaijan

7 **Iran** • Iran

8 **Irak** • Iraq

9 **Syria** • Syria

10 **Liban** • Lebanon

11 **Izrael** • Israel

12 **Jordania** • Jordan

13 **Arabia Saudyjska** • Saudi Arabia

14 **Kuwejt** • Kuwait

15 **Kuwejt** • Bahrain

16 **Katar** • Qatar

17 **Zjednoczone Emiraty Arabskie**
• United Arab Emirates

18 **Oman** • Oman

19 **Jemen** • Yemen

20 **Kazachstan** • Kazakhstan

21 **Uzbekistan** • Uzbekistan

22 **Turkmenistan** • Turkmenistan

23 **Afganistan** • Afghanistan

24 **Tadżykistan** • Tajikistan

25 **Kirgistan** • Kyrgyzstan

26 **Pakistan** • Pakistan

27 **Indie** • India

28 **Malediwy** • Maldives

29 **Sri Lanka** • Sri Lanka

30 **Chiny** • China

31 **Mongolia** • Mongolia

32 **Korea Północna** • North Korea

33 **Korea Południowa** • South Korea

34 **Japonia** • Japan

35 **Nepal** • Nepal

36 **Bhutan** • Bhutan

37 **Bangladesz** • Bangladesh

38 **Birma (Myanmar)** • Burma (Myanmar)

39 **Tajlandia** • Thailand

40 **Laos** • Laos

41 **Wietnam** • Vietnam

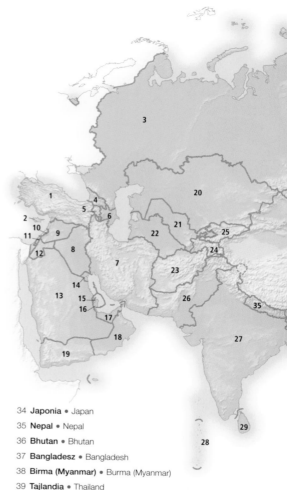

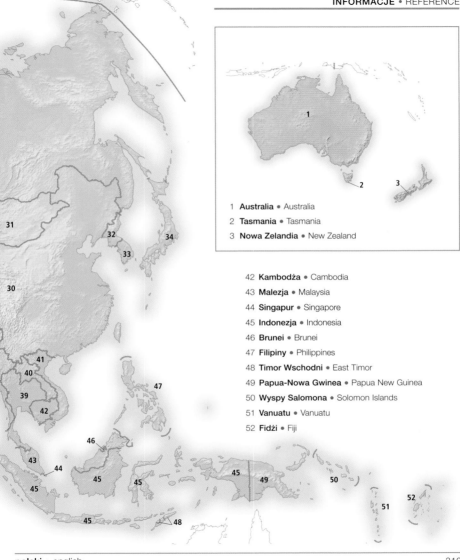

1 **Australia** • Australia
2 **Tasmania** • Tasmania
3 **Nowa Zelandia** • New Zealand

42 **Kambodża** • Cambodia
43 **Malezja** • Malaysia
44 **Singapur** • Singapore
45 **Indonezja** • Indonesia
46 **Brunei** • Brunei
47 **Filipiny** • Philippines
48 **Timor Wschodni** • East Timor
49 **Papua-Nowa Gwinea** • Papua New Guinea
50 **Wyspy Salomona** • Solomon Islands
51 **Vanuatu** • Vanuatu
52 **Fidżi** • Fiji

partykuły i antonimy • particles and antonyms

do to	**z, od** from	**dla** for	**w kierunku** towards
nad over	**pod** under	**wzdłuż** along	**przez** across
przed in front of	**za** behind	**z** with	**bez** without
na onto	**do** into	**przed** before	**po** after
w in	**na zewnątrz** out	**do** by	**do** until
(po)nad above	**pod** below	**wcześnie** early	**późno** late
wewnątrz, w środku inside	**na zewnątrz** outside	**teraz** now	**później** later
na górze up	**na dole** down	**zawsze** always	**nigdy** never
w, na at	**za, poza** beyond	**często** often	**rzadko** rarely
przez through	**wokół** around	**wczoraj** yesterday	**jutro** tomorrow
na on top of	**obok** beside	**pierwszy** first	**ostatni** last
pomiędzy between	**naprzeciw** opposite	**każdy** every	**trochę, kilka** some
blisko near	**daleko** far	**około** about	**dokładnie** exactly
tutaj here	**tam** there	**trochę** a little	**dużo** a lot

duży large	**mały** small	**gorący** hot	**zimny** cold
szeroki wide	**wąski** narrow	**otwarty** open	**zamknięty** closed
wysoki tall	**niski** short	**pełny** full	**pusty** empty
wysoki high	**niski** low	**nowy** new	**stary** old
gruby thick	**cienki** thin	**jasny** light	**ciemny** dark
lekki light	**ciężki** heavy	**łatwy** easy	**trudny** difficult
twardy hard	**miękki** soft	**wolny** free	**zajęty** occupied
mokry wet	**suchy** dry	**mocny** strong	**słaby** weak
dobry good	**zły** bad	**gruby** fat	**chudy** thin
szybki fast	**(po)wolny** slow	**młody** young	**stary** old
poprawny correct	**zły, błędny** wrong	**lepszy** better	**gorszy** worse
czysty clean	**brudny** dirty	**czarny** black	**biały** white
piękny beautiful	**brzydki** ugly	**interesujący** interesting	**nudny** boring
drogi expensive	**tani** cheap	**chory** sick	**zdrowy** well
cichy quiet	**hałaśliwy** noisy	**początek** beginning	**koniec** end

przydatne zwroty • useful phrases

podstawowe wyrażenia
• essential phrases

Tak
Yes

Nie
No

Może
Maybe

Proszę
Please

Dziękuję
Thank you

Proszę
You're welcome

Przepraszam
Excuse me

Przepraszam
I'm sorry

Nie
Don't

OK
OK

W porządku
That's fine

Tak jest
That's correct

Nie, tak nie jest
That's wrong

Pozdrowienia
• greetings

Dzień dobry, Cześć
Hello

Do widzenia
Goodbye

Dzień dobry (rano)
Good morning

Dzień dobry (po południu)
Good afternoon

Dobry wieczór
Good evening

Dobranoc
Good night

Jak się masz?
How are you?

Nazywam się…
My name is…

Jak się nazywasz?
What is your name?

Jak on/ona się nazywa?
What is his/her name?

Pozwól, że przedstawię…
May I introduce…

To jest…
This is…

Miło mi pana/panią poznać
Pleased to meet you

Do zobaczenia
See you later

znaki • signs

Informacja turystyczna
Tourist information

Wejście
Entrance

Wyjście
Exit

Wyjście awaryjne
Emergency exit

Pchać
Push

Niebezpieczeństwo
Danger

Zakaz palenia
No smoking

Niesprawny
Out of order

Godziny otwarcia
Opening times

Wstęp wolny
Free admission

Czynny przez cały dzień
Open all day

Przecena
Reduced price

Wyprzedaż
Sale

Pukać przed wejściem
Knock before entering

Nie deptać trawy
Keep off the grass

pomoc • help

Czy może mi pan/pani pomóc?
Can you help me?

Nie rozumiem
I don't understand

Nie wiem
I don't know

Czy zna pan/pani język angielski, polski…?
Do you speak English, Polish…?

Znam język angielski, polski…
I speak English, Polish…

Proszę mówić wolniej
Please speak more slowly

Czy może pan/pani to napisać?
Please write it down for me

Zgubiłem…
I have lost…

Wskazówki
• directions

Zgubiłem się
I am lost

Gdzie jest…?
Where is the…?

Gdzie jest najbliższy…?
Where is the nearest…?

Gdzie są toalety?
Where are the toilets?

Jak dojść do…?
How do I get to…?

W prawo
To the right

W lewo
To the left

Prosto
Straight ahead

Jak daleko jest…?
How far is…?

Znaki drogowe
• Road signs

Wszystkie kierunki
All directions

Uwaga
Caution

Zakaz wjazdu
No entry

Zwolnij
Slow down

Objazd
Diversion

Trzymaj się prawej strony
Keep to the right

Autostrada
Motorway

Zakaz parkowania
No parking

Droga bez przejazdu
No through road

Ulica jednokierunkowa
One-way street

Inne kierunki
Other directions

Tylko dla mieszkańców
Residents only

Roboty drogowe
Roadworks

Niebezpieczny zakręt
Dangerous bend

zakwaterowanie
• accommodation

Mam rezerwację
I have a reservation

Gdzie jest jadalnia?
Where is the dining room?

Numer mojego pokoju to …
My room number is …

O której godzinie jest śniadanie?
What time is breakfast?

Będę z powrotem o godzinie…
I'll be back at … o'clock

Jutro wyjeżdżam
I'm leaving tomorrow

jedzenie i picie
• eating and drinking

Na zdrowie!
Cheers!

To jest pyszne/ okropne
It's delicious/awful

Nie piję/nie palę
I don't drink/smoke

Nie jem mięsa
I don't eat meat

Ja już dziękuję
No more for me, thank you

Czy mogę prosić o dokładkę?
May I have some more?

Czy można prosić o rachunek?
May we have the bill?

Czy można prosić o paragon?
Can I have a receipt?

Część dla niepalących
No-smoking area

zdrowie • health

Źle się czuję
I don't feel well

Niedobrze mi
I feel sick

Jaki jest numer telefonu do najbliższego lekarza?
What is the telephone number of the nearest doctor?

Tutaj mnie boli
It hurts here

Mam gorączkę
I have a temperature

Jestem w … miesiącu ciąży
I'm … months pregnant

Potrzebna mi recepta na …
I need a prescription for …

Zwykle biorę …
I normally take …

Mam alergię na …
I'm allergic to …

Indeks polski • Polish index

polski

A

absolwent m 169
adres m 98
Adres e-mail m 177
adres zwrotny m 98
aerozol m 311
Afganistan 318
Afryka 317
agat m 289
agencja nieruchomości f 115
agrafka f 47
agrest m 127
aikido n 236
ajurweda f 55
akacja f 110
akademia sztuk pięknych
  f 169
akademik m 168
akcje 97
akrobacje spadochronowe
  248
aktor m 254, 191
aktorka f 254
aktorzy 179
akumulator m 78, 202
akupresura f 55
akupunktura f 55
akwamaryn m 288
akwarela f 274
alarm pożarowy m 95
alarm przeciwwłamaniowy
  m 58
Alaska 314
Albania 316
albedo n 126
album fotograficzny m 271
aleja f 299
alergia f 44
Algieria 317
aligator m 293
alternator m 203
altówka f 256
aluminium n 289
Amazonia 312
Ameryka Północna i
  Środkowa 314
ametyst m 288
amniocenteza f 52
amper m 60
ananas m 128
Andora 316
Andy 312
anestezjolog m 48
Angola 317
anorak m 31, 33
antena radiowa f 214
antena satelitarna f 269
Antigua i Barbuda 314
antrakt m 254
antykoncepcja f 21
anyż gwiazdkowaty m 133
aparat m 260, 270

aparat cyfrowy m 270
aparat jednorazowy m 270
aparat korekcyjny m 50
aparat polaroid 270
aparat rentgenowski m 212
apelacja f 181
aperitif m 153
aplikacja f 99, 176
apteczka f 47, 72
apteka f 108
aptekarz m 108
Arabia Saudyjska 318
arbuz m 127
architekt m 190
architektura f 300
architraw m 301
arena f 243
areszt m 94
Argentyna 315
Armenia 318
aromaterapia f 55
aromatyzowany 130
art deco 301
artykuły dla niemowląt 107
artykuły elektryczne 105,
  107
artykuły higieniczne
  dla kobiet 108
artykuły papiernicze 105
artykuły sportowe 105
artykuły spożywcze 106
artysta m 274
arytmetyka f 165
as m 230, 273
asfalt m 187
asteroida f 280
astma f 44
astronauta m 281
astronomia f 281
astygmatyzm m 51
asystent m 24
atak m 220
atak serca m 44
atmosfera f 282, 286
atrakcja turystyczna f 260
atrakcje 261
atrium n 104
aula f 169
Australazja 319
Australia 319
Austria 316
aut m 225, 228
autobus m 196
autobus piętrowy m 196
autobus szkolny m 196
autobus turystyczny m 197
autobus wahadłowy m 197
autobus wycieczkowy
  m 260
autobusy 196
autokar m 196
automat telefoniczny 99

automatyczna
  sekretarka f 99
automatyczny 200
autostrada f 194
awaria f 203
awokado n 128
Azerbejdżan 318
Azja 318

B

babcia f 22
babeczka f 140
badania kosmosu 281
badania naukowe 169
badanie n 49
badanie krwi n 48
badanie lekarskie n 45
badanie prenatalne n 52
badanie USG n 52
badanie wzroku n 51
badminton n 231
bagaż m 100, 198, 213
bagaż podręczny m 211,
  213
bagażnik m 198, 204
bagażnik dachowy m 198
bagażowy m 100
bagietka f 138
bagietka szklana f 167
bagno n 285
Bahamy 314
bajgiel m 139
bajty 176
bakłażan m 125
balast m 239
Baleary 316
balet m 255
balkon m 59, 254
balon napełniony ciepłym
  powietrzem m 211
balsam do ciała m 73
balsam po opalaniu m 108
balustrada f 59
bambus m 86, 122
banan m 39, 128
bandaż m 47
Bangladesz 318
bank m 96
banknot m 97
bankomat m 97
bar m 150, 152
bar hamburgerowy m 154
bar kanapkowy m 143
bar micwa f 26
bar szybkiej obsługi m 148
Barbados 314
bariera bezpieczeństwa
  f 195
barierka bezpieczeństwa
  f 246
bark m 13
barman m 150, 191

barok m 301
barwena f 120
barwy drużyny rugby 221
baseball m 228
basen m 101, 238, 250
basen nadmuchiwany
  m 263
baskinka f 35
batat m 125
bateria f 167
baterie 260
batonik m 113
batuta f 256
bawełna f 184, 277
baza f 99
baza domowa f 228
bazalt m 288
bazylia f 133
bażant m 119, 293
befsztyk z polędwicy m 119
bejca f 79
bekhend m 231
bekon m 118, 157
bela f 184
Belgia 316
Belize 314
belka f 186
bemol m 256
Benin 317
benzyna f 199
betoniarka f 186
bez 320
bez ramiączek 34
bez rękawów 34
bez skóry 121
beza f 140
bezkręgowce 295
bezołowiowy 199
bezpestkowy 127
bezpieczeństwo n 75,
  212, 240
bezpiecznik m 60
bezpłodny 20
bezsenność f 71
beztłuszczowy 137
bęben m 258
bęben do zwijania węża
  m 89
Bhutan 318
biała porzeczka f 127
białe mięso n 118
białko n 137
Białoruś 316
biały 39, 145, 272, 274
biatlon m 247
biblioteka f 168, 299
bibliotekarz m 168, 190
bibuła filtracyjna f 167
bidet m 72
bidon m 206
biec 228
biedronka f 295

bieg sztafetowy m 235
biegać w miejscu 251
biegun m 282
biegun północny m 283
biegunka f 44, 109
bielizna f 32, 35, 105
bielizna nocna f 31
bielizna pościelowa i stołowa
  f 105
bieżnia f 234, 250
bieżnik m 207
bikini n 264
bilard m 249
bilet m 209, 213
bilet autobusowy m 197
bileter m 255
biodro n 12
biologia f 162
Birma (Myanmar) 318
bis m 255
biszkopt m 140
biszkopt z owocami i bitą
  śmietaną m 141
biszkopty 141
bita śmietana f 137
biurko n 100, 172
biurko bibliotekarzy n 168
biuro n 24, 172, 174
biuro informacji
  turystycznej n 261
biuro podróży n 114
biuro rekrutacji n 168
biuro zarządu m 266
biurowiec m 298
biustonosz m 35
biustonosz dla karmiących
  piersią m 53
biznes m 175
biznesmen m 175
bizneswoman f 175
biżuteria f 36
blacha do pieczenia f 69
blacha do pieczenia
  babeczek f 69
blat m 66
blisko 320
bliźniak m 58
bliźnięta 23
blok m 237
blok betonowy m 187
blok mieszkalny m 59, 298
blok startowy m 238
bloki startowe 234
blokować 220, 223, 227
blond 39
blues m 259
bluza sportowa f 33
bluzka f 34
bluzka z odkrytymi plecami,
  zawiązywana na szyi f 35
błąd serwisowy m 230
błonnik m 127

polski

błotnik m 205
błyskawica f 287
błystka f 244
błyszczący 271
błyszczyk do ust m 40
bobslej m 247
bochenek m 139
bocian m 292
boczna granica boiska f 229
boczna uliczka f 299
boćwina f 123
boisko n 168, 220, 226, 228, 234
boisko do gry w piłkę nożną n 222
boisko do rugby n 221
boja f 217
bok m 164
boks m 236
bokserki 33
bolec m 60
Boliwia 315
bom m 240
bombonierka f 113
bombowiec m 211
bongosy 257
Bośnia i Hercegowina 316
botek 37
Botswana 317
boxercise 251
Boże Narodzenie 27
bób m 122, 131
ból głowy m 44
ból zęba m 50
ból żołądka m 44
brać (o rybie) 245
brać kąpiel 72
brać prysznic 72
brama f 85, 182, 247
bramka f 209, 221, 222, 223, 224, 225
bramka na schodach f 75
bramkarz m 222, 224
brandy f 145
bransoletka f 36
brat m 22
Brazylia 315
brąz m 235
brązowy 274
brew f 14, 51
broda f 14
brokuł m 123
bronić 223
broń palna f 94
broszka f 36
broszura turystyczna f 212
bruk m 85
brukiew f 125
brukselka f 122
Brunei 319
bruzda f 183
bryczesy 242
brydż m 273
bryły 164
brzeg m 284
brzoskwinia f 126, 128

brzoza f 296
brzuch m 12
brzuszek m 251
buciki 30
budka f 75
budka telefoniczna f 99
budować 186
budowniczy m 188
budrysówka f 31
budynek gospodarczy m 182
budynek klubowy m 232
budynek mieszkalny m 182
budynki 299
budzik m 70
bufet m 152
bufet śniadaniowy m 156
buk m 296
bukiet m 35, 111
bulion m 158
bulwa kolokazji f 124
bułeczka f 140
Bułgaria 316
bułka f 139, 143, 155
bułka tarta f 139
bułka z owocami f 139
bunkier m 232
burak m 125
Burkina Faso 317
Burundi 317
burza f 287
but m 220, 223
but do jazdy konnej m 242
but golfowy m 233
but na wysokim obcasie m 37
but narciarski m 246
but skórzany m 37
but sportowy m 37
but sznurowany m 37
but turystyczny m 37
butelka f 61, 75, 135, 311
butelka szklana f 166
butik m 115
butla ze sprężonym powietrzem f 239
buty 34, 37
buty skórzane 32
buty sportowe 31, 251
buty tenisowe 231
buty turystyczne 267
być obecnym 174
byk m 185
bystrza (rzeki) 240, 284

C

cal m 310
cały 129, 132
camembert m 142
Campari 145
capoeira f 237
cappuccino n 148
cążki do paznokci 41
cebula f 124
cedr m 296
cegła f 187
cela f 181

cela na posterunku policji f 94
cement m 186
cena f 152, 199
cena akcji f 97
cennik m 154
centrum handlowe n 104
centrum ogrodnicze n 115
centymetr m 276, 310
cera f 41
cerować 277
cesarskie cięcie n 52
cewka moczowa f 20
cewnik m 53
cheerleaderka f 220
chemia f 162
chemia gospodarcza f 107
chilli n 132
Chile 315
Chiny 318
chiropraktyka f 54
chirurg m 48
chirurgia f 49
chirurgia plastyczna f 49
chleb biały m 139
chleb ciemny m 139
chleb krojony m 138
chleb na zakwasie m 139
chleb naan m 139
chleb pełnoziarnisty m 139
chleb pita m 139
chleb razowy m 139, 149
chleb sodowy m 139
chleb z mąki kukurydzianej m 139
chleb żytni m 138
chlew m 185
chłodnica f 202
chłodziarka f 67
chłopak m 24
chłopiec m 23
chłopiec do podawania piłek m 231
chmura f 287
chodnik m 262, 298
chomik m 290
chorągiewka f 221, 232
chorągiewka narożnikowa f 223
choroba f 44
choroba przenoszona drogą płciową f 20
Chorwacja 316
chrapać 71
chryzantema f 110
chrzan m 125
chrząstka f 17
chrząszcz m 295
chrzest m 26
chude mięso n 118
chudy 321
chusteczka antyseptyczna f 47
chusteczka do nosa f 36
chusteczka higieniczna f 108
chusteczki higieniczne 70
chustka f 36

chutney 134
chwasty 86
chwycić w polu gry 225
chwyt m 237
chwytać w polu gry 229
ciało n 12
ciasta 140
ciasta na specjalne okazje 141
ciastkarnia f 114
ciastko n 140, 149
ciastko z kremem n 141
ciastko z owocami n 140
ciastko z polewą karmelową n 141
ciasto n 138
ciasto czekoladowe n 140
ciasto filo n 140
ciasto francuskie n 140
ciasto ptysiowe n 140
ciąć 79, 277
ciąża f 52
ciążenie n 280
ciecierzyca f 131
cielę n 185
cielęcina f 118
ciemnia f 271
ciemny 41, 321
ciemny brąz 39
cienki 321
cień do powiek m 40
ciepły 296
ciężarek m 166
ciężarki 250
ciężki 321
cios m 237
cios pięścią m 237
ciotka f 22
ciśnienie krwi n 44
ciśnienie w oponach n 203
cofać 195
cola f 144
country 259
córka f 22
croissant m 156
cukierek miętowy m 113
cukierki 113
cukierki lukrecjowe 113
cukiernia f 113
cukinia f 124, 125
cukrzyca f 44
cumować 217
curling m 247
curry n 132, 158
cwał m 243
cybuch m 112
cydr m 145
cyfrowy 269
cygaro n 112
cykoria f 122
cyna f 289
cynamon m 133
cynk m 289
Cypr 316
cyrkiel m 165
cytryna f 126, 151
Czad 317

czajnik m 66
czapka f 36
czapka kucharska f 190
czarna dziura f 280
czarna herbata f 149
czarna oliwka f 143
czarna porzeczka f 127
Czarnogóra 316
czarny 39, 272, 274
czarny pas m 237
czas m 234, 304
czas wolny m 253
czasopisma 107
czasopismo n 112, 168
czaszka f 17
cząstka f 126
czcionka f 177
czek m 96
czek podróżny m 97
czekolada biała f 113
czekolada deserowa f 113
czekolada mleczna f 113
czekoladka f 113
czepek m 238
czerwiec m 306
czerwona kartka f 223
czerwona porzeczka f 127
czerwone mięso n 118
czerwone oko n 271
czerwony 145, 274
czesać (grzebieniem) 38
czesać (szczotką) 38
cześć 322
częstotliwość f 179
czipsy 113, 151
czoło n 14
czopek m 109
czosnek m 125, 132
czterdziesty 309
czterdzieści 308
czterdzieści minut 304
czternasty 309
czternaście 308
czterodrzwiowy 300
cztery 308
czterysta 308
czubek m 122
czujnik dymu m 95
czułek m 295
czwartek m 306
czwarty 309
czynności 77, 162, 227, 229, 233, 237, 245
czynsz m 58
czyste ubrania 76
czyścić 77
czytać 162
czytelnia f 168
czytnik m 106

Ć

ćma f 295
ćwiczenia 251
ćwiczenia siłowe 251
ćwiczenia wolne 235
ćwiczenia rozciągające n 251

polski

D

dach m 58, 203
dachówka f 58, 187
daktyl m 129
daleko 320
dama f 273
dance 259
Dania 316
dania 153
dania dnia 152
dania gotowe 107
danie główne n 153
data f 306
data ważności f 109
data zwrotu f 168
dawkowanie n 109
dąb m 296
debel m 230
debet m 96
dekada f 307
dekiel m 202
dekoder naziemnej
    telewizji cyfrowej 269
dekolt okrągły m 33
dekolt w szpic m 33
dekoracja f 141
dekoracje 254
delfin m 290
delikatesy 107, 142
Demokratyczna Republika
    Konga 317
dentysta m 50, 189
dermatologia f 49
deser m 153
desery 140
deska f 241
deska do krojenia f 68
deska do nauki
    pływania f 238
deska do prasowania f 76
deska rozdzielcza f 201
deska sedesowa f 61, 72
deska surfingowa f 241
deska z klipsem f 173
deskorolka f 249
deszcz m 287
detergent m 77
dezodorant m 73
dezodoranty 108
dętka f 207
diament m 288
didżej m 179
dioptria f 51
Diwali 27
dla 320
dłoń f 15
długi 32
długopis m 163
długość f 165, 310
długość fali f 179
długość geograficzna f
    283
długowzroczność f 51
długoziarnisty 130
dłuto n 81, 275
do 320
do kolan 34

do kostek 34
do widzenia 322
dobranoc 322
dobry 321
dobry wieczór 322
dodatek m 155
dodatek do dania
    głównego m 153
dodatki 36
dodawać 165
dogrywka f 223
doić 183
dojeżdżający (do pracy) 208
dojrzały 129
dok m 214, 216
doktorat m 169
dolina f 284
dolna warstwa f 141
dołek m 15, 232
dom m 58
dom jednorodzinny (w
    zabudowie szeregowej)
    m 58
dom parterowy m 58
dom towarowy m 105
dom wolno stojący m 58
domek dla lalek m 75
domek do zabawy m 75
Dominika 314
domino n 273
domofon m 59
doniczka f 89
dopasowany 35
doradca finansowy m 97
doręczanie n 98
dorosły m 23
dorsz m 120
dostać pracę 26
dostawa do domu f 154
dostawca usług m 177
dostroić radio 269
doświadczenie n 166
dowody 181
dozownik m 150
drabina f 82, 95, 186
drabinki 263
drapacz chmur m 299, 300
drążek m 235
drenaż m 91
dres m 31, 32
drewniany taras m 85
drewno n 79, 187, 275
drewno miękkie n 79
drewno twarde n 79
droga dojazdowa f 216
droga szybkiego ruchu
    (dwujezdniowa) f 195
drogi 194
drogomierz m 201
drożdże 138
drób m 107, 119
druciki do przywiązywania
    roślin 89
druga 304
drugi 309
drugi balkon m 254
drugi pilot m 211

drugie piętro n 104
drukarka f 172, 176
druki wpłat 96
drukować 172
drut m 79, 277
drużyna f 220, 229
dryblować 223
drzazga f 46
drzewo n 86, 296
drzewo iglaste n 86
drzwi 196, 198, 209
drzwi główne 58
drzwi otwierane
    automatycznie 196
drzwi prysznica 72
dumny 25
durszlak m 68
dusić się 47
duży 321
duży palec u nogi m 15
dwa 308
dwa tygodnie 307
dwa tysiące pierwszy 307
dwadzieścia 308
dwadzieścia dwa 308
dwadzieścia jeden 308
dwadzieścia minut 304
dwadzieścia tysięcy 309
dwanaście 308
dwieście 308
dworzec autobusowy m 197
dworzec kolejowy m 208
dwudrzwiowy 200
dwudziesty 309
dwudziesty drugi 309
dwudziesty pierwszy 309
dwudziesty trzeci 309
dwunastnica f 18
dwunasty 309
dwuogniskowy 51
dwupłat m 211
dwutysięczny 307
dym m 95
dynamo n 207
dynia piżmowa butternut
    f 125
dynia zwyczajna f 125
dyplom m 169
dyrektor banku m 96
dyrektor naczelny m 175
dyrektor szkoły m 163
dyrygent m 256
dyscypliny 247
dystrybutor paliwa m 199
dysza rozpylająca f 89
dywan m 71
dywanik m 63
dywidendy 97
dzban m 151
dzbanek m 65
dzbanek do herbaty m 65
dzbanek z miarką m 69
dziadek m 22
dziadkowie 23
dział dziecięcy m 104
dział kadr m 175
dział księgowości m 175

dział marketingu m 175
dział obsługi klienta m 104,
    175
dział obuwniczy m 104
dział prawny m 175
dział spożywczy m 105
dział sprzedaży m 175
dział z torbami
    podróżnymi m 104
dziąsło n 50
dziczyzna f 119
dzieci 23
dziecko n 23, 31
dziedziniec m 84
dzielić 165
dzielnica podmiejska f 299
dzielone przez 165
dziennikarz m 190
dziennikarz
    przeprowadzający wywiad
    m 179
dzień m 305, 306
dzień dobry 322
dzień dobry (po południu)
    322
dzień dobry (rano) 322
dzień pracy m 306
dziesiąty 309
dziesięć 308
dziesięć tysięcy 309
dziewczyna f 24
dziewczynka f 23
dziewiąty 309
dziewięć 308
dziewięćdziesiąt 308
dziewięćdziesiąty 309
dziewięćset 308
dziewiętnasty 309
dziewiętnaście 308
dzięcioł m 292
dziękuję 322
dziób m 210, 215,
    240, 246, 293
dzisiaj 306
dziura f 37
dziurka od guzika f 32
dziurkacz m 173
dzwonek m 197
dzwonek u drzwi m 59
dzwonki 297
dźwig m 187, 216
dźwigar m 186
dźwignia f 150
dźwignia zmiany biegów
    f 201
dżem m 134, 156
dżem malinowy m 134
dżem z owoców
    cytrusowych m 134, 156
Dżibuti 317
dżinsy 31, 33
dżoker m 273

E

Egipt 317
egzamin m 163
egzema f 44

egzosfera f 286
ekierka f 165
ekler m 140
ekonomia f 169
ekran m 97, 176, 255, 269
eksponat m 261
ekspres do kawy m 148, 150
Ekwador 315
elektroda dodatnia f 167
elektroda ujemna f 167
elektroniczna niania f 75
elektryczna maszynka do
    golenia f 73
elektryczność f 60
elektryczny aparat do
    mierzenia ciśnienia 45
elektryk m 188
element grzejny m 61
elementy architektury
    ogrodowej 84
elementy zewnętrzne 198
e-mail m 177
embrion m 52
emulsja f 83
emulsja do opalania f 265
encyklopedia f 163
endokrynologia f 49
endywia f 123
energia f 60
Erytrea 317
Estonia 316
estragon m 133
etapy rozwoju 23
Etiopia 317
etui n 51
etykiety 89
eukaliptus m 296
Europa 316

F

fabryka f 299
fagot m 257
fajka f 112
faks m 98
fala f 241, 264
falbana f 71
fale długie 179
fale krótkie 179
fale przyboju 241
fale średnie 179
Falklandy 315
fani 258
farba f 83
farba akrylowa f 274
farba do włosów f 40
farba plakatowa f 274
farbowany 39
farby 274
farby olejne 274
farmaceuta m 189
fartuch m 69
fartuch ochronny m 50
fartuszek m 30
fasola f 131
fasola adzuki f 131
fasola biała f 131
fasola czarne oczko f 131

polski

fasola czerwona f 131
fasola flażoletka f 131
fasola limeńska f 131
fasola mung f 131
fasola pinto f 131
fasola wielkokwiatowa f 122
fasola zwykła f 122
fast food 154
fastrygować 277
faul m 222, 226
Federacja Rosyjska 318
feijoa sellowiana (akka)
   f 128
feng shui 55
ferma drobiu f 183
Fidżi 319
figa f 129
figi 35
figury geometryczne 164
filar m 300
filatelistyka f 273
filet m 119, 121
filetowany 121
filety z halibuta 120
Filipiny 319
filiżanka do herbaty f 65
filiżanka do kawy f 65
film m 260, 271
film animowany m 255
film fabularny
   pełnometrażowy m 269
film przygodowy m 255
film rysunkowy m 178
film science fiction m 255
filozofia f 169
filtr m 270
filtr powietrza m 202, 204
finanse 97
Finlandia 316
fioletowy 274
firanka f 63
firma f 175
fitness 250
fizjoterapia f 49
fizyka f 162, 169
flaming m 292
flesz m 270
flet m 257
florentynka f 141
floret m 249
foka f 290
fontanna f 85
forhend m 231
forma do ciasta f 69
forma do placków/
   kruchych ciast f 69
forma do tarty f 69
fortepian m 256
fosa f 300
fotel m 63
fotel dentystyczny m 50
fotel kierowcy m 196
fotelik dziecięcy m 198,
   207
fotograf m 191
fotografia f 271
fotografika f 270

fotografować 271
frachtowiec m 215
Francja 316
frezarka pionowa f 78
frezja f 110
fronton m 301
frytki 154
fryz m 301
fryzjer m 38, 115, 188
fryzjer męski m 39, 188
fryzury 39
fuga f 83
funkcjonariusz policji
   drogowej m 195
funt m 310
futbol amerykański m 220
futerał na aparat
   fotograficzny m 271

G

gabinet m 45, 63
Gabon 317
gady 293
gagat m 288
galaktyka f 280
Galapagos 315
galeria sztuki f 261
galon m 311
galop m 243
gałązka f 296
gałąź f 296
gałka f 149
gałka muszkatołowa f 132
gama f 256
Gambia 317
ganek m 58
garaż m 58, 199
garb m 291
gardło n 19
garncarstwo n 275
garnitur m 32
gaśnica f 95
gaz m 204
gaza f 47
gazeta f 112, 168
gazowana 144
gejzer m 285
gem m 230
generator m 60
genitalia 12
geografia f 162
geometria f 165
gerbera f 110
gęś f 119, 293
Ghana 317
giełda papierów
   wartościowych f 97
gimnastyk m 235
gimnastyka f 235
gimnastyka artystyczna
   f 235
gin m 145
gin z tonikiem f 151
ginekolog m 52
ginekologia f 49

girlanda f 111
gitara basowa f 258
gitara elektryczna f 258
gitarzysta m 258
gleba f 85
glina f 85, 275
głębokość f 165
głodny 64
głośnik m 176, 258, 268
głośność f 179
głowa f 12, 19
głowica cylindra f 202
główka f 112, 230
gnejs m 288
gniazdko n 60
gniazdo nasienne n 127
godzina f 304
godzina szczytu f 209
godziny 261
godziny odwiedzin 48
gofry 157
gogle 247
golenie n 73
goleń m 12
golf m 232
golfista f 232
gołąb m 292
gong m 257
goniec m 272
gonitwa f 243
gonitwa z przeszkodami f 243
gorąca czekolada f 144, 156
gorący 286, 321
gorący napój mleczny z
   dodatkiem słodu m 144
gorączka f 44
gorset m 35
goryl m 291
gorzki 124
gospodarstwo mleczne n 183
gospodarstwo rolne n
   182, 183, 184
gospodarstwo rybne n 183
gospodarstwo
   sadownicze n 183
gospodarstwo
   uprawowe n 183
gospodarz m 64
gospodyni f 64
gość m 64, 100
gotować 67
gotować na parze 67
gotować na wolnym
   ogniu 67
gotować we wrzątku 67
gotowane mięso n 118
gotowanie n 67
gotowany na parze 159
gotyk m 301
goździk m 110
goździki 133
góra f 284
górna warstwa f 141
Góry Skaliste 312
gra f 273
gra w strzałki f 273
gra wideo f 269

grabić 90
grabie 88
grabie do trawy 88
gracz m 231, 273
gracz na basie m 228
grać 229, 273
grad m 286
grafika f 275
grafit m 289
gram m 310
gramofon m 268
granat m 128, 288
granit m 288
Grecja 316
green m 232
grejpfrut m 126
Grenada 314
Grenlandia 314
grill m 267
groch m 122, 131
groch łuskany m 131
groszek zielony m 131
grot m 240
gruby 321
gruczoł m 19
grudzień m 306
grunt m 83
gruszka f 127
Gruzja 318
gry 272
gry planszowe 272
gryf m 250, 258
grypa f 44
grzanka francuska f 157
grzbiet stopy m 15
grzbietnica f 81
grzebień m 38
grzechotka f 74
grzejnik m 60
grzejnik konwektorowy
   m 60
grzyb m 125
grzywa f 242, 291
guajawa f 128
Gujana 315
Gujana Francuska 315
gulasz m 158
guma do żucia f 113
gumka f 173
gumka do ścierania f 163
gumka do włosów f 39
guzik m 32
Gwatemala 314
gwiazda f 280
gwiazdozbiór m 281
Gwinea 317
Gwinea Bissau 317
Gwinea Równikowa 317
gwóźdź m 80
gzyms m 63, 300

H

haczyk m 244
haft m 277
haft na kanwie m 277
haftka f 276
Haiti 314

hak m 187
hak rzeźnicki m 118
hala f 209
hala odlotów f 213
halka f 35
Halloween 27
halsować 241
hamak m 266
hamburger m 154
hamburger
   wegetariański m 155
hamburger z kurczaka
   m 155
hamować 207
hamulec m 200, 204, 206
hamulec
   bezpieczeństwa m 209
hamulec ręczny m 203
handicap 233
hantla f 251
harfa f 256
hatchback m 199
Hawaje 314
heavy metal m 259
helikopter m 211
hematyt m 289
herbata f 144, 149, 184
herbata liściasta luzem
   f 144
herbata mrożona f 149
herbata z cytryną f 149
herbata z miętą f 149
herbata z mlekiem f 149
herbata ziołowa f 149
herbatka rumiankowa
   f 149
herbatnik m 113
herbatniki 141
herbicyd m 183
higiena jamy ustnej f 72,
   108
Himalaje 313
hipnoterapia f 55
hipoalergiczny 41
hipopotam m 291
historia f 162
historia sztuki f 169
Hiszpania 316
hodowla owiec f 183
hodowla świń f 183
hokeista m 224
hokej m 224
hokej na lodzie m 224
hokej na trawie m 224
hol m 100, 255
Holandia 316
holownik m 215
homar m 121, 295
homeopatia f 55
homogenizowany 137
Honduras 314
hormon m 20
horror m 255
hot dog m 155
hotel m 100, 264
huragan m 287
huśtawka f 263

huśtawki 263
hydrant m 95
hydraulik m 188
hydroplan m 211
hydroterapia f 55

I

identyfikator m 53,
173, 189
iglica f 300
igła f 109, 276
iguana f 293
ikona f 177
iluminator m 214
imadło n 78
imbir m 125, 133
impotent m 20
Indonezja 319
indygo 274
indyk m 119, 185, 293
infekcja f 44
informacja f 168
informacja telefoniczna f
99
informacje 261
inhalator m 44, 109
inkubator m 53
inspektor m 94
instalacja wodno-
kanalizacyjna f 61
instalacje wewnętrzne 60
instalować 177
instant 130
instrumenty 256, 258
instrumenty dęte blasz
ane 256
instrumenty dęte
drewniane 257
instrumenty perkusyjne 257
instrumenty strunowe 256
insulina f 109
internet m 177
inwentarz żywy m 183,
185
inwestycja f 97
inżynieria f 169
iPad 176
iPod 268
Irak 318
Iran 318
Irlandia 316
irys m 110
Islandia 316
iść spać 71
izolacja f 61
Izrael 318

J

jabłko n 126
jabłko Adama n 19
jacht m 215, 240
jadalnia f 64
jagnię n 185
jagnięcina f 118
jagoda f 127, 296
jaja 137
jajecznica f 157

jajko gotowane n 137, 157
jajko smażone n 157
jajnik m 20
jajo gęsie n 137
jajo kacze n 137
jajo kurze n 137
jajo przepiórcze n 137
jajowód m 20
Jamajka 314
jams (ignam, pochrzyn)
125
Japonia 318
jard m 310
jarmuż m 123
jaskier m 297
jaskinia f 284
jaskółka f 292
jasny 41, 321
jaszczurka f 293
jazda konna f 242, 263
jazda na deskorolce f
249, 263
jazda na łyżworolkach
249
jazda na rolkach f 263
jazda na rowerze f 263
jazda na sankach f 247
jazz m 259
jądro n 21, 129
jądro wewnętrzne n 282
jądro zewnętrzne n 282
jechać rowerem 207
jeden 308
jedenasty 309
jedenaście 308
jednokierunkowy 194
jednorazowa maszynka
do golenia f 73
jednorazowy 109
jedwab m 277
jedzenie n 75, 149, 323
jeleń m 291
jelito cienkie n 18
jelito grube n 18
Jemen 318
jesień f 31, 307
jeść 64
jezioro n 285
jeździć na łyżwach 224
jeździec m 242
jeż m 290
jeżyna f 127
jęczmień m 130, 184
jędrny 124
język m 19, 37
języki 162
joga f 54
jogging m 251, 263
jogurt m 137
jogurt mrożony m 137
jogurt owocowy m 157
jonosfera f 286
Jordania 318
Jowisz 280
jubiler m 114, 188
judo n 236
jutro 306

K

kabina f 95, 210
kabina maszynisty f 208
kabina pilota f 210
kabina plażowa f 264
Kabinda 317
kabriolet m 199
kaczę n 185
kaczka f 119, 185
kadłub m 210, 214, 240
kajak m 214, 241
kajakarstwo n 241
kajdanki 94
kajuta f 214
kakadu f 293
kakao w proszku n 148
kaktus m 87
kalafior m 124
kalarepa f 123
kalcyt m 289
kalendarz m 306
kalendarz terminarz m
173, 175
Kaliningrad 316
kalkulator m 165
kalmar m 121
kaloryfer m 60
kalosze 31, 89
kałamarnica f 295
Kambodża 318
kambuz (kuchnia) m 214
kamera f 178, 269
kamera wideo f 260
Kamerun 317
kamerzysta m 178
kamienie szlachetne 288
kamień m 36, 275
kamień księżycowy m 288
kamizelka f 33
kamizelka ratunkowa f 240
Kanada 314
kanał m 178
kanał dla orkiestry m 254
kanał płatny typu „płacisz i
oglądasz" m 269
kanapa f 62
kanapka f 155
kanapka zapiekana f 149
kanarek m 292
kancelaria prawnicza f 180
kangur m 291
kantar m 243
kantor wymiany walut m 97
kapary 143
kapcie 31
kapelusz m 36
kapelusz od słońca m
30, 265
kapitał własny m 97
kapitan m 214
kapitan portu m 217
kapryfolium n 297
kapsułka f 109
kaptur m 31
kapturek maciczny m 21
kapusta f 123
kara f 222

karabin maszynowy m 189
karaluch m 295
karambola f 128
karate 236
karczoch m 124
kardamon m 132
kardiologia f 49
karetka pogotowia
ratunkowego f 94
karimata f 267
kark m 13
karmelek m 113
karmić 183
karmić piersią 53
karmienie piersią n 53
karnawał m 27
karo n 273
karoseria f 202
karp koi m 294
karta f 48
karta biblioteczna f 168
karta debetowa f 96
karta grzecznościowa f 173
karta kredytowa f 96
karta pamięci USB 176
karta pokładowa f 213
karta wędkarska f 245
kartka f 27
kartka pocztowa f 112
karton m 311
karton na mleko m 136
karty 273
karuzela f 74
kasa f 106, 150
kasa biletowa f
209, 216, 255
kaseta magnetofonowa
f 269
kasjer m 96, 106
kask m 95, 204, 206,
220, 228
kask jeździecki m 242
kask ochronny m 186, 236
kasownik m 256
kasy 106
kasyno n 261
kasza manna f 130
kaszanka f 157
kaszel m 44
kasztan m 129
kasztanowy 39
katalog m 168, 177
katamaran m 215
Katar 318
katar sienny m 44
katarakta f 51
katedra f 300
kawa f 144, 148, 153,
156, 184
kawa czarna f 148
kawa espresso f 148
kawa mielona f 148
kawa mrożona f 148
kawa z ekspresu f 148
kawa z mlekiem f 148
kawałek m 140
kawałek czekolady m 141

kawałki 119
kawałki kurczaka 155
kawiarnia f 148, 262
kawiarnia z tarasem f 148
kawiarnia ze stolikami na
zewnątrz f 148
Kazachstan 318
kąpiel f 74
kąpielówki 238
kąt m 164
kątomierz m 165
kciuk m 15
kebab m 155, 158
keczup m 135
keks m 140
kelner m 148, 152
kelnerka f 191
kemping m 266
kempingować 266
kendo 236
Kenia 317
keyboard m 258
kichnięcie n 44
kick boxing m 236
kielich m 297
kieliszek m 152
kieliszek do jajek m 65, 137
kieliszek do wina m 65
kieliszki 150
kielnia f 187
kieł m 50, 291
kiełbasa chorizo f 143
kiełbaska f 155, 157
kiełbaski 118
kiełek fasoli m 122
kier m 273
kierowca m 196
kierowca autobusów m
190
kierowca samochodów
ciężarowych m 190
kierowca wyścigowy m 249
kierownica f 201, 207
kierownik m 24, 174
kierunkowskaz m 198, 204
kieszeń f 32
kij m 228, 249
kij drewniany m 233
kij hokejowy m 224
kij krykietowy m 225
kij metalowy m 233
kij z główką klinowatą
m 233
kijanka f 294
kije golfowe 233
kijek narciarski m 246
kil m 214
kilogram m 310
kilometr m 310
kinkiet m 62
kino n 255, 299
kiosk m 215
kiosk z gazetami m 112
Kirgistan 318
kiwi n 128
klakson m 201, 204
klamerka f 36

polski

klamerka do bielizny m 76
klamka f 200
klamka hamulcowa f 207
klapa f 32
klapek m 37
klaps m 179
klarnet m 257
klarnet basowy m 257
klasa f 162, 163
klasa biznesowa f 211
klasa ekonomiczna f 211
klatka piersiowa f 12, 17
klawiatura f 97, 99, 176
klawisz m 176
klej m 275
klej do drewna m 78
klej do tapet m 82
klementyna f 126
kleszcze 53, 167
klient m 38, 96, 104, 106, 152, 175, 180
klif m 285
klimatyzacja f 200
klips do papieru m 173
klocek m 277
klocek hamulcowy m 207
klon m 296
klopsiki 158
klucz m 59, 80, 203, 258
klucz basowy m 256
klucz do pokoju m 100
klucz maszynowy m 81
klucz nasadowy m 80
klucz nastawny m 80
klucz wiolinowy m 256
kluczyk m 207
kluski 158
kluski z podsmażonymi warzywami i/lub mięsem 158
kłaść płytki 82
kłąb m 15
kłus m 243
kminek m 131, 132
knaga f 240
koala m 291
kobieta f 12, 20, 23
koc m 71, 74
koc elektryczny m 71
kociak m 290
kocioł m 257
kocioł grzewczy m 61
kod dostępu 99
kod paskowy m 106
kod pocztowy m 98
kogut m 185
kojec m 75
kok m 39
kokilka f 69
kokon m 295
kokos m 129
koktajl m 151
koktajl czekoladowy m 141
koktajl kawowy m 149
koktajl mleczny m 137
koktajl truskawkowy m 149
kolano n 12

kolaż m 275
kolba laboratoryjna f 166
kolce 233
kolczyk m 36
kolec jadowy m 295
kolega z pracy m 24
kolej jednotorowa f 208
kolejka górska f 262
kolendra f 133
koliber m 292
kolonia f 315
kolor m 273
kolory 39, 274
Kolumbia 315
kołatka f 59
kołczan m 249
kołdra f 71
kołeczek m 31
kołek do namiotu m 266
kołnierz ortopedyczny m 46
kołnierzyk m 32
koło n 198, 207
koło dmuchane m 265
koło garncarskie n 275
koło łańcuchowe n 207
koło podbiegunowe północne n 283
koło przednie (podwozia) n 210
koło ratunkowe n 240
koło środkowe n 222, 224, 226
koło wznowień n 224
koło zamachowe n 276
koło zębate n 206
kołowrotek m 244, 245
komar m 295
kombajn m 182
kombi n 199
kombinerki 80
kombinezon m 82
kombinezon narciarski m 246
kombinezon zimowy m 30
komedia f 255
kometa f 280
komiks m 112
komin m 58, 214, 283
kominek m 63
komoda f 70
komora celna m 216
komora wulkaniczna f 283
Komory 317
komosa ryżowa f 130
komórka jajowa f 20
kompas m 312, 240
kompost m 88
kompozycje 111
komputer m 176
koncert m 255, 258
koncert rockowy m 258
konewka f 89
Kongo 317
koniczyna f 297
koniec m 321
konik morski m 294
konik polny m 295

konkurencje 243
konserwy 107
konsola f 269
kontener m 216
kontenerowiec m 215
konto e-mail n 177
kontrabas m 256
kontrafagot m 257
kontrola paszportowa f 212, 213
kontroler m 269
kontroler biletów m 209
kontuar m 96, 98
konturówka do ust f 40
kontynent m 282, 315
koń m 185, 242, 272
koń wyścigowy m 243
koń z łękami m 235
końcówka ochronna f 80
końcówki wkrętakowe 80
koński ogon m 39
kopać 90, 221, 223
koparka mechaniczna f 187
koper m 133
koper włoski m 122, 133
koperta f 98, 173
kopiować 172
kopnięcie m 237
kopuła f 300
kopyto n 242, 291
kora f 296
korba stolarska f 78
Korea Południowa 318
Korea Północna 318
korek m 134, 166, 195
korektor m 40
korkociąg m 150
korona f 50
koronka f 35
koronkarstwo n 277
Korsyka 316
kort tenisowy m 230
koryntka f 129
koryto n 183
korzeń m 50, 124, 296
kosiarka do trawy f 88, 90
kosić 90
kosmetyki 41, 105, 107
Kostaryka 314
kostium m 255
kostium kąpielowy m 238, 265
kostka f 13, 15, 272, 311
kostka lodu f 151
kostkarka do lodu f 67
kosz m 95, 177, 207, 226, 245, 263
kosz do noszenia dziecka m 74
kosz na bieliznę m 76
kosz na brudną bieliznę m 76
kosz na przybory do szycia m 276
kosz na śmieci m 172
kosz na zabawki m 75
kosz owoców m 126

koszula f 33, 54
koszula nocna f 31, 35
koszulka f 30, 33, 35
koszulka na ramiączkach f 35
koszyk m 88, 106
koszykarz m 226
koszykówka f 226
kościół m 298, 300
kość f 17, 119
kość łokciowa f 17
kość ogonowa f 17
kość piszczelowa f 17
kość promieniowa f 17
kość ramienna f 17
kość strzałkowa f 17
kość śródręcza f 17
kość śródstopia f 17
kość udowa f 17
kot m 290
kotewka orzech wodny 124
kotlet m 119
kotum 37
kotwica f 214, 240
koza f 185
kozieradka f 132
kozioł m 235
koźlę n 185
kółka 235
kółko do serwetki n 65
krab m 121, 295
kraj m 315
krajalnica f 139
krajobraz m 284
kran m 61, 66
kran kamerowy m 178
kran z ciepłą wodą m 72
kran z zimną wodą m 72
krata ogrodowa f 84
krater m 283
kratka pod gorące naczynia f 69
kraul m 239
krawat m 32
krawcowa f 191
krawędź f 246
krawężnik m 298
krawiec m 191
krążek m 224
krążek maciczny m 21
kreda f 85, 162, 288
kreda krawiecka f 276
kredka f 163
kredka do brwi f 40
kredka do oczu f 40
kredyt hipoteczny m 96
krem m 109, 140
krem budyniowy m 140
krem czekoladowy do smarowania m 135
krem do ciast m 140
krem do twarzy m 73
krem na oparzenia m 74
krem nawilżający m 41
krem z filtrem przeciwsłonecznym m 108

krem z wysokim filtrem przeciwsłonecznym 108, 265
krewetka królewska f 121
krewni 23
kręcone (włosy) 39
kręgi lędźwiowe 17
kręgi piersiowe 17
kręgi szyjne 17
kręgiel m 249
kręgle 249
kręgosłup m 17
kroić w plasterki 67
krokiew f 186
krokodyl m 293
kromka f 139
krople 109
kroplomierz m 109, 167
kroplówka f 53
krosno n 277
krowa f 185
król m 272, 273
królik m 118, 290
królowa f 272
krótka fryzura f 39
krótki 32
krótkowzroczność f 51
krótkoziarnisty 130
krtań f 19
kruchy 98, 127
krwawienie z nosa n 44
krwotok m 46
kryć 227
krykiecista m 225
krykiet m 225
krzemień m 288
krzesło n 64
krzesło obrotowe m 172
krzyżeć 25
krzywa f 165
krzyż m 13
krzyżyk m 256
książeczka czekowa f 96
książka f 168
księga gości f 100
księgarnia f 115
księgowy m 97, 190
księstwo n 315
Księżyc m 280
kształtować 91
Kuba 314
kubeczek m 75
kubek m 65
kucharz m 190
kuchenka mikrofalowa f 66
kuchenka turystyczna f 267
kuchnia f 66, 152
kucyki 39
kukurydza f 124, 130, 184
kukurydza cukrowa f 122
kula f 164
kula do kręgli f 249
kulisy 254
kultywator m 182
kumkwat m 126
kung-fu n 236
kupony loteryjne 112

kura f 185
kuracja lekami f 109
kurcz m 239
kurczak m 119
kurczak smażony m 155
kurczę n 185
kurek m 50
kurek do nalewania piwa
    beczkowego m 150
kurek spustowy m 61
kurier m 99
kurkuma f 132
kurnik m 185
kurs walutowy m 97
kurtka narciarska 246
kurtyna f 254
kuskus m 130
Kuwejt 318
kuweta malarska f 83
kuzyn m 22
kwadrans m 304
kwadrat m 164
kwarc m 289
kwarta f 311
kwaśny 127
kwiaciarnia f 110
kwiaciarz m 188
kwiat m 297
kwiaton m 300
kwiaty 110
kwiecień m 306
kwietnik m 85, 90
kwitnący krzew m 87
kwota f 96

L

lacrosse 249
lać 67
lada f 142
lakier m 79, 83
lakier do paznokci m 41
lakier do włosów m 38
laktoza f 137
lalka f 75
lampa f 217
lampa błyskowa f 270
lampka f 62
lampka nocna f 70
landrynki 113
langusta f 121
Laos 318
laptop m 176
las m 285
las deszczowy m 285
laska do hokeja na
    trawie f 224
laski 133
latać 211
latarka f 267
latarnia morska f 217
latarnia uliczna f 298
lato n 31, 307
lawa f 283
lawina f 247
ląd m 282
lądować 211
lądownik księżycowy m 281

legginsy 31, 251
lejek m 166
lek m 109
lekarstwo na kaszel n 108
lekarz m 45, 189
lekarz specjalista m 49
lekcja f 163
leki ziołowe 108
lekki 321
lekki samolot
    dwuosobowy m 211
lekko uderzyć piłkę w
    stronę dołka 233
lekkoatleta m 234
lekkoatletyka f 234
lemoniada f 144
len m 184
Lesotho 317
lew m 291
lew morski m 290
lewe pole n 228
lewkonie 110
leżak m 265
Liban 318
Liberia 317
Libia 317
liczby 308
liczi chińskie n 128
licznik m 165
licznik elektryczny m 60
licznik zdjęć m 270
liczyć 165
lider m 258
Liechtenstein 316
liga f 223
likier m 145
lilia f 110
limonka f 126
limuzyna f 199
linia f 225
linia autowa f 221
linia boczna f 220, 226,
    230
linia bramkowa f 223, 224
linia gry f 223
linia końcowa f 225, 226
linia końcowa główna f
    230
linia piłki martwej f 221
linia punktowa f 220
linia rzutów wolnych f 226
linia rzutów za trzy
    punkty f 226
linia serwisowa f 230
linia startu f 234
linia środkowa f 226
linie 165
linijka f 163, 165
linka f 207
linka namiotowa f 266
lipa f 296
lipiec m 306
lis m 290
list m 98
lista lektur f 168
lista płac f 175
lista sklepów f 104

lista win f 152
listonosz m 98, 190
listopad m 306
(drzewo) liściaste 86
liście 110
liść m 122, 296
liść laurowy m 133
literatura f 162, 169
literować 162
litoterapia f 55
litr m 311
Litwa 316
lizak m 113
lob m 230
lodowiec m 284
lodowisko do hokeja n
    224
lodówka z zamrażarką f 67
lody 137, 149
logo n 31
lokomotywa f 208
lokówka f 38
lornetka f 281
lot krajowy m 212
lot międzynarodowy m
    212
lotka f 210, 231
lotnia f 248
lotniarstwo n 248
lotnisko n 212
lotniskowiec m 215
loża f 254
lód m 120, 151, 287
lucerna f 184
ludzie 12, 16
luk bagażowy m 196
luk towarowy m 215
lukier m 141
Luksemburg 316
lunch m 64
lunch służbowy m 175
lusterko n 40, 167
lusterko boczne n 198
lusterko wsteczne n 198
lustro n 71
lut m 79, 80
lutować 79
lutownica f 81
luty m 306

Ł

łabędź m 293
ładunek m 216
łańcuch m 59, 206
łańcuch górski m 282
łańcuszek m 36
łapa laboratoryjna f 166
łapacz m 225, 229
łapać 227, 229, 245
łata f 207
łatwy 321
ława przysięgłych f 180
ławka f 162, 262
ławka piknikowa f 266
ławka rezerwowych f 229
ławka treningowa f 250
łazienka f 72

łączność f 98
łączyć 177
łąka f 285
łeb m 80
łechtaczka f 20
łęk m 242
łodyga f 111, 122
łokieć m 13
łokieć m 13
łopata f 88
łopatka f 17, 60, 68, 265
łopatka do ryb f 68
łopatka śmigła f 211
łosoś m 120
Łotwa 316
łowić w sieć 245
łowienie ryb z plaży n 245
łożysko n 52
łódź motorowa f 214
łódź ratunkowa f 214
łódź rybacka f 217
łódź wiosłowa f 214
łóżeczko dziecinne n 74
łóżko n 70
łóżko do opalania n 41
łóżko podwójne n 71
łóżko pojedyncze n 71
łóżko polowe n 266
łubiny 297
łucznictwo n 249
łuk m 85, 164, 249, 301
łupacz m 120
łupek m 288
łupież m 39
łupina f 129
łuska f 121, 130, 294
łuskany 129
łydka f 13, 16
łysy 39
łyszczec m 110
łyżeczka f 65
łyżeczka do kawy f 153
łyżka f 65
łyżka do nakładania
    potraw f 68
łyżka do opon f 207
łyżka do porcjowania f 68
łyżka do zupy f 65
łyżka drewniana f 68
łyżka durszlakowa f 68
łyżka wazowa f 68
łyżwa f 224, 247
łyżwiarstwo n 247
łyżwiarstwo figurowe n
    247
łyżwiarstwo szybkie n 247
łza f 51

M

Macedonia 316
macica f 20, 52
macis 132
macocha f 23
Madagaskar 317
magazyn m 216
magisterium n 169
magma f 283
magmowe 288

magnes m 167
magnetofon kasetowy
    m 269
magnez m 109
maj m 306
majeranek m 133
majonez m 135
majtki ceratowe 30
mak m 138, 297
makaron m 158
makieta f 190
makijaż m 40
makler giełdowy m 97
makrama f 277
makrela f 120
malachit m 288
malarstwo n 274
malarz m 191
Malawi 317
Malediwy 318
Malezja 318
Mali 317
malina f 127
malinojeżyna f 127
malować 83
Malta 316
małe dziecko n 30
małpa f 291
mały 321
mały palec m 15
mały palec u nogi m 15
małż m 121, 295
mandarynka f 126
manekin krawiecki m 276
manetka przerzutki f 207
mango n 128
mangostan m 128
manierka f 267
manikiur m 41
mankiet m 32
mapa f 261
mapa świata f 312
marakasy 257
marakuja f 128
maraton m 234
marcepan m 141
marchew f 124
margaryna f 137
margerytka f 110, 297
marina f 217
markiza f 148
marmur m 288
Maroko 317
Mars 280
martini 151
marynarka f 32, 33
marynarka sportowa f 33
marynarz m 189
marynowany 143, 159
marzec m 306
masa szpachlowa f 83
masa urodzeniowa f 53
masaż m 54
maseczka f 41
maska f 198, 228,
    236, 239, 249
maska ochronna f 189, 225

masło n 137, 156
masło orzechowe n 135
maszt m 240
maszt namiotu m 266
maszyna do szycia f 276
maszynownia f 214
maszyny 187
maść f 47, 109
maślanka f 137
mata f 54, 235
mata do przewijania f 74
mata łazienkowa f 72
mata wodoodporna f 267
matematyka f 162, 164
materac m 70, 74
materac
  nadmuchiwany m 267
materiał m 276
materiały 79, 187
materiały biurowe 173
matka f 22
matowy 83, 271
Mauretania 317
Mauritius 317
mączka kostna f 88
mąka f 138
mąka biała f 138
mąka brązowa f 138
mąka chlebowa f 139
mąka razowa f 138
mąka z dodatkiem
  proszku do pieczenia
  f 139
mąka zwykła f 139
mątwa f 121
mąż m 22
mdłości 44
mechanik m 188, 203
mechanika f 202
mecz m 230
meczet m 300
medale 235
media 178
meduza f 295
medycyna f 169
medytacja f 54
Meksyk 314
melodia f 259
melon m 127
menu n 148, 152, 153,
  154
menu wieczorne n 152
Merkury 280
meta f 234
metal m 79
metale 289
metamorficzne 288
meteor m 280
metody 159
metr m 310
metr kwadratowy m 310
metro n 209
metryka urodzenia f 26
mewa f 292
mezosfera f 286
mężczyzna m 12, 21, 23
mgła f 287

mgławica f 280
mianownik m 165
miarka f 109, 150, 151
miarka do cieczy f 311
miarka kuchenna f 311
miary 165
miasteczko n 299
miasteczko
  uniwersyteckie n 168
miasto n 298, 299
miąższ m 124, 127, 129
miechunka
  peruwiańska f 128
miecz m 236, 241
miecznik m 120, 294
mieczyk m 110
mieć dziecko 26
miednica f 17
miedź f 289
miejsca 254
miejsce n 166, 209, 254
miejsce cumowania n 217
miejsce parkingowe dla
  niepełnosprawnych
  n 195
mielony 132
mierzyć 310
miesiąc m 306
miesiąc miodowy m 26
miesiączka f 20
(co)miesięczny 307
mieszać 67, 138
mieszadło n 150
mieszanka do wyboru
  f 113
mieszanka ziół f 132
mieszkanie n 59
miękka bułka f 139
miękki 129, 321
mięsień czołowy m 16
mięsień czworoboczny
  m 16
mięsień czworogłowy
  m 16
mięsień dwugłowy m 16
mięsień
  międzyżebrowy m 16
mięsień najszerszy
  grzbietu m 16
mięsień naramienny m 16
mięsień piersiowy m 16
mięsień trójgłowy m 16
mięso n 107, 119
mięso mielone n 119
mięso na pieczeń n 119
mięśnie 16
mięśnie brzuszne 16
mięta f 133
migdał m 129
migdały 151
migrena f 44
mika f 289
mikrobus m 197
mikrofon m 179, 258
mikroskop m 167
mikser m 66
mila f 310

miliard m 309
miligram m 310
mililitr m 311
milimetr m 310
milion m 309
minerały 289
minibar m 101
minivan m 199
minus 165
minuta f 304
miotacz m 229
miód płynny m 134
miód stały m 134
miseczka f 65
miska f 66, 69
miś m 75
mlecz m 123, 297
mleko n 136, 156
mleko kozie n 136
mleko krowie n 136
mleko odtłuszczone n 136
mleko owcze n 137
mleko pełne n 136
mleko półtłuste n 136
mleko skondensowane
  n 136
mleko w proszku n 137
młoda cebulka f 125
młoda kapusta f 123
młode n 290
młodszy kucharz m 152
młody ziemniak m 124
młot dwuręczny m 187
młot pneumatyczny m 187
młotek m 80
młyn m 221
młyn spontaniczny m 221
mnożyć 165
mocny 321
moczowód m 21
moczyć 130
moda f 277
model m 169
modelarstwo m 275
modliszka f 295
modrzew m 296
mokasyn m 37
mokry 286, 321
molo n 217
Mołdawia 316
Monako 316
moneta f 97
Mongolia 318
monitor m 53, 172
monopol m 272
monsun m 287
mop m 77
morela f 126
morlesz m 120
mors m 290
morze n 264, 282
Morze Arabskie 313
Morze Arktyczne 312
Morze Bałtyckie 313
Morze Czarne 313
Morze Czerwone 313
Morze Karaibskie 312

Morze Kaspijskie 313
Morze Północne 312
Morze Śródziemne 313
moskitiera f 267
most m 300
mostek m 17, 258
mostek kapitański m 214
moszna f 21
motek m 277
motocross 249
motocykl m 204
motocykl terenowy m 205
motocykl turystyczny m
  205
motocykl wyścigowy m
  205
motyka f 88
motyl m 295
motylek m 239
mowa obrończa f 180
Mozambik 317
możdżierz m 68, 167
może 322
mówca m 174
mózg m 19
mrożonki 107
mrożony 121, 124
mrówka f 295
mróz m 287
mucha f 244, 295
multiwitaminy 109
muł m 85
mundur m 94, 189
mur m 222
mus m 141
musical m 255
muszka f 36
muszla f 265
muszla klozetowa f 61
musztarda f 155
musztarda angielska f 135
musztarda francuska f 135
musztarda ziarnista f 135
muzeum n 261
muzyk m 191
muzyka f 162
muzyka folk f 259
muzyka klasyczna f 255,
  259
Myanmar 318
myć 77
mydelniczka f 73
mydło n 73
myjnia samochodowa
  f 198
mysz f 176, 290
myśliwiec m 211

N

na 320
na czas 305
na dole 320
na górze 320
na miejscu 154
na wynos 154
na zewnątrz 320
na żywo 178

nabrzeże n 216
nachrapnik m 242
naciąg m 230
nacięcie krocza n 52
naczółek m 242
naczynia 64, 65
naczynie ceramiczne n 69
naczynie do opiekania
  n 69
naczynie do sufletów n 69
naczynie do zapiekania
  n 69
naczynie żaroodporne
  n 69
nad 320
nadawać 178
nadgarstek m 13, 15
nadproże n 186
nadwyżka bagażu f 212
nadzienie n 140, 155
nadziewana oliwka f 143
nadziewany 159
nagłośnia f 19
nagły wypadek m 46
nagrany wcześniej 178
nagrywanie n 269
najedzony 64
najemca m 58
najgłębsza część
  basenu f 239
nakaz m 180
nakaz sądowy m 180
naklejać 82
nakłuwać 90
nakolannik m 205
nakrętka f 80
nakrętki koła 203
nakrycie n 65
nakrywać do stołu 64
naleśniki 155, 157
Namibia 317
namiot m 267
naparstek m 276
naparstnica f 297
napastnik m 222
napaść f 94
napięcie n 60
napinać 251
napiwek m 152
napletek m 21
napoje 107, 144, 156
napoje alkoholowe 145
napoje gorące 144
napowietrzać 91
napój bezalkoholowy m
  154
napój w puszce m 154
naprzeciw 320
narciarstwo n 246
narciarstwo alpejskie n
  247
narciarstwo biegowe n
  247
narciarstwo wodne n 241
narciarstwo zjazdowe
  n 247
narciarz m 246

polski

narciarz wodny *m* 241
narodziny 52
naród *m* 315
narta *f* 241, 246
narządy rozrodcze 20
narzeczeni 24
narzeczona *f* 24
narzeczony *m* 24
narzędzia 187
narzędzia ogrodnicze 88
narzędzie do ceramiki
  m 275
narzuta *f* 70
nasadka *f* 80
nasieniowód *m* 21
nasiona 88, 130
nasiona kopru 133
nastawiać 179
nastawić budzik 71
nastolatek *m* 23
naszyjnik *m* 36
naświetlenie *n* 271
naturopatia *f* 55
nauczyciel *m* 162, 191
nauka *f* 161
naukowiec *m* 190
nawigacja satelitarna *f*
  195, 201
nawilżana chusteczka
  odświeżająca *f* 75, 108
nawlekać 277
nawozić 91
nawozić na powierzchni
  90
nawóz *m* 91
nefryt *m* 288
negatoskop *m* 45
negatyw *m* 271
nektarynka *f* 126
neoklasyczny 301
Nepal 318
Neptun 280
nerka *f* 18, 119
nerw *m* 19, 50
nerw wzrokowy *m* 51
net 231
neurologia *f* 49
nić *f* 276
nić dentystyczna *f* 50, 72
nie 322
nie zginać 98
niebezpieczeństwo *n* 195
niebieski 274
niedoświetlony 271
niedziela *f* 306
niedźwiedź *m* 291
niedźwiedź polarny *m* 291
niegazowana 144
Niemcy 316
niemowlę *n* 23, 30
nieostry 271
niepasteryzowany 137
nieprzytomny 47
nieprzywierający 69
niesolony 137
nieśmiały 25
nietoperz *m* 290

nieudane odbicie przez
  pałkarza *n* 228
niewinny 181
Niger 317
Nigeria 317
Nikaragua 314
nikiel *m* 289
niski 321
noc *f* 305
nocnik *m* 74
noga *f* 12
nokaut *m* 237
nominał *m* 97
norma *f* 233
normalny 39
Norwegia 316
nos *m* 14
nosek (przy pedale) *m* 207
nosidełko *n* 75
nosidełko-gondola 75
nosorożec *m* 291
nosze 94
notacja *f* 256
notatki 191
notes *m* 172, 173
Nowa Zelandia 319
noworodek *m* 53
nowy 321
Nowy Rok *m* 27
nozdrze *n* 14, 290
nożyce 82, 89, 276
nożyce na długich
  rączkach 88
nożyczki 38, 47
nożyczki do paznokci 41
nóżyk do obierania
  warzyw i owoców *m* 68
nów księżyca *m* 280
nóż *m* 65, 80
nóż do chleba *m* 68
nóż kuchenny *m* 68
nóżka *f* 119
nugat *m* 113
numer *m* 226
numer lotu *m* 213
numer peronu *m* 208
numer pokoju *m* 100
numer rachunku *m* 96
numer trasy *m* 196
numer wyjścia *m* 213
nurkowanie z
  akwalungiem *n* 239
nuta *f* 256
nylon *m* 277

O

obca waluta 97
obcas *m* 37
obciążenie *n* 244
obcinak do rur *m* 81
obiad *m* 64, 158
obiektyw *m* 167, 270
obierać 67
objazd *m* 195
objętość *f* 165, 311
obojczyk *m* 17
obok 320

obój *m* 257
obraz *m* 62, 261, 274
obręcz *f* 206, 226
obręcze do
  przywiązywania roślin
  89
obrona *f* 181, 220
obrońca *m* 223
obrotomierz *m* 201
obrót *m* 238
obrus *m* 64
obrywać zwiędnięte kwiaty
  91
obsada *f* 254
obserwowanie ptaków
  n 263
obsługa nie wliczona 152
obsługa pokoi *f* 101
obsługa wliczona 152
obsydian *m* 288
obszar tee *m* 232
obszary 299
obudzić się 71
obwód *m* 164
ocean *m* 282
Ocean Atlantycki 312
Ocean Indyjski 312
Ocean Południowy 313
Ocean Spokojny 312
ocet *m* 135, 142
ocet balsamiczny *m* 135
ocet słodowy *m* 135
ocet winny *m* 135
ocet winny jabłkowy *m*
  135
ochraniacz *m* 74, 224
ochraniacz na nogę *m* 225
ochraniacz szczęki *m* 237
ochraniacze 220
ociekacz *m* 67
ocynkowany 79
oczko *n* 244, 276
oczyszczone krewetki 120
oczyszczony 121
od 320
odbicie piłki poza linie
  boczne *n* 228
odbierać 177
odbijać 225, 227, 229
odbiór bagażu *m* 213
odbitka *f* 271
odbytnica *f* 21
odciągacz pokarmu *m* 53
odcień *m* 41
odcinek *m* 96
odcisk palca *m* 94
oddychanie *n* 47
oddział *m* 175
oddział położniczy *m*
  48, 49
oddział dziecięcy *m* 48
oddział intensywnej opieki
  medycznej *m* 48
oddział pomocy w nagłych
  wypadkach *m* 48
oddziały 49
oddzielny pokój *m* 48

odebrać (telefon) 99
odejmować 165
odejście wód płodowych
  n 52
odgrzać 154
odholować 195
odkurzacz *m* 77, 188
odległość *f* 310
odloty 213
odnawianie wnętrz *n* 82
odnowa nawierzchni *f* 187
odnóżka *f* 91
odpady organiczne 61
odpływ *m* 61
odpowiadać 163
odpowiedź *f* 163
odprawa celna *f* 212
odra *f* 44
odrosty 39
odtwarzacz CD *m* 268
odtwarzacz DVD *m* 268
odzież *f* 205
odzież damska *f* 34, 105
odzież dziecięca *f* 30
odzież męska *f* 32, 105
odzież nieprzemakalna *f* 267
odzież termoaktywna *f* 267
odznaka *f* 94
odżywka *f* 38
oferty specjalne 106
oficer z wydziału
  dochodzeniowo-
  śledczego *m* 94
oglądać telewizję 269
ognisko *n* 266
ogniwo *n* 36
ogon *m* 121, 210,
  242, 290, 294
ogonek *m* 297
ogórek *m* 125
ograniczenie prędkości *n* 195
ogrodniczki 30
ogrodnik *m* 188
ogrodzenie *n* 85, 182
ogród *m* 84
ogród francuski *m* 84, 262
ogród na dachu *m* 84
ogród w stylu wiejskim *m* 84
ogród warzywny *m* 85
ogród wodny *m* 84
ogród ziołowy *m* 84
ogródek skalny *m* 84
ogródek warzywny *m* 182
ojciec *m* 22
ojczym *m* 23
okap *m* 58
okienko *n* 96, 98
okiennica *f* 58
oklaskiwać 255
okładzina *f* 121
okno *n* 58, 177, 186,
  197, 209, 210
okno mansardowe *n* 58
oko *n* 14, 51
okra *f* 122
okrąg *m* 164
okręt podwodny *m* 215

okryć mierzwą 91
okrywa roślinna *f* 87
okular *m* 167
okulary 51
okulary ochronne 81, 167
okulary pływackie 238
okulary przeciwsłoneczne 51,
  265
okulistyka *f* 49
olej *m* 142, 199
olej arachidowy *m* 135
olej aromatyzowany *m* 134
olej kukurydziany *m* 135
olej migdałowy *m* 134
olej napędowy *m* 199
olej roślinny *m* 135
olej rzepakowy *m* 135
olej sezamowy *m* 134
olej słonecznikowy *m* 134
olej tłoczony na zimno *m* 135
olej z orzecha włoskiego *m* 134
olej z orzechów
  laskowych *m* 134
olej z pestek winogron *m* 134
oleje 134
olejki eteryczne 55
oliwa z oliwek *f* 134
oliwki 151
ołowiowy 199
ołówek *m* 163, 275
Oman 318
omawiać 163
omlet *m* 158
onkologia *f* 49
onyks *m* 289
opakowanie *n* 111
opal *m* 288
opalać się 264
opalenizna *f* 41
oparcie dla nóg *n* 71
oparcie siedzenia *n* 210
oparzenie *n* 46
oparzenie słoneczne *n* 46
opaska elastyczna na
  kolano *f* 227
opaska na nadgarstek *f* 230
opaska na włosy *f* 38
opatrunek *m* 47
opera *f* 255
operacja *f* 48
operator *m* 99
opłata manipulacyjna *f* 96
opłata pocztowa *f* 98
opłata za przejazd *f* 197, 209
opłata za wstęp *f* 260
opona *f* 198, 205, 206
opóźnienie *n* 209
oprawka *f* 51
oprogramowanie *n* 176
optyk *m* 51, 189
orać 183
oranżada *f* 144
orbita *f* 280
orchidea *f* 111
oregano *n* 133
organiczny 91, 118, 122
origami *n* 275

orkiestra f 254, 256
ortopedia f 49
orzech brazylijski m 129
orzech laskowy m 129
orzech makadamii m 129
orzech nerkowca m 129
orzech włoski m 129
orzech ziemny m 129
orzechy 129
orzechy nerkowca 151
orzeł m 292
orzeszek piniowy m 129
orzeszek pistacjowy m 129
orzeszki 151
orzeszki ziemne 151
osa f 295
osadowe 288
osełka f 81
oset m 297
osiem 308
osiemdziesiąt 308
osiemdziesiąty 309
osiemnasty 309
osiemnaście 308
osiemset 308
osioł m 185
oskard m 187
oskarżenie n 94, 180
oskarżony m 180, 181
oskarżyciel m 180
oskrobany 121
osłona f 88
osłona obiektywu f 270
osłona oczu f 205
osłona okularu f 269
osobna łazienka f 100
ospa wietrzna f 44
osteopatia f 54
ostrokrzew m 296
ostrosłup m 164
ostry (pikantny) 124
ostryga f 121
ostrzałka do noży f 68, 118
ostrze n 66, 78, 89
oszczędności 96
oś f 205
ość f 121
ośmiokąt m 164
ośmiornica f 121, 295
ośrodek zdrowia m 168
oświetlenie ganku n 58
otolaryngologia f 49
otręby 130
otulacz polarowy m 74
otwarty 260, 321
otwieracz do butelek m
    68, 150
otwieracz do konserw m 68
otwór na kartę m 97
otwór odpływowy m 72
otwór
    odpowietrzający m 210
owal m 164
owca f 185
owies m 130
owoc drzewa
    chlebowego m 124

owoc opuncji m 128
owoce 107, 126, 128
owoce cytrusowe 126
owoce egzotyczne 128
owoce kandyzowane 129
owoce konserwowane 134
owoce morza 121
owoce pestkowe 126
owoce suszone 129
owsianka f 156
owulacja f 20, 52
ozór m 118

Ó
ósmy 309

P
pacha f 13
pachołek m 187
pachołek cumowy m 214
pachwina f 12
pacjent m 45
pacjent leczony
    ambulatoryjnie m 48
paczka f 99, 311
paczka papierosów f 112
padaczka f 44
padok m 242
pajacyk m 30
pająk m 295
pak-choi (kapusta chińska)
    123
Pakistan 318
palcat m 242
palczatka cytrynowa f 133
palec serdeczny m 15
palec środkowy m 15
palec u nogi m 15
palec wskazujący m 15
palenie n 112
paleta f 186, 274
palik m 90, 91
palik (bramki) m 225
paliki 89
palma f 86, 296
palnik m 67
palnik Bunsena m 166
palnik gazowy m 61
paluch m 139
pałeczka f 235
pałka f 94
pałkarz m 228
pamiątki 260
pamięć f 176
pamięć RAM f 176
pan m 23
Panama 314
pancernik m 215
panda f 291
pani (zamężna) f 23
panna f 23
państwo n 315
Państwo Watykańskie 316
papaja f 128
papier firmowy m 173
papier ścierny m 81, 83
papier toaletowy m 72

papier-mâché 275
papierosy 112
papierowa serwetka f 154
paproć f 86
papryczka chilli f 124, 143
papryka f 124, 132
Papua-Nowa Gwinea 319
papuga f 293
para f 24
parada f 27
paragon m 152
Paragwaj 315
paralotniarstwo n 248
parasol m 36
parasol plażowy m 264
parawan plażowy m 265
parecznik m 295
park m 262
park narodowy m 261
park safari m 262
parking m 298
parkomat m 195
parkować 195
parmezan m 142
parter m 104, 254
partner m 23
partner biznesowy m 24
partytura f 255, 256
pas m 12, 236
pas (w spodniach,
    spódnicy) m 35
pas bezpieczeństwa m
    198, 211
pas dzielący m 194
pas narzędziowy m 186
pas startowy m 212
pas środkowy m 194
pas wewnętrzny m 194
pas zewnętrzny m 194
pasażer m 216
Pascha 27
pasek m 32, 36, 37
pasek (przy pedale) m 207
pasek klinowy m 203
pasek menu m 177
pasek narzędzi m 177
pasek odblaskowy m 205
pasek przewijania m 177
pasek rozrządu m 203
pasemka 39
pasierb m 23
pasierbica f 23
paski 37
pasmanteria f 105
pasta f 77
pasta cytrynowa f 134
pasta do zębów f 72
pastować 77
pastele 274
pasternak m 125
pasteryzowany 137
pastwisko n 182
pastylka od bólu gardła
    f 109
paszport m 213
pasztecik 143
pasztet m 142, 156

patchwork m 277
patelnia f 69
patio n 85
patologia f 49
pauza f 256, 269
paw m 293
paznokieć m 15
paznokieć u nogi m 15
pazur m 291
paź m 39
październik m 306
pączek m 111
pąk m 297
pchnięcie kulą n 234
pedał m 61, 206
pedał gazu m 200
pedał hamulca m 205
pedałować 207
pedały 257
pediatria f 49
pedikiur m 41
pejzaż m 271
pekan m 129
peklowany 118, 159, 143
peleryna fryzjerska f 38
pelikan m 292
pełnia księżyca f 280
pełnoziarnisty 131
pełny 266, 321
penis m 21
pensja f 175
pensjonat m 101
peonia f 111
pepperoni m 142
perfumeria f 105
perfumy 41
pergola f 84
perkusista m 258
perkusja f 258
peron m 208
personel m 175
persymona f 128
Peru 315
peruka f 39
pestka f 127, 128
pestka dyni f 131
pestka słonecznika f 131
pestycyd m 89, 183
pewny siebie 25
pęcherz m 20, 46
pęcherzyk jajnikowy m 20
pęcherzyk nasienny m 21
pędzel m 40, 83, 274
pędzel do nakładania
    kleju m 82
pędzel tapetowy m 82
pędzelek do smarowania
    ciasta m 89
pędzelek do ust m 40
pępek m 12
pępowina f 52
piana f 148
pianka f 113
pianka do golenia f 73
piasek m 85, 264
piaskowiec m 288
piaskownica f 263

piasta f 206
piątek m 306
piąty 309
pidżama f 33
piec 67, 138
piec (mięso, ziemniaki) 67
piec na grillu 67
pieczątka f 173
pieczenie ciast n 69
pieczeń f 158
pieczony 159
pieczywo n 107, 138, 157
pieczywo chrupkie n 139,
    156
pieczywo z dodatkiem
    ziaren n 139
pieg m 15
piekarnia f 114, 138
piekarnik m 66
piekarz m 139
pielęgnacja niemowlęcia
    f 74
pielęgniarka f 45, 48
pielęgniarz m 189
pielucha f 75
pielucha frotte f 30
pielucha jednorazowa f 30
pieniądze 97
pień m 296
pieprz m 64, 152
pieprzyk m 14
pieróg m 158
pierś f 12, 119
pierścionek m 36
pierwiosnek m 297
pierwsza pomoc f 47
pierwsze piętro n 104
pierwszy 309
pies m 290
piesze wędrówki 263
pietruszka f 133
pięciokąt m 164
pięciolinia f 256
pięć 308
pięćdziesiąt 308
pięćdziesiąt pięć tysięcy
    pięćset 309
pięćdziesiąt tysięcy 309
pięćdziesiąty 309
pięćset 308
pięść f 15, 237
pięta f 13, 15
piętnasty 309
piętnaście 308
pigułka antykoncepcyjna
    f 21
pigwa f 128
pik m 273
pikantna kiełbasa f 142
piknik m 263
pikolo n 257
pikowanie n 277
pilates 251
pilnik m 81
pilnik do paznokci m 41
pilot m 190, 211, 269

polski

piła do metalu f 81
piła ręczna f 80, 89
piła tarczowa f 78
piłka f 75, 221, 224, 226, 228, 230
piłka do krykieta f 225
piłka futbolowa f 220, 222
piłka golfowa f 233
piłka nożna f 222
piłka plażowa f 265
piłka ścięta f 230
piłka wodna f 239
piłkarz m 222
piłować 79
PIN 96
pinceta f 40, 47, 167
pinezka f 173
pingwin m 292
pion m 82
pionek m 272
piosenka f 259
piosenkarz m 191
piórnik m 163
pióro n 293
pipeta f 167
pisać 162
pistolet do klejenia m 78
pistolet natryskowy m 89
pitch (centralna część boiska) 225
piwo n 145, 151
piwo ciemne n 145
piwo gorzkie n 145
pizza f 154
pizzeria f 154
plac m 299
plac budowy m 186
plac zabaw m 263
plakat m 255
plan m 178
plan filmowy m 179
plan metra m 209
plan piętra m 261
planeta f 280, 282
plaster m 47, 119
plaster miodu m 135
plasterek m 119
plastyka f 162
platyna f 289
plaża f 264
plecak m 31, 37, 267
plecy 13
pleć 91
plemnik m 20
plik m 177
plus 165
pluszowa zabawka f 75
Pluton 280
płachta malarska f 83
płacić 153
płakać 25
płaskowyż m 284
płaszcz m 32
płaszcz przeciwdeszczowy m 31, 32
płaszcz ziemski m 282
płaszczka f 120, 294

płatek m 297
płatki śniadaniowe 107, 156
płazy 294
płetwa f 239, 290
płetwa grzbietowa f 294
płetwa piersiowa f 294
płetwy płaszczki 120
płotki 235
płód m 52
płótno n 274
płótno lniane n 277
płuco n 18
płukać 76
płyn m 77
płyn chłodniczy m 199
płyn do czyszczenia m 51
płyn do kąpieli m 73
płyn do płukania tkanin m 76
płyn do płukania ust m 72
płyn do spryskiwacza m 199
płyn owodniowy m 52
płyn po goleniu m 73
płyta f 283
płyta chroniąca ścianę przed zachlapaniem f 66
płyta DVD f 269
płyta grzejna f 67
płyta grzejna ceramiczna f 66
płyta igłowa f 276
płyta kompaktowa f 269
płyta lotnicza f 212
płyta MDF f 79
płyta pilśniowa twarda f 79
płyta wiórowa f 79
płyta wyrzutni rakietowej f 281
płytka f 272
płytka część basenu f 239
płytka nazębna f 50
płytka Petriego f 166
pływać 238
pływać w miejscu 239
pływak m 61, 238
pływanie n 238
pływanie łodzią motorową n 241
pływanie skuterem wodnym n 241
pływanie synchroniczne n 239
pnącze n 87
po 320
pobić rekord 234
pobierać 177
pobijak m 275
pochmurny 286
pochwa f 20
pociąg m 208
pociąg elektryczny m 208
pociąg InterCity m 209
pociąg szybkobieżny m 208
pociąg towarowy m 208
pociąg z lokomotywą parową m 208

pociąg z lokomotywą spalinowo-elektryczną m 208
pocisk m 211
począć 20
początek m 321
poczekalnia f 45
poczta f 98
pocztą lotniczą 98
pod 320
podajnik papieru m 172
podajnik taśmy klejącej m 173
podanie n 226
podatek m 96
podawać 64, 220, 223
podbicie n 15
podbić 227
podbierak m 244
podciągać 251
podejrzany 94, 181
podekscytowany 25
podeprzeć palikiem 91
podeszwa f 15, 37
podglebie n 91
podium n 235, 256
podjazd m 199
podkaszarka f 88
podkład m 40, 83
podkładka f 80, 233
podkładka pod nakrycie f 64
podkładka pod szklankę f 150
podkoszulek m 33
podkręcenie m 230
podlewać 90, 183
podlewanie n 89
podłączony do sieci 177
podłoga f 58, 62, 71
podłokietnik m 200, 210
podniebienie n 19
podnośnik samochodowy m 203
podpałka f 266
podpaska f 108
podpis m 96, 98
podpłomyk m 139
podpora f 187
podpórka f 88, 205, 207
podręcznik m 163
podręczny zestaw narzędzi m 207
podroby 118
podróż służbowa f 175
podstawa f 164
podstawka pod głośnik f 268
podszewka f 32
poduszeczka do szpilek f 276
poduszka f 62, 70
poduszka (na ramieniu) f 35
poduszka do tuszu f 173
poduszka powietrzna f 201
poduszkowiec m 215
podwiązka f 35
podwiązki 35
podwozie n 203, 210
podwójny 151
podwórze n 58, 182

podypłomowy 169
pogoda f 286
pogotowie ratunkowe n 94
pogrzeb m 26
pojazd obsługi lotniska m 212
pojedynczy 151
pojemnik m 311
pojemnik na odpady do recyklingu m 61
pojemnik na owoce i warzywa m 67
pojemnik na soczewki m 51
pojemność f 311
pojutrze 307
pokarm dla zwierząt m 107
poker m 273
pokład m 214
pokład rufowy m 214
pokoje 100
pokolenie n 23
pokój m 58
pokój dwuosobowy m 100
pokój dziecinny m 74
pokój jednoosobowy m 100
pokojowa bagażnika f 198
pokrywać darnią 90
pokrywka f 61, 66
pokrzywa f 297
pole m 165, 182, 272
pole bramkowe n 223
pole golfowe n 232
pole karne n 223
pole kempingowe n 266
pole wewnętrzne n 228
polecenie zapłaty n 96
polewać polewą 139
polędwica f 121
policja f 94
policjant m 94, 189
policzek m 14
poliester m 277
polityka f 169
polo 243
Polska 316
połączenie n 212
położna f 53
położnik m 52
połów kuszą m 245
południe n 305, 312
Południowy Sudan 317
pomadka f 40
pomarańcza f 126
pomarańczowy 274
pomidor m 125, 157
pomidorek koktajlowy m 124
pomieszczenie do przewijania niemowląt n 104
pomieszczenie gospodarcze n 76
pomiędzy 320
pomnik m 261

pomoc w nagłych wypadkach f 94
pomocnik noszący kije za graczem m 233
pompka f 207, 251
(po)nad 320
poniedziałek m 306
poniżej normy 233
ponton n 215
pończocha 35
pop 259
popcorn 255
popielniczka f 150
popiół m 283
popołudnie n 305
popręg m 242
poprzeczka f 222, 235
por m 15, 125
porada prawna f 180
poradnia f 48
poranek m 305
porażenie prądem n 46
porcelana f 105
porcja f 64
porcja dla dziecka f 153
poręcz f 59, 196
poręcze 235
poręcze asymetryczne 235
poronienie n 52
poroże n 291
poród m 52, 53
poród pośladkowy m 52
poród wspomagany m 53
port m 176, 214, 216
port docelowy m 213
port pasażerski m 216
port rybacki m 217
portfel m 37, 97
portmonetka f 37
porto 145
Portoryko 314
portret m 271
portret pamięciowy m 181
Portugalia 316
pory roku 306
posadzić w doniczce 91
posiłek m 64
posłać łóżko 71
posterunek policji m 94
posterunek straży pożarnej m 95
postój taksówek m 213
poszewka na poduszkę f 71
pościel f 71, 74
pośladek m 13, 16
pośrednik w handlu nieruchomościami m 189
pot-pourri 111
powalenie przeciwnika n 237
powieka f 51
powierzchnia f 310
powiększać 172
powiększenie n 271
powłoka nawierzchniowa f 83

polski

(po)wolny 321
powódź f 287
powyżej normy 233
poza 320
poza boiskiem 226
poza wyznaczonymi
    trasami 247
poziomnica f 80, 187
pozycja f 232
pożar m 95
pożyczka f 96
pójść do szkoły 26
pół godziny 304
pół kwarty 311
pół litra 311
półka f 67, 106
półka bagażowa f 209
półki 66
półkula południowa f 283
półkula północna f 283
północ f 305, 312
półpiętro n 59
półpokład m 240
półwysep m 282
później 304
późno 305
praca f 172
praca domowa f 163
praca dyplomowa f 169
praca magisterska/
    doktorska f 169
praca w ogrodzie f 90
prace 183
pracodawca m 24
pracownia f 166
pracownik m 24
pracownik biura
    podróży m 190
pracownik budowlany
    m 186
pracownik poczty m 98
pracownik szczebla
    kierowniczego m 174
pralka f 76
pralka z suszarką f 76
pralnia chemiczna f 115
pralnia samoobsługowa
    f 115
pranie n 76
prasa f 178
prasować 76
prawe pole n 229
prawnik m 180, 190
prawo n 169, 180
prażony 129
prąd stały m 60
prąd zmienny m 60
premiera f 254
prezent m 27
prezentacja f 174
prezenter m 178
prezenter wiadomości f
    179, 191
prezerwatywa f 21

pręcik m 297
prędkościomierz m 201,
    204
prętowy wskaźnik
    poziomu oleju m 202
problemy 271
próbówka f 166
procent m 165
procesor m 176
producent m 254
produkty mleczne 107,
    136
program m 176, 179,
    254, 269
program dnia/zebrania
    m 174
program
    dokumentalny m 178
projektant m 191, 277
prom m 215, 216
prom kosmiczny m 281
promenada f 265
promienie ultrafioletowe
    286
promień m 164
propozycja f 174
prosię n 185
proso n 130
prospekt m 254
prosta f 165
prostata f 21
proste (włosy) 39
prosto 260
prostokąt m 164
prostopadła f 165
prostować 39
prostownica do włosów 38
proszek m 77
proszę 322
proteza f 50
protokół m 174
prowadnik nici m 276
prowadzić 195
prowincja f 315
prowizja f 97
próchnica f 50
próg m 258
próżnociąg m 53
pruć 277
prysznic m 72
prysznice 266
prywatny odrzutowiec
    m 211
pryzma kompostowa f 85
przebicie (opony) n 203,
    207
przeciwnik m 236
przeciwprostokątna f 164
przeciwzmarszczkowy 41
przed 320
przedłużacz m 78
przedłużać termin zwrotu
    168
przedmioty ścisłe 162, 166
przednia szyba f 198
przednie koło n 196
przedpokój m 59

przedramię n 12
przedwczesny 52
przedwczoraj 307
przedział m 209
przedział sypialny m 209
przegląd m 50
przeglądać 177
przeglądarka f 177
przegrany m 273
przegroda f 194
przegródka f 100
przegrywać 273
przegrzebek m 121
przejazd dołem m 194
przejście n 106, 168,
    210, 254
przejście dla pieszych n 195
przejść na emeryturę 26
przekaz pocztowy m 98
przekąski barowe 151
przekątna f 164
przekładka f 173
przekrój m 282
przelew bankowy m 96
przelotny deszcz m 286
przełomowe wydarzenia
    26
przełyk m 19
przepiórka f 119
przepona f 19
przepraszam 322
przepychacz m 81
przerwa f 220, 223
przerwa w dostawie
    energii elektrycznej f 60
przerzut m 235
przerzutka f 206
przesiadać się 209
przesiewać 91, 138
przestępca m 181
przestępstwo n 94
przestraszony 25
przestrzeń kosmiczna
    f 280
przesyłanie strumieniowe
    269
przesyłka polecona f 98
przeszkoda f 243
przeszkoda wodna f 232
przeszukiwać 177
prześcieradło n 71, 74
prześwietlenie zęba n 50
prześwietlony 271
przetwornik m 258
przewaga f 230
przewijanie do przodu
    n 269
przewijanie do tyłu n 269
przewodniczyć 174
przewodnik m 260
przewody 60
przewód fazowy 60
przewód neutralny 60
przewód wytryskowy m 21
przewód zasilający m 176
przez 320
przeziębienie n 44

przybić do portu 217
przybory 38, 165
przybory toaletowe 41
przybudówka f 58
przyciąć 39
przycinać 90, 91
przycisk „stop” m 197
przycisk przywoławczy
    m 48
przyczepa do przewozu
    bagażu f 212
przyczepa kempingowa
    f 266
przyjaciel m 24
przyjaciel
    korespondencyjny m 24
przyjęcie urodzinowe n 27
przyjęty 48
przyloty 213
przyłożenie n 221
przymierzalnie 104
przynęta f 244
przypora f 301
przyprawiony 159
przyprawy 132
przyprawy ziołowe 133
przysiad m 251
przystanek autobusowy m
    197, 299
przystań f 217
przystawka f 153
psie zaprzęgi 247
pstrąg m 120
pstrąg tęczowy m 120
psychiatria f 49
psychoterapia f 55
pszczoła f 295
pszenica f 130, 184
ptaki 292
publiczność f 254
pudding ryżowy m 140
pudełko n 311
pudełko archiwizacyjne
    n 173
pudełko na sprzęt
    wędkarski n 244
puder m 40, 109
puderniczka f 40
pulpit m 177
pumeks m 73, 288
punkt m 228, 273
punkt pobierania opłat
    m 194
punkt wydawania
    leków m 108
punktualnie 305
purée n 159
pusty 321
pustynia f 285
puszek do pudru m 40
puszka f 145, 311
puszka z farbą f 83
putter m 233
puzon m 257
pysk m 293
pytać 163
pytanie n 163

R

rabarbar m 127
rabata obsadzona
    roślinami wieloletnimi
    f 85
raca f 240
rachunek m 152
rachunek bieżący m 96
rachunek
    oszczędnościowy m 97
racquetball 231
radar m 214, 281
radicchio (cykoria
    sałatowa) 123
radio n 179, 268
radio analogowe 179
radio cyfrowe 179, 268
radio z budzikiem m 70
radiologia f 49
rafa koralowa f 285
rafting m 241
raja f 294
rajdy samochodowe 249
rajstopy 35
rakieta f 230
rakieta nośna f 281
rakietka f 231
rama f 62, 206
ramadan m 26
ramiączko m 35
ramię n 13
ramka na zdjęcie f 271
ramówka f 178
rampers m 30
rana f 46
rap m 259
raport m 174
ratownik m 239, 265
ratownik medyczny m 94
ratusz m 299
razy 165
rąbek m 34
rączka f 36
rdzenie palmowe 122
reanimacja f 47
recepcja f 100
recepcjonista m 100, 190
recepta f 45
redaktor m 191
refleksologia f 54
reflektor m 50, 198, 205,
    259
regał na książki m 63, 168
reggae m 259
region m 315
regulacja ogrzewania f 201
regulator m 239
regulator głosu m 269
regulator przysłony m 270
reiki 55
rejestr karny m 181
rejon m 315
rekin m 294
reklama f 269
rekord m 234
rekord własny m 234
relaks m 55

remis m 223
renesans m 301
reporter m 179
Republika Czeska 316
Republika Dominikańska 314
Republika Południowej
  Afryki 317
Republika
  Środkowoafrykańska 317
restauracja f 101, 152
return 231
rezerwować 168
rezerwowy 223
reżyser m 254
ręcznik do rąk m 73
ręcznik kąpielowy m 73
ręcznik plażowy m 265
ręczniki 73
ręczny 200
ręka f 13, 15
rękaw m 34, 45
rękaw lotniczy m 212
rękawek do pływania m 238
rękawica f 224, 228, 236,
  246
rękawica kuchenna f 69
rękawice bokserskie 237
rękawice ogrodnicze 89
rękawiczka f 233
rękawiczki 30, 36
ring bokserski m 237
robak m 295
robić notatki 163
robić peeling 41
robić rozgrzewkę 251
robienie na drutach n 277
robot kuchenny m 66
roboty drogowe 187, 195
rocznica f 26
(co)roczny 307
rodeo n 243
rodzaje aparatów
  fotograficznych 270
rodzaje autobusów 196
rodzaje gospodarstw
  rolnych 183
rodzaje wędkarstwa 245
rodzice 23
rodzina f 22
rodzynek m 129
rogówka f 51
rok m 306
rokoko n 301
roleta f 63
rolka f 311
rolnik m 182, 189
romans m 255
romb m 164
rondel m 69
rondo n 195
ropucha f 294
rosnąć 139
roślina alpejska f 87
roślina cebulkowa f 86
roślina cieniolubna f 87
roślina doniczkowa f 110
roślina dwuletnia f 86

roślina gruboszowata f 87
roślina jednoroczna f 86
roślina kwitnąca f 297
roślina ozdobna f 187
roślina płożąca f 87
roślina w doniczce f 87
roślina wiecznie zielona
  f 86
roślina wieloletnia f 86
roślina wodna f 86
rośliny 86, 296
rośliny formowane 87
rośliny ogrodowe 86
rośliny strączkowe 130
rośliny uprawne 184
rośliny zbożowe 130
rough 232
rower m 206
rower górski m 206
rower szosowy m 206
rower treningowy m 250
rower turystyczny m 206
rower wyścigowy m 206
rozbić namiot 266
rozdawać 273
rozdrabniacz odpadków
  m 61
rozdwojone końce 39
rozdzielacz m 203
rozgwiazda f 295
rozkład jazdy m 197, 209,
  261
rozkładana kanapa f 63
rozkruszony 132
rozłączony 99
rozmaryn m 133
rozmnażać 91
rozmnażanie n 20
rozmowa na koszt
  odbiorcy f 99
rozmrozić 67
rozpalić ogień 266
rozpuszczalnik m 83
rozpuszczalny 109
rozpylacz m 311
rozrywka domowa f 268
roztwór dezynfekujący
  m 51
rozwarcie n 52
rozwiertak m 80
rozwód m 26
rożek angielski m 257
róg m 291
róg ulicy m 298
równa się 165
równanie n 165
równik m 283
równina f 285
równoległa f 165
równoległobok m 164
równowaga f 230
równoważnia f 235
róż m 40
róża f 110
różowy 145, 274
różyczka f 122
rtęć f 289

rubin m 288
ruch m 239, 273
ruch jednokierunkowy
  m 298
ruch uliczny m 194
rudy 39
rufa f 240
rugby n 221
rukiew wodna f 123
rukola f 123
rum m 145
rum z colą m 151
rumpel m 240
rumsztyk m 119
Rumunia 316
runda f 228, 237
rura f 202
rura doprowadzająca f 61
rura górna ramy f 207
rura odprowadzająca f 61
rura przelewowa f 61
rura ściekowa f 61
rura wydechowa f 203,
  204
rurka f 239
rusztowanie n 186
Rwanda 317
ryba wędzona f 143
ryba z frytkami f 155
rybak m 189
ryby 107, 120, 294
rycina f 275
rydel ogrodniczy m 89
rynek m 115
rynna f 58
rynsztok m 299
rysować 162
rysunek m 275
rytm m 259
ryż m 130, 158, 184
ryż biały m 130
ryż brązowy
  (niełuskany) m 130
ryż dziki m 130
ryż okrągłoziarnisty m 130
rząd m 210, 254
rzeczy do prania 76
rzeka f 284
rzemiosło artystyczne n
  274, 276
rzepa f 124
rzepak m 184
rzepka f 17
rzeźbiarstwo n 275
rzeźbiarz m 191
rzeźbić 79
rzeźnik m 118, 188
rzęsa f 14, 51
rzodkiewka f 124
rzucać 221, 225, 227,
  229
rzucić kotwicę 217
rzut m 237
rzut dyskiem m 234
rzut na łopatki m 237
rzut oszczepem m 234
rzut rożny m 223

rzut sędziowski m 226
rzut wolny m 222
rzutnik cyfrowy m 163

S

sadzić 183
Sahara 313
Sahara Zachodnia 317
Saint Kitts i Nevis 314
Saint Lucia 314
Saint Vincent i Grenadyny
  314
saksofon m 257
sala f 48
sala kinowa f 255
sala konferencyjna f 174
sala operacyjna f 48
sala sądowa f 180
salamandra f 294
salami n 142
salon m 62
salto m 235
Salwador 314
sałata f 123
sałatka f 149, 158
sałatka z frytkami f 155
samochodowy zestaw
  audio m 201
samochód m 198, 200,
  202
samochód ciężarowy m
  194
samochód elektryczny 199
samochód policyjny m 94
samochód sportowy m
  198
samochód z częścią
  mieszkalną m 266
samochód z kierownicą po
  lewej stronie m 201
samochód z kierownicą po
  prawej stronie m 201
samochód z napędem na
  cztery koła m 199
samochód z wózkiem
  holowniczym m 203
samolot m 210
samolot lekki m 211
samolot pasażerski m
  210, 212
samoobrona f 237
samoopalacz m 41
San Marino 316
sandał m 37
sandały 31
sandwicz klubowy m 155
saneczkarstwo n 247
Sardynia 316
sardynka f 120
sarnina f 118
satelita m 281
Saturn 280
sauna f 250
sąd przysięgłych m 180
sąsiad m 24
scena f 254
scenariusz m 254
schody 59

schody ruchome 104
schodzenie po linie 248
schowek bagażowy m 210
scrabble m 272
secesja f 301
sedan m 199
sedes m 72
segment (w zabudowie
  szeregowej) m 58
segregator z
  mechanizmem m 173
sekator m 89
sekunda f 304
sekundnik m 304
selektor ściegów m 276
seler m 122
seler korzeniowy m 124
Senegal 317
ser m 136, 156
ser brie m 142
ser cheddar m 142
ser edam m 142
ser kozi m 142
ser manchego m 142
ser miękki m 136
ser mozzarella m 142
ser niebieski m 136
ser półmiękki m 136
ser półtwardy m 136
ser twardy m 136
Serbia 316
serce n 18, 119
sercówka f 121
serek śmietankowy m 136
serial telewizyjny m 178
serw m 231
serwer m 176
serwetka f 65
serwować 231
set m 230
setny 309
sezonowy 129
sędzia m 180, 222, 225,
  226 229, 230
sędzia liniowy m 220,
  223, 230
shaker m 150
sherry m 145
siać 90, 183
siano n 184
siarka f 289
siatka f 222, 236, 227,
  231
siatka do przetrzymywania
  ryb f 244
siatkówka f 51, 227
siatsu 54
sieć f 176, 217
sieć kolejowa f 209
siedem 308
siedemdziesiąt 308
siedemdziesiąty 309
siedemnasty 309
siedemnaście 308
siedemset 308
siedzenie n 210
siedziba główna f 175

polski

siedzisko n 242
siekacz m 50
sierp księżyca m 280
sierpień m 306
Sierra Leone 317
silnik m 88, 202, 204, 210
silnik przyczepny m 215
silnik sterujący m 281
silos m 183
siłownia f 101
Singapur 319
singel m 230
siniak m 46
siodełko n 204, 206
siodło n 242
siodło damskie n 242
siostra f 22
siostrzenica f 23
siostrzeniec m 23
siódmy 309
sitko n 68, 89
sito n 89
sitowie n 86
siwy 39
skafander kosmiczny m 281
skakać 227
skakać do wody 238
skakanie przez skakankę n 251
skaleczenie n 46
skalpel m 81, 167
skały 284, 288
skaner m 176
skarga f 94
skarpetki 33
skierowanie n 49
sklejka f 79
sklep m 298
sklep fotograficzny m 115
sklep meblowy m 115
sklep mięsny m 114
sklep monopolowy m 115
sklep obuwniczy m 114
sklep owocowo-warzywny m 114
sklep rybny m 114, 120
sklep spożywczy m 114
sklep wolnocłowy m 213
sklep z antykami m 114
sklep z artykułami plastycznymi m 115
sklep z płytami m 115
sklep z rzeczami używanymi m 115
sklep z upominkami m 114
sklep ze słodyczami m 113
sklep ze zdrową żywnością m 115
sklep zoologiczny m 115
sklep żelazny m 114
sklepienie n 300
sklepienie stopy n 15
sklepy 114
skoczek m 238
skok m 235, 237, 243
skok do wody n 239

skok do wody z trampoliny m 239
skok narciarski m 247
skok o tyczce m 234
skok startowy m 239
skok w dal m 235
skok wzwyż m 235
skoki na bungee 248
skoki przez przeszkody 243
skończyć studia 26
skorpion m 295
skorupa f 293
skorupa ziemska f 282
skorupka f 137
skóra f 14, 119, 205
skóra głowy f 39
skórka f 15, 119, 126, 127, 128, 136, 139, 142
skręcenie n 46
skrobać 77
skroń f 14
skrzele n 294
skrzydełko n 119
skrzydło n 210, 293
skrzynia biegów f 202, 204
skrzynia przekładniowa f 202
skrzynka bezpiecznikowa f 60, 203
skrzynka do wysiewu nasion f 89
skrzynka na listy f 58, 99
skrzynka odbiorcza f 177
skrzynka pocztowa f 99
skrzynka uciosowa f 81
skrzynka z narzędziami f 80
skrzypce 256
skrzyżowanie n 194, 298
skurcz m 52
skurcze 44
skuter m 205
skuter śnieżny m 247
skutki uboczne 109
slalom m 247
slalom gigant m 247
slipy 33
słaby 321
słodka bułka f 157
słodki 124, 127, 155
słodkie produkty do smarowania 134
słodycze 107, 113
słoik m 134, 311
słoik szczelnie zamknięty m 135
słomka f 144, 154
słonecznik m 184, 297
słonecznik bulwiasty m 125
słoneczny 286
słony 155
słoń m 291
Słońce n 280
słońce n 286
Słowacja 316
Słowenia 316
słownik m 163
słuchawka f 99

słuchawka prysznicowa f 72
słuchawki 268
słupek m 298
słupek bramki m 220, 222
słynne ruiny 261
smartfon 99, 176
smażony 159
smażony na patelni 159
smażony w głębokim tłuszczu 159
smażyć 67
smażyć w małej ilości tłuszczu 67
smecz m 231
smoczek m 75
SMS 99
smutny 25
snooker m 249
snowboarding m 247
sobota f 306
soczewica brązowa f 131
soczewica czerwona f 131
soczewka f 51
soczewki kontaktowe 51
soczysty 127
soja f 131
sok ananasowy m 149
sok jabłkowy m 149
sok owocowy m 127, 156
sok pomarańczowy m 148
sok pomidorowy m 144, 149
sok winogronowy m 144
soki i koktajle mleczne 149
sokół m 292
sola dover f 120
sola lemon (złocica) f 120
solony 121, 129, 137, 143
Somalia 317
sonata f 256
sonda f 50
sopel m 287
sorbet m 141
sortownik m 61
sos m 134, 143, 155, 158
sos pomidorowy m 154
sosna f 296
sowa f 292
sól f 64, 152
spadochron m 248
spadochroniarstwo n 248
spalony 223
spanie n 74
sparing m 237
spinacz m 173
spinka do mankietu f 36
spisać testament 26
spławik m 244
spłuczka f 61
spłukać 38
spodnie 32, 34
sportowiec m 191
sporty 236, 248
sporty rakietowe 231
sporty walki 236
sporty wodne 241

sporty zimowe 247
sposób użycia m 109
spódnica f 30, 34
sprawa sądowa f 180
sprawiony kurczak m 119
spray m 109
sprężyna f 71
sprinter m 234
spryskiwać 91
sprzątacz m 188
sprzątanie pokoi n 101
sprzedawca m 104, 188
sprzedawca ryb m 188
sprzedawca warzyw i owoców m 188
sprzęgło n 200, 204
sprzęt m 233, 238
sprzęt do sprzątania m 77
sprzęt komputerowy m 176
sprzęt kuchenny m 68, 105
sprzęt oświetleniowy m 105
sprzęt siłowy m 250
sprzęt wędkarski m 245
squash m 231
srebro m 235, 289
Sri Lanka 318
ssaki 290
stabilizatory 207
stacja benzynowa f 199
stacja kosmiczna f 281
stacja radiowa f 179
stadion m 223
stado n 183
stajenny m 243
stajnia f 185, 243
stal nierdzewna f 79
stalówka f 163
stanowisko odprawy n 213
stanowisko pitchera n 228
Stany Zjednoczone Ameryki 314
start m 269
startowaé 211
stary 321
stary model m 199
stateczník pionowy m 210
stateczník poziomy m 210
statek m 214
statki 215
statuetka f 260
statyw m 270, 281
statyw laboratoryjny m 166
staw m 17, 85
stek m 121
stelaż m 267
stempel pocztowy m 98
stenograf m 181
step m 285
stepper m 250
ster m 210, 241
stereo n 269
sterować 240

sterylny 47
stetoskop m 45
steward m 210
stewardesa f 190, 210
stęp m 243
sto 308
sto dziesięć 308
sto tysięcy 309
stocznia f 217
stodoła f 182
stoisko uliczne n 154
stojak m 166
stojak do tablicy 174
stojak na rowery m 207
stok m 284
stok narciarski m 246
stolarstwo n 275
stolarz m 188
stolica f 315
stolik m 62, 148, 210, 268
stolik nocny m 70
stolik przedmiotowy m 167
stolik śniadaniowy m 156
stołek barowy m 150
stołówka f 168
stop 269
stopa f 12, 15, 310
stopa kwadratowa f 310
stopa procentowa f 96
stoper m 166, 234
stopień m 163
stopień naukowy m 169
stopka f 276
stosunek płciowy m 20
stożek m 164
stół m 64
stół do nakładania kleju m 82
stół mikserski m 179
stół warsztatowy m 78
strach na wróble m 184
stratosfera f 286
straż pożarna f 95
straż przybrzeżna f 217
strażacy 95
strażak m 189
strażnik m 189
strażnik więzienny m 181
strąk m 122
strefa f 315
strefa ataku f 224
strefa końcowa f 220, 221
strefa neutralna f 224
strefa obrony f 224
strefa piesza f 299
strefa przemysłowa f 299
strefy 283
stres m 55
strona internetowa f 177
strój swobodny m 33, 34
strug m 81
strugać 79
strumień m 285
strumień wody m 95
struna f 258
struny głosowe 19

polski

struś m 292
strych m 58
strzała f 249
strzelać 223, 227
strzelectwo n 249
strzelić gola 223
strzemię n 242
strzępiel m 120
strzykawka f 109, 167
student m 169
studio nagraniowe n 179
studio telewizyjne n 178
studzienka f 299
studzienka włazowa f 299
styczeń m 306
styl grzbietowy m 239
style 239, 301
style muzyczne 259
style ogrodów 84
stypendium n 169
Suazi 317
suche kwiaty 111
suchy 39, 41, 130, 286, 321
suchy dok m 217
Sudan 317
sufit m 62
suflet m 158
sukienka f 31, 34
suknia ślubna f 35
suknia wieczorowa f 34
sułtanka f 129
sumo n 237
supermarket m 106
suplement m 55
surfing m 241
surfingowiec m 241
Surinam 315
surowe mięso n 142
surowy 124, 129
surówka f 158
suszarka bębnowa f 76
suszarka do włosów f 38
suszona śliwka f 129
suszone owoce 156
suszony 129
suszyć 76
sutek m 12
suterena f 58
sweter m 33
sweter rozpinany m 32
Syberia 313
Sycylia 316
sygnał m 209
symfonia f 256
syn m 22
synagoga f 300
synowa f 22
syntetyczny 31
sypialnia f 70
syrena f 94
Syria 318
syrop m 109
syrop klonowy m 134
system m 176
szablon m 83
szachownica f 272

szachy 272
szafa f 70
szafir m 288
szafka f 66
szafka na dokumenty f 172
szafki 239
szafran m 132
szalik m 31
szalka f 310
szalotka f 125
szałwia f 133
szampan m 145
szampon m 38
szary 274
szczaw m 123
szczebelki 74
szczenię n 290
szczepić 91
szczepienie n 45
szczęka f 14, 17
szczęśliwy 25
szczoteczka f 50
szczoteczka do brwi f 40
szczoteczka do zębów f 72
szczotka f 38, 77
szczotka do mycia pleców f 73
szczotka do WC f 72
szczur m 290
szczypce 150, 167
szczypce długie 80
szczypce do cięcia drutu 80
szczypce do ściągania izolacji 81
szczypiorek m 133
szczyt m 300
szef kuchni m 152
szermierka f 249
szeroki 321
szerokość f 165
szerokość geograficzna f 283
szesnasty 309
szesnaście 308
sześcian m 164
sześciokąt m 164
sześć 308
sześćdziesiąt 308
sześćdziesiąty 309
sześćset 308
szew m 34
szkatułka na biżuterię f 36
szkic m 275
szkicownik m 275
szkielet m 17
szkiełko n 167
szklanka f 65
szklanki 150
szklarnia f 85
szkliwo n 50
szkła 51
szkło n 64, 69
szkocka z wodą f 151
szkoła f 162, 299

szkoła muzyczna f 169
szkoła tańca f 169
szkoły 169
szlafrok m 31, 32, 35, 73
szlifierka f 78
szlifować (papierem ściernym) 82
szmaragd m 288
sznur do bielizny m 76
sznur pereł m 36
sznurówka f 37
szop pracz m 290
szopa f 84
szorować 77
szorty 30, 33
szot m 241
szósty 309
szpachla f 82
szpagat m 89
szparagi 124
szpatułka f 167
szpic m 36
szpikulec m 68
szpilka f 276
szpilka do krawata f 36
szpilka do włosów f 38
szpinak m 123
szpital m 48
szpon m 293
szprycha f 207
szpulka f 276
szpulka nici f 276
szpulka z filmem f 271
szron m 287
sztaluga f 274
sztanga f 251
sztućce 64, 65
sztuka f 254
sztuki 275
sztuki walki 237
sztyca podsiodłowa f 206
szufelka f 77
szufla f 187
szuflada f 66, 70, 172
szukaj 177
szwagier m 23
szwagierka f 23
Szwajcaria 316
Szwecja 316
szwy 52
szyba ochronna f 205
szyberdach m 202
szybki 321
szybowiec m 211, 248
szybownictwo n 248
szyć 277
szydełko n 277
szydełkowanie n 277
szyja f 12
szyjka macicy f 20, 52
szyna f 47, 208
szyna napięciowa f 209
szynka f 119, 143, 156
szynka prosciutto f 143

Ś
ściana f 58, 186
ściąć 38
ścieg m 277
ścierać kurz 77
ścierka do kurzu f 77
ścieżka f 58, 85
ścieżka do jazdy konnej f 263
ścieżka dźwiękowa f 255
ścieżka rowerowa f 206
ścięgno n 17
ścięgno Achillesa m 16
ścięgno podkolanowe n 16
śledzie wędzone 157
śledziona f 18
śledztwo n 94
ślimak m 295
ślimak nagi m 295
śliniaczek m 30
śliwka f 126
ślub m 26, 35
śmiać się 25
śmietana f 137, 157
śmietana kremowa f 137
śmietana kwaśna f 137
śmietniczka f 61, 67
śmietnik m 266
śmigło n 211
śniadanie n 64, 156
śniadanie angielskie n 157
śnieg m 287
śnieg z deszczem m 286
śpioszki 30
śpiwór m 267
średnica f 164
środa f 306
środek m 122, 164
środek antyseptyczny m 47
środek chwastobójczy m 91
środek konserwujący m 83
środek odstraszający owady m 108, 267
środek przeciwbólowy m 109
środek przeciwzapalny m 109
środek przeczyszczający m 109
środek tarczy m 273
środek uspokajający m 109
środek wybielający i dezynfekujący m 77
środki do pielęgnacji skóry 108
środki przeciwbólowe 47
środkowe pole n 228
środowisko n 280
śruba f 80
śruba napędowa f 214
śruba ogniskowania f 167
śrubokręt krzyżowy m 80

śruta pszenna f 130
świadek m 180
światła 94
światła awaryjne 201
światło n 178, 207
światło do czytania m 210
światło odblaskowe n 204, 207
światło sygnalizatora n 194
światło tylne n 204, 207
światłomierz m 270
świątynia f 300
świeca zapłonowa f 203
świeczki urodzinowe 141
świerszcz m 295
świeże owoce 157
świeże f 121, 127, 130
świeży ser m 136
święta 27
święto 27
Święto Dziękczynienia 27
świnia f 185
świnka f 44
świt m 305

T
tabletka f 109
tabletka na sen f 109
tabletki przeciw chorobie lokomocyjnej 109
tablica f 162, 226
tablica flipchart f 174
tablica lotów f 213
tablica narzędziowa f 78
tablica ogłoszeń f 173
tablica rejestracyjna f 198
tablica wyników f 225
tabliczka czekolady f 113
taca f 152, 154
taca ze śniadaniem f 101
tacka na korespondencję przychodzącą f 172
tacka na korespondencję wychodzącą f 172
taczka f 88
Tadżykistan 318
taekwondo 236
t'ai chi 236
Tajlandia 318
Tajwan 319
tak 322
takielunek m 215, 240
taksówkarz m 190
takt m 256
talerz m 65
talerz głęboki m 65
talerz płytki m 65
talerze 257
talerzyk m 65
talia kart f 273
talk m 73
tamburyn m 257
tampon m 108
tancerz m 191
tandem m 206
tangelo 126
tankowiec m 215

Tanzania 317
tapeciarz m 82
tapeta f 82, 177
tapeta do malowania f 83
tapeta wytłaczana f 83
tapetować 82
tapioka f 124
tarcza f 249
tarcza do gry w strzałki f 273
tarcze rogowe 293
tarczyca f 18
tarka f 68
tarta f 142
tarty ser m 136
tasak m 68
Tasmania 319
tasować 273
taśma f 106
taśma izolacyjna f 81
taśma klejąca f 47, 173
taśma maskująca f 83
taśma miernicza f 80
taśmociąg bagażowy m 212
tatuaż m 41
tą stroną do góry 98
tchawica f 18
teatr m 254, 299
technik dźwięku m 179
techniki 79
teczka f 37
teczka harmonijkowa f 173
teczka szkolna f 162
teczka zawieszana f 173
tekst m 259
tektura f 275
telefon m 99
telefon alarmowy m 195
telefon bezprzewodowy m 99
telefon komórkowy m 99
telefon z aparatem 270
telegram m 98
telenowela f 178
teleobiektyw m 270
teleprompter m 179
teleskop m 281
teleturniej m 178
telewizja kablowa f 269
telewizor płaskoekranowy 269
tematyczny park rozrywki m 262
temblak m 46
temperatura f 286
temperówka f 163
tenis m 230
tenisówka 37
tenis stołowy m 231
tequila f 145
terapeuta m 55
terapia grupowa f 55
terapia niekonwencjonalna f 54
teraz 304
termin stawienia się w

sądzie m 180
terminal m 212
terminal kontenerowy m 216
terminal promowy m 216
terminarz m 175
termit m 295
termofor m 70
termometr m 45, 167
termos m 267
termosfera f 286
termostat m 61
terpentyna f 83
terytorium n 315
test ciążowy m 52
teściowa f 23
teść m 23
tęcza f 287
tęczówka f 51
tętnica f 19
tętno n 47
thriller m 255
tie-break 230
Timor Wschodni 319
tkactwo n 277
tkanina f 277
tłuczek m 68, 167
tłuczek do mięsa m 68
tłuczek do ziemniaków m 68
tłumik m 203, 204
tłusty 39, 41
tłuszcz m 119
toaleta f 61
toaletka f 71
toalety 104, 266
toczyć 79
toffi n 113
toga f 169
Togo 317
ton m 256
tona (metryczna) f 310
tonąć 239
tonik m 41, 144
topaz m 288
topola f 296
topór m 95
tor m 209, 234, 238
tor gry m 232
tor wyścigowy m 243
torba f 291
torba golfowa f 233
torba na listy f 98, 190
torba na zakupy f 106
torba plażowa f 264
torba podróżna f 37
torba z przyborami do przewijania f 75
torby 37
torebka f 37
torebka herbaty ekspresowej f 144
torebka na ramię f 37
torebki 37
tornado n 287
tort urodzinowy m 141
tort weselny m 141

tortilla f 155
tost m 157
toster m 66
traktor m 182
trampolina f 235, 238
tramwaj m 196, 208
transakcja handlowa f 175
transatlantyk m 215
transformator m 60
transport m 194
trap m 214
trapez m 164
trasa f 260
trasa narciarska f 246
tratwa ratunkowa f 240
trawa f 86, 262
trawnik m 85, 90
trąba f 291
trąbka f 257
trefl m 273
trekking m 243
tren m 35
trenażer eliptyczny m 250
trener osobisty m 250
trening kondycyjny m 251
trenować 251
trochę, kilka 320
trolejbus m 196
tropik m 266
troposfera f 286
trójkąt m 164, 257
trójnóg m 166
trudny 321
trufla f 113, 125
truskawka f 127
trwała f 39
tryktrak m 272
trymestr m 52
Trynidad i Tobago 314
trzcina cukrowa f 184
trzeci 309
trzeć 67
trzepaczka f 68
trzęsienie ziemi n 283
trzonek m 187
trzustka f 18
trzy 308
trzydrzwiowy 200
trzydziesty 309
trzydzieści 308
trzynasty 309
trzynaście 308
trzysta 308
tuba f 257
tubka f 311
tulipan m 111
Tunezja 317
tuńczyk m 120
turbosprężarka f 203
Turcja 316
Turkmenistan 318
turkus m 289
turmalin m 288
turniej m 230, 233
turysta m 260
tusz m 275
tusz do rzęs m 40

tutu 191
twardy 129, 321
twarożek m 136
twarz f 14
tydzień m 306
tygiel m 166
(co)tygodniowy 307
tygrys m 291
tylne koło n 197
tylne siedzenie n 200
tylne siodełko n 204
tymianek m 133
tynk m 83
tynkować 82
typy 199, 205
typy pociągów 208
typy roślin 86
tysiąc 309
tysiąc dziewięćset dziesiąty 307
tysiąc dziewięćset pierwszy 307
tysiąc dziewięćsetny 307
tysiąclecie n 307
tytoń m 112, 184
tytuł m 168
tytuły grzecznościowe 23

U

ubezpieczenie n 203
ubijać 67
ubranie nieprzemakalne n 245
ucho n 14
uchwyt m 78, 88, 106, 230
uchwyt na stopę m 241
uczelnia wyższa f 168
uczennica f 162
uczeń m 162
uczucia 25
uczyć się 163
udar m 44
uderzenia 231
uderzenie n 233, 237
uderzenie nogami n 239
uderzenie z boku n 230
uderzyć 224
uderzyć piłkę na greenie 233
uderzyć piłkę z obszaru tee 233
uderzyć piłkę z podkładki 233
udko n 119
udo n 12
udziały 97
Uganda 317
uginanie przedramion n 251
ugryzienie n 46
ujeżdżanie n 243
ujście rzeki n 285
układ hormonalny m 19
układ krążenia m 19
układ limfatyczny m 19
układ moczowy m 19

układ nerwowy m 19
układ oddechowy m 19
układ pokarmowy m 19
układ rozrodczy m 19
Układ Słoneczny m 280
układ sterowania m 201, 204
układanka f 273
układy narządów 19
Ukraina 316
ulica f 298
uliczka f 298
ulotki informacyjne 96
ułamek m 165
ułożyć 38
umówione spotkanie n 175
umrzeć 26
umyć 38
umywalka f 38, 50, 72
uncja f 310
uniewinniony 181
uniwersytet m 299
uprawa f 183
uprawiać 91
Uran 280
uraz głowy m 46
uraz kręgosłupa szyjnego spowodowany szarpnięciem m 46
urazy 46
urlop m 212
uroczystości 27
uroczystość f 140
uroczystość wręczenia dyplomów f 169
uroda f 40
urodzić się 26
urodziny 27
urologia f 49
Urugwaj 315
urządzenia 66
urządzenia nagłaśniające 209
urządzić (ogród) 91
urzędnik sądowy m 180
USG 48, 52
usługi pralnicze 101
usta 14
ustawiać ostrość 271
ustawienie zapłonu n 203
usunięcie n 50
usunięcie z boiska n 223
usuwanie odpadów n 61
uszczelka f 61
uszczelniacz m 83
uśmiech m 25
utwardzone pobocze n 194
uwertura f 256
Uzbekistan 318
uzda f 242
uziemienie n 60
użądlenie n 46

V

Vanuatu 319

polski

W

w 320
w ciąży 52
w kierunku 320
w koszulce (jajko) 159
w lewo 260
w oleju 143
w prawo 260
w przyszłym tygodniu 306
w sosie 159
w syropie 159
w środku 320
w tym tygodniu 307
w zalewie solnej 143
w zeszłym tygodniu 307
waciki 41
waga f 45, 69, 98, 118, 166, 310
waga sprężynowa f 166
wagon m 208
wagon restauracyjny m 209
wagonik kolejki linowej m 246
walec m 164, 187
walet m 273
walka f 237
waltornia f 257
wał napędowy m 202
wałek m 69, 83
wałkować 67
wanilia f 132
wanna f 72
wapień m 288
wapń m 109
warcaby 272
warga f 14
wargi sromowe 20
warkocz m 39, 280
warstwa górna/uprawna f 85
warstwa ozonowa f 286
warsztat m 78
warzywa 107, 122, 124
wazon m 63, 111
ważka f 295
ważyć 310
wąski 321
wąsy 290
wątroba f 18
wątróbka f 118
wąwóz m 284
wąż m 293
wąż ogrodowy m 89
wąż ssący m 77
wąż strażacki m 95
wbicie piłki do dołka za jednym uderzeniem m 233
wbijać 79
wbudowana szafa f 71
wchodzić na pokład 217
wciągać 245
wcześnie 305, 320
wczoraj 306
weekend m 306
wejście n 59
welon m 35
wełna f 277

wełna stalowa f 81
Wenezuela 315
wentyl m 207
wentylator m 60, 202
Wenus 280
werbel m 257
werdykt m 181
wesele n 26
wesołe miasteczko n 262
westchnąć 25
western m 255
weterynarz m 189
wewnątrz 320
wezgłowie n 70
wezwanie do sądu n 180
wędka f 244
wędkarstwo n 244, 245
wędkarstwo dalekomorskie n 245
wędkarstwo morskie n 245
wędkarstwo muchowe n 245
wędkarstwo słodkowodne n 245
wędkarstwo sportowe n 245
wędkarz m 244
wędliny 143
wędzidło n 242
wędzisko n 245
wędzony 118, 121, 143, 159
węgiel m 275, 288
węgiel drzewny m 266
węgorz m 294
Węgry 316
whisky 145
wiaderko n 77, 265
wiaderko z lodem n 150
wiadomości 100, 178
wiadomość głosowa f 99
wiadro n 82
wiadukt m 194
wiata na przystanku autobusowym f 197
wiatr m 241, 286
wiąz m 296
wiązadło n 17
wibrafon m 257
wichura f 286
widelec m 65, 153, 207
widelec do mięsa m 68
widełki ogrodnicze 89
wideofon m 99
widły 88
widzowie 233
wieczór m 305
wiek m 307
wielbłąd m 291
Wielka Brytania 316
Wielkanoc 27
wieloryb m 290
wieniec m 111
wieprzowina f 118
wiercić 79

wiertarka akumulatorowa f 78
wiertarka elektryczna f 78
wiertarka ręczna f 81
wiertła 80
wiertła do drewna 80
wiertło n 50, 78
wiertło do betonu n 80
wiertło do drewna piórowe n 80
wiertło do metalu n 80
wierzba f 296
wierzchołek m 165
wieszak m 70
wieszak na ręczniki m 72
Wietnam 318
wietrzny 286
wiewiórka f 290
wieża f 272, 300
wieża kontroli lotów f 212
wieża ratownika f 265
wieżyczka f 300
więzienie n 181
wi-fi 269
wilgotny 286
wilk m 290
winda f 59, 100, 104
winda kotwiczna f 214
windsurfing m 241
winnica f 183
winny 181
wino n 145, 151
winogrona 127
winorośl f 183
wiolonczela f 256
wiosło n 241
wiosłować 241
wiosna f 307
wioślarz m 241
wioślarz treningowy m 250
wiórki 132
wióry 78
wirować 76
wirówka f 76
wirus m 44
wisiorek m 36
wiszący kosz kwiatów m 84
wiśnia f 126
witaminy 108
witlinek m 120
wiza f 213
wizjer m 271
wizyta f 45
wjazd m 194
wjazd dla wózków inwalidzkich m 197
wkładka domaciczna f 21
wkładka higieniczna f 108
wkładki 53
wkrętak m 80
wlot m 61
włamanie n 94
właściciel wynajmowanej nieruchomości m 58
właz m 281
włącznik m 60
włącznik świateł m 201

włączyć telewizor 269
Włochy 316
włosy 14, 38
włożyć (brudną bieliznę do pralki) 76
włókno naturalne m 31
wnętrze n 200
wnuczka f 22
wnuk m 22
wnuki 23
woda f 144, 238
woda mineralna f 144
woda sodowa f 144
woda toaletowa f 41
woda w butelce f 144
woda z kranu f 144
wodery 244
wodolot m 215
wodospad m 285
wodze 242
wok m 69
wokół 320
wolej 231
wolne miejsca 266
wolny 321
wołowina f 118
woreczek do dekorowania m 69
worek m 311
worek foliowy m 122
worek na ściętą trawę m 88
worek treningowy m 237
wosk m 41
woźny sądowy m 180
wódka f 145
wódka z sokiem pomarańczowym 151
wóz strażacki m 95
wózek m 48, 100, 106, 208, 213
wózek dziecięcy m 75
wózek golfowy m 232, 233
wózek inwalidzki m 48
wózek spacerowy m 75
wózek widłowy m 186, 216
wózek z deserami m 152
wpłacać 96
wrażliwy 41
wrona f 292
wróbel m 292
wrzos m 297
wrzut m 226
wrzut z autu 223
wschód m 312
wschód słońca m 305
wskazówka godzinowa f 304
wskazówka minutowa f 304
wskazówki 260
wskaźnik paliwa m 201
wskaźnik temperatury m 201

wspinaczka lodowa f 247
wspinaczka skalna f 248
wstać 71
wstążka f 27, 39, 111, 141, 235
wstrząs m 47, 283
wstrząs mózgu m 46
wstrząśnięty 25
wszechświat m 280
wtorek m 306
wtyczka f 60
wujek m 22
wulkan m 283
wybieranie poczty m 98
wybrać (numer) 99
wybrzeże n 285
Wybrzeże Kości Słoniowej 317
wybuchnąć 283
wychowanie fizyczne n 162
wyciąg m 66
wyciąg krzesełkowy m 246
wyciągać 251
wycieraczka f 59, 198
wycierać 77
wyciskacz do czosnku m 68
wyciskanie na klatkę piersiową n 251
wyciskanie nogami n 251
wyczyścić zęby nicią dentystyczną 50
wydra f 290
wydrążacz do jabłek m 68
wydział m 169
wyeliminować z gry 229
wyemigrować 26
wygląd m 30
wygrywać 273
wyjście n 210
wyjście awaryjne n 210
wyjście ewakuacyjne n 95
wyjście z domu n 75
wykładowca m 169
wykonać wsad 227
wykonać wślizg 229
wykonać zamach 232
wykrój m 276
wyłączyć telewizor 269
wymiana f 230
wymiary 165
wymiotować 44
wynajem samochodów m 213
wynik m 49, 220, 273
wypad m 251
wypadek m 46
wypadek samochodowy m 203
wypełniać 82
wypełnienie n 50
wypiek chleba m 138
wypisany 48
wypłynąć w morze 217
wyposażenie biura n 172
wyposażenie mieszkań n 105

polski

polski

wypożyczać 168
wypożyczenie n 168
wypracowanie n 163
wyprzedzać 195
wypuszczać 245
wypuszczenie piłki n 220
wyrok m 181
wyrostek robaczkowy m 18
wyrób biżuterii m 275
wyrzynarka f 78, 81
wysadzać 91
wysiadać 217
wysięgnik m 95
wysoka rozdzielczość 269
wysoki 321
wysokie krzesełko n 75
wysokość f 165
wysokość (nad poziomem morza) f 211
wyspa f 282
Wyspy Salomona 319
Wyspy Świętego Tomasza i Książęca 317
wystawa f 261
wystrzelenie n 281
wysuszyć suszarką 38
wysyłać 177
wysypka f 44
wyścig m 234
wyścig płaski m 243
wyścig powozów m 243
wyścig zaprzęgów m 243
wyścigi motocyklowe 249
wyścigi samochodowe 249
wyślij mi SMS-a! 99
wytrawny 145
wywołać poród 53
wywoływać 271
wywrotka f 187
wywrócić się do góry dnem 241
wyzwalacz migawki m 270
wzdłuż 320
wzgórze n 284
wziąć ślub 26
wzmacniacz m 268
wzrok m 51

Z

z 320
z fiszbinami 35
z grilla 159
z hodowli naturalnej 118
z karty 152
z otwartym dachem 260
z polewą czekoladową 140
z połyskiem 83
z wody 159
za 320
zabawa f 75
zabawka f 75
zabawki 105
zabieg kosmetyczny twarzy m 41

zabiegi kosmetyczne 41
zabytkowy budynek m 261
zachód m 312
zachód słońca m 305
zacisk m 78
zacisk nosa m 238
zacisk szczękowy m 167
zaćmienie n 280
zadrapanie n 46
zadzior m 244
zagłówek m 200
zagniatać 138
zagrać główką 222
zagroda f 185
zajęcia 263
zajęcia na świeżym powietrzu 262
zajęty 99, 321
zajmować się (ogrodem) 91
zakaz skrętu w prawo m 195
zakaz wjazdu m 195
zakaz zatrzymywania się m 195
zakład m 273
zakład krawiecki m 115
zakładać przynętę 245
zakłopotany 25
zakochać się 26
zakupy 104
zakwaterowanie z niepełnym wyżywieniem n 101
zakwaterowanie z pełnym wyżywieniem n 101
zalogować się 177
załącznik m 177
załoga f 241
zamach m 233
zamach próbny m 233
zamawiać 153
Zambia 317
zamek m 59, 300
zamek błyskawiczny m 277
zamek drzwiowy m 200
zamek rowerowy m 207
zamek z piasku m 265
zamiatać 77
zamknięcie zabezpieczające n 75
zamknięty 260, 321
zamrażarka f 67
zamrozić 67
zapalniczka f 112
zaparzacz do kawy m 65
zapasowa opona f 203
zapasy 236
zapięcie n 36, 37
zapis wideo finiszu m 234
zapisz 177
zapłata f 96
zapłodnienie n 20, 52
zapłon m 200
zapole n 229
zapora f 300
zaprawa murarska f 187
zaprzyjaźnić się 26
zarezerwować lot 212
zarzucać 245

zasilanie sieciowe n 60
zaskoczony 25
zasłabnąć 44
zasłona f 63
zasłona prysznicowa f 72
zastrzyk m 48
zasuwka f 59
zatoka f 19
zatrucie n 46
zatrzask m 30
zatyczka f 72
zawieszenie n 203, 205
zawodnik m 221
zawodnik drużyny futbolowej m 220
zawodnik odbijający m 225
zawodnik serwujący m 225
zawody 188, 190
zawór bezpieczeństwa m 61
zawór zamykający m 61
ząb m 50
ząb przedtrzonowy m 50
ząb trzonowy m 50
ząbek m 125
zbierać 91
zbierać plony 183
zbiornik m 61
zbiornik na płyn do chłodnicy m 202
zbiornik na płyn do spryskiwacza m 202
zbiornik na płyn hamulcowy m 202
zbiornik oleju m 204
zbiornik paliwa m 203, 204
zbiornik wody m 61
zboża przetworzone 130
zboże n 130
zdenerwowany 25
zderzak m 198
zdezorientowany 25
zdjęcie rentgenowskie n 48, 50
zdmuchnąć 141
zdobycie bazy n 228
zdrowie n 44
zdzierać 82
zebra f 291
zebranie n 174
zegarek m 36
zemdleć 25
zero 230, 308
zestaw hi-fi m 268
zestaw z hamburgerem m 154
zeszyt m 163
zewnętrzny dysk twardy 176
zeznanie n 180
zgłosić się do odprawy 212
zgniły 127
ziarna 131, 144

ziarnko n 122
ziarnko pieprzu n 132
ziarno n 122, 130
ziarno gorczycy n 131
ziarno sezamowe n 131
ziele angielskie n 132
zielona herbata f 149
zielona oliwka f 143
zielony 129, 274
Ziemia f 280, 282
ziemia uprawna f 182
ziemniak m 124
ziewnąć 25
zięć m 22
zima f 31, 307
Zimbabwe 317
zimne napoje bezalkoholowe 144
zimny 286, 321
zioła 134
zioła i przyprawy 132
zioło n 55, 86
ziołolecznictwo n 55
zjazd m 194
Zjednoczone Emiraty Arabskie 318
zjeżdżalnia f 263
zlecenie wypłaty n 96
zlepieniec m 288
zlewka f 167
zlewozmywak m 61, 66
złamanie n 46
złapać 220
złota rybka f 294
złoto n 235, 289
zły 25, 321
zmarszczenie brwi n 25
zmarszczka f 15
zmartwiony 25
zmiana f 223
zmienić koło 203
zmieniać przełożenie 207
zmienić kanał 269
zmierzch m 305
zmiotka f 77
zmniejszać 172
zmywacz do paznokci m 41
zmywarka do naczyń f 66
znaczek m 98
znaczki 112
znajomy m 24
znak m 104
znak drogowy m 298
znak wolnej burty m 214
znaki drogowe 195
znaki drogowe poziome 194
znieczulenie zewnątrzoponowe n 52
znudzony 25
zoo n 262
zoologia f 169
zorza f 286
zraszacz m 89
zrealizować (czek) 97
zszywacz m 173

zszywki 173
zupa f 153, 158
związki 24
zwiedzanie n 260
zwiedzanie z przewodnikiem n 260
zwierzęta 290, 292, 294
zwolnienie warunkowe n 181
zwolnienie za kaucją/ poręczeniem n 181
zwrot monet m 99
Zwrotnik Koziorożca 283
Zwrotnik Raka 283
zwrotniki 283
zwycięzca m 273

Ź

źrebię n 185
źrenica f 51

Ż

żaba f 294
żabka f 239
żabnica f 120
żagiel m 241
żagiel przedni m 240
żaglówka f 215
żakiet m 34
żaluzja f 63
żarnik m 60
żaroodporny 69
żarówka energooszczędna f 60
żeberka 155
żeberko n 119
żebro n 17
żeglarstwo n 240
żeglarz deskowy m 241
żel m 38, 109
żel pod prysznic m 73
żelazko n 76
żelazo n 109, 289
żelek m 113
żelka owocowa f 113
żołądek m 18
żołnierz m 189
żona f 22
żonkil m 111
żółta kartka f 223
żółtko n 137, 157
żółty 274
żółw lądowy m 293
żółw wodny m 293
żuraw m 292
żuraw mikrofonowy m 179
żurawina f 127
żwir m 88
żyletka f 73
żyła f 19
żyłka f 244
żyrafa f 291
żywność f 117
żywność w butelkach i słoikach f 134
żywopłot m 85, 90, 182

Indeks angielski • English index

english

A

à la carte 152
abdomen 12
abdominals 16
above 320
abseiling 248
acacia 110
accelerator 200
access road 216
accessories 36, 38
accident 46
account number 96
accountant 97, 190
accounts department 175
accused 180
ace 230, 273
Achilles tendon 16
acorn squash 125
acquaintance 24
acquitted 181
across 320
acrylic paints 274
actions 237, 229, 227, 233, 183
activities 263, 245, 162, 77
actor 254, 191
actors 179
actress 254
acupressure 55
acupuncture 55
Adam's apple 19
add v 165
address 98
adhesive tape 47
adjustable spanner 80
admissions 168
admitted 48
aduki beans 131
adult 23
advantage 230
adventure 255
advertisement 269
aerate v 91
Afghanistan 318
Africa 317
after 320
afternoon 305
aftershave 73
aftersun 108
agate 289
agenda 174
aikido 236
aileron 210
air bag 201
air conditioning 200
air cylinder 239
air filter 202, 204
air letter 98
air mattress 267

air stewardess 190
air vent 210
aircraft 210
aircraft carrier 215
airliner 210, 212
airport 212
aisle 106, 168, 210, 254
alarm clock 70
Alaska 314
Albania 316
alcoholic drinks 145
alfalfa 184
Algeria 317
allergy 44
alley 298
alligator 293
allspice 132
almond 129
almond oil 134
almonds 151
along 320
alpine 87
alpine skiing 247
alternating current 60
alternative therapy 54
alternator 203
altitude 211
aluminium 289
Amazonia 312
ambulance 94
American football 220
amethyst 288
amniocentesis 52
amniotic fluid 52
amount 96
amp 60
amphibians 294
amplifier 268
anaesthetist 48
analogue 179
anchor 214, 240
Andes 312
Andorra 316
angle 164
angler 244
Angola 317
angry 25
animals 292, 294
animated film 255
ankle 13, 15
ankle-length 34
anniversary 26
annual 86, 307
anorak 31, 33
answer 163
answer v 99, 163
answering machine 99
ant 295
antenatal 52
antenna 295
antifreeze 199, 203

Antigua and Barbuda 314
anti-inflammatory 109
antique shop 114
antiseptic 47
antiseptic wipe 47
anti-wrinkle 41
antler 291
apartment block 298
apéritif 153
aperture dial 270
apex 165
app 99
appeal 181
appearance 30
appendix 18
applaud v 255
apple 126
apple corer 68
apple juice 149
appliances 66
application 176
appointment 45, 175
apricot 126
April 306
apron 30, 50, 69, 212
aquamarine 288
Arabian Sea 313
arable farm 183
arc 164
arch 15, 85, 301
archery 249
architect 190
architecture 300
architrave 301
Arctic Circle 283
Arctic Ocean 312
area 165, 310
areas 299
arena 243
Argentina 315
arithmetic 165
arm 13
armband 238
armchair 63
Armenia 318
armpit 13
armrest 200, 210
aromatherapy 55
around 320
arrangements 111
arrest 94
arrivals 213
arrow 249
art 162
art college 169
art deco 301
art gallery 261
art nouveau 301
art shop 115
artery 19

artichoke 124
artist 274
arts and crafts 274, 276
ash 283
ashtray 150
Asia 318
asparagus 124
assault 94
assistant 24
assisted delivery 53
asteroid 280
asthma 44
astigmatism 51
astronaut 281
astronomy 281
asymmetric bars 235
at 320
athlete 234
athletics 234
Atlantic Ocean 312
atmosphere 282, 286
atrium 104
attachment 177
attack 220
attack zone 224
attend v 174
attic 58
attractions 261
aubergine 125
auburn 39
audience 254
August 306
aunt 22
aurora 286
Australasia 319
Australia 319
Austria 316
autocue 179
automatic 200
automatic door 196
autumn 31, 307
avalanche 247
avenue 299
avocado 128
awning 148
axe 95
axle 205
ayurveda 55
Azerbaijan 318

B

baby 23, 30
baby bath 74
baby care 74
baby changing facilities 104
baby monitor 75
baby products 107
baby sling 75
babygro 30

back 13
back brush 73
back seat 200
backboard 226
backdrop 254
backgammon 272
backhand 231
backpack 31, 37, 267
backstroke 239
backswing 233
bacon 118, 157
bad 321
badge 94
badminton 231
bag 311
bagel 139
baggage reclaim 213
baggage trailer 212
bags 37
baguette 138
Bahamas 314
bail 181
bait 244
bait v 245
bake v 67, 138
baked 159
baker 114, 139
bakery 107, 138
baking 69
baking tray 69
balance wheel 276
balcony 59, 254
bald 39
bale 184
Balearic Islands 316
ball 15, 75, 221, 224, 226, 228, 230
ballboy 231
ballet 255
balsamic vinegar 135
Baltic Sea 313
bamboo 86,122
banana 128
bandage 47
Bangladesh 318
banister 59
bank 96, 284
bank charge 96
bank manager 96
bank transfer 96
bap 139
bar 150, 152, 250, 256, 311
bar code 106
bar counter 150
bar mitzvah 26
bar snacks 151
bar stool 150
barb 244
Barbados 314
barbecue 267

english

barber 39, 188
bark 296
barley 130, 184
barman 191
barn 182
baroque 301
bars 74
bartender 150
basalt 288
base 164, 229
base station 99
baseball 228
baseline 230
baseman 228
basement 58
basil 133
basin 50
basket 106, 207, 226
basket of fruit 126
basketball 226
basketball player 226
basque 35
bass clarinet 257
bass clef 256
bass guitar 258
bassoon 257
bat 225, 228, 231, 290
bat v 225, 229
bath mat 72
bath towel 73
bathrobe 73
bathroom 72
bathtub 72
baton 235, 256
batsman 225
batter 228
batteries 260
battery 167, 202
battery pack 78
battleship 215
bay leaf 133
be born v 26
beach 264
beach bag 264
beach ball 265
beach hut 264
beach towel 265
beach umbrella 264
beaker 167
beam 186, 235
bean sprout 122
beans 131, 144
bear 291
beat 259
beauty 40, 105
beauty treatments 41
bed 70
bed and breakfast 101
bed linen 71
bedding 74
bedroom 70
bedside lamp 70
bedside table 70
bedspread 70

bee 295
beech 296
beef 118
beer 145,151
beer tap 150
beetle 295
beetroot 125
before 320
beginning 321
behind 320
Belarus 316
Belgium 316
Belize 314
bell 197
below 320
belt 32, 36, 236
bench 250, 262
Benin 317
berry 296
beside 320
bet 273
between 320
beyond 320
Bhutan 318
biathlon 247
bib 30
bicep curl 251
biceps 16
bicycle 206
bidet 72
biennial 86
bifocal 51
big toe 15
bike rack 207
bikini 264
bill 152, 293
binoculars 281
biology 162
biplane 211
birch 296
bird watching
  263
birds 292
birth 52
birth weight 53
birth certificate 26
birthday 27
birthday cake 141
birthday candles 141
birthday party 27
biscuit 113
biscuits 141
bishop 272
bit 242
bit brace 78
bite 46
bite v 245
bitter 124, 145
black 39, 272, 274
black belt 237
black coffee 148
black hole 280
black olive 143
black pudding 157

Black Sea 313
black tea 149
blackberry 127
blackboard 162
blackcurrant 127
black-eyed beans 131
bladder 20
blade 60, 66, 78, 89
blanket 71, 74
blazer 33
bleach 77
blender 66
blister 46
block 237
block v 227
block of flats 59
blonde 39
blood pressure 44
blood pressure gauge 45
blood test 48
blouse 34
blow dry v 38
blow out v 141
blowhole 290
blue 274
blue cheese 136
bluebells 297
blueberry 127
blues 259
blusher 40
board 241
board v 217
board games 272
boarding pass 213
bob 39
bobbin 276
bobsleigh 247
body 12
body lotion 73
body systems 19
bodywork 202
boil v 67
boiled egg 137, 157
boiled sweets 113
boiler 61
Bolivia 315
bollard 214, 298
bolt 59
bomber 211
bone 17, 119, 121
bone meal 88
boned 121
bongos 257
bonnet 198
book 168
book a flight v 212
bookshop 115
bookshelf 63, 168
boom 95, 240
booster 281
boot 37, 198, 220, 223
booties 30
bored 25
borrow v 168

Bosnia and Herzegovina
  316
Botswana 317
bottle 61, 75, 135, 311
bottle opener 68, 150
bottled foods 134
bottled water 144
bottom tier 141
bounce v 227
boundary line 225
bouquet 35, 111
bouquet garni 132
bout 237
boutique 115
bow 240, 249
bow tie 36
bowl 61, 65, 112
bowl v 225
bowler 225
bowling 249
bowling ball 249
box 254
box file 173
box of chocolates 113
box of tissues 70
box office 255
boxer shorts 33
boxercise 251
boxing 236
boxing gloves 237
boxing ring 237
boy 23
boyfriend 24
bra 35
brace 50
bracelet 36
brain 19
brake 200, 204, 206
brake v 207
brake block 207
brake fluid reservoir 202
brake lever 207
brake pedal 205
bran 130
branch 175, 296
brandy 145
brass 256
Brazil 315
brazil nut 129
bread 157
bread knife 68
bread roll 143
breadcrumbs 139
breadfruit 124
breads 138
break a record v 234
break waters v 52
breakdown 203
breakfast 64, 156
breakfast buffet 156
breakfast cereals 107
breakfast table 156
breakfast tray 101
breast 12, 119

breast bone 17
breast pump 53
breastfeed v 53
breaststroke 239
breathing 47
breech 52
brick 187
bridge 15, 214, 258,
  273, 300
bridle 242
bridle path 263
brie 142
briefcase 37
briefs 33, 35
brioche 157
broad bean 122
broad beans 131
broadcast 179
broadcast v 178
broccoli 123
brochure 175
brogue 37
bronze 235
brooch 36
broom 77
broth 158
brother 22
brother-in-law 23
browband 242
brown 274
brown bread 139, 149
brown flour 138
brown lentils 131
brown rice 130
browse v 177
browser 177
bruise 46
Brunei 319
brunette 39
brush 38, 40, 77, 83,
  274
brush v 38, 50
brussel sprout 122
bubble bath 73
bucket 77, 82, 265
buckle 36
bud 111, 297
buffet 152
buggy 232
build v 186
builder 186, 188
building site 186
buildings 299
built-in wardrobe 71
bulb 86
Bulgaria 316
bull 185
bulldog clip 173
bull-nose pliers 80
bullseye 273
bumper 74, 198
bun 39, 140, 155
bunch 111
bungalow 58

english

bungee jumping 248
bunker 232
bunsen burner 166
buoy 217
bureau de change 97
burger 154
burger bar 154
burger meal 154
burglar alarm 58
burglary 94
Burkina Faso 317
Burma (Myanmar) 318
burn 46
burner 67
Burundi 317
bus 196
bus driver 190
bus shelter 197
bus station 197
bus stop 197, 299
bus ticket 197
buses 196
business 175
business class 211
business deal 175
business lunch 175
business partner 24
business suit 32
business trip 175
businessman 175
businesswoman 175
butcher 118, 188
butcher's 114
butter 137, 156
butter beans 131
buttercup 297
butterfly 239, 295
buttermilk 137
butternut squash 125
buttock 13, 16
button 32
buttonhole 32
buttress 301
by 320
by airmail 98
bytes 176

C
cab 95
cabbage 123
cabin 210, 214
Cabinda 317
cabinet 66
cable 79, 207
cable car 246
cable television 269
cactus 87
caddy 233
caesarean section 52
café 148, 262
cafetière 65
cake shop 114
cake tin 69
cakes 140

calcite 289
calcium 109
calculator 165
calendar 306
calf 13, 16, 185
call button 48
calyx 297
cam belt 203
Cambodia 318
camcorder 260, 269
camel 291
camembert 142
camera 178, 260, 270
camera case 271
camera crane 178
camera phone 270
camera shop 115
cameraman 178
Cameroon 317
camisole 35
camomile tea 149
camp v 266
camp bed 266
campari 145
camper van 266
campfire 266
camping 266
camping stove 267
campsite 266
campus 168
can 145, 311
can opener 68
Canada 314
canary 292
candied fruit 129
cane 91
canes 89
canine 50
canned drink 154
canoe 214
canoeing 241
canter 243
canvas 274
cap 21, 36, 238
capacity 311
cape gooseberry 128
capers 143
capital 315
capoeira 237
capsize v 241
capsule 109
captain 214
capuccino 148
car 198, 200
car accident 203
car hire 213
car park 298
car stereo 201
car wash 198
caramel 113
caravan 266
caraway 131
card 27
card slot 97

cardamom 132
cardboard 275
cardigan 32
cardiology 49
cardiovascular 19
cards 273
cargo 216
Caribbean Sea 312
carnation 110
carnival 27
carousel 212
carpenter 188
carpentry bits 80
carpet 71
carriage 208
carriage race 243
carrier 204
carrot 124
carrycot 75
cartilage 17
carton 311
cartoon 178
carve v 79
carving fork 68
case 51
cash v 97
cash machine 97
cashewnut 129
cashewnuts 151
cashier 96, 106
casino 261
Caspian Sea 313
cassava 124
casserole dish 69
cassette player 269
cassette tape 269
cast 254
cast v 245
castle 300
casual 34
casual wear 33
cat 290
catamaran 215
cataract 51
catch v 220, 227, 229, 245
catcher 229
caterpillar 295
cathedral 300
catheter 53
cauliflower 124
cave 284
CD player 268
cedar 296
ceiling 62
celebration 140
celebration cakes 141
celebrations 27
celeriac 124
celery 122
cell 181
cello 256
cement 186
cement mixer 186
centimetre 310

centipede 295
Central African Republic 317
central reservation 194
centre 164
centre circle 222, 224, 226
centre field 228
centre line 226
centreboard 241
century 307
ceramic hob 66
cereal 130, 156
cervical vertebrae 17
cervix 20, 52
Chad 317
chain 36, 206
chair 64
chair v 174
chairlift 246
chalk 85, 162, 288
chamber 283
champagne 145
championship 230
change v 209
change a wheel v 203
change channel v 269
change gear v 207
changing bag 75
changing mat 74
changing room 104
channel 178
charcoal 266, 275
charge 94, 180
chart 48
chassis 203
check-in v 212
check-in desk 213
checkout 106
check-up 50
cheddar 142
cheek 14
cheerleader 220
cheese 136, 156
chef 152, 190
chef's hat 190
chemist 108
chemistry 162
cheque 96
chequebook 96
cherry 126
cherry tomato 124
chess 272
chessboard 272
chest 12
chest of drawers 70
chest press 251
chestnut 129
chewing gum 113
chick 185
chick peas 131
chicken 119, 185
chicken burger 155
chicken coop 185

chicken nuggets 155
chicken pox 44
chicory 122
child 23, 31
child lock 75
child seat 198, 207
childbirth 53
children 23
children's clothing 30
children's department 104
children's ward 48
child's meal 153
Chile 315
chili 143
chilli 44
chilli 124, 132
chimney 58
chin 14
China 318
china 105
chip v 233
chipboard 79
chiropractic 54
chisel 81, 275
chives 133
chocolate 113
chocolate bar 113
chocolate cake 140
chocolate chip 141
chocolate coated 140
chocolate milkshake 149
chocolate spread 135
choir 301
choke v 47
chop 119, 237
chopping board 68
chorizo 143
choux pastry 140
christening 26
Christmas 27
chrysanthemum 110
chuck 78
church 298, 300
chutney 134
cider 145
cider vinegar 135
cigar 112
cigarettes 112
cinema 255, 299
cinema hall 255
cinnamon 133
circle 165, 254
circular saw 78
circuit training 251
circumference 164
cistern 61
citrus fruit 126
city 299
clam 121
clamp 78, 166
clamp stand 166
clapper board 179

clarinet 257
clasp 36
classical music 255, 259
classroom 162
claw 291
clay 85, 275
clean v 77
clean clothes 76
cleaned 121
cleaner 188
cleaning equipment 77
cleaning fluid 51
cleanser 41
clear honey 134
cleat 240
cleaver 68
clementine 126
client 38, 175, 180
cliff 285
climber 87
climbing frame 263
clinic 48
clipboard 173
clitoris 20
clock radio 70
closed 260, 321
clothes line 76
clothes peg 76
clothing 205
cloud 287
cloudy 286
clove 125
clover 297
cloves 133
club 273
club sandwich 155
clubhouse 232
clutch 200, 204
coach 196
coal 288
coast 285
coaster 150
coastguard 217
coat 32
coat hanger 70
cockatoo 293
cockerel 185
cockle 121
cockpit 210
cockroach 295
cocktail 151
cocktail shaker 150
cocoa powder 148
coconut 129
cocoon 295
cod 120
coffee 144, 148, 153, 156, 184
coffee cup 65
coffee machine 148, 150
coffee milkshake 149
coffee table 62

cog 206
coin 97
coin return 99
cola 144
colander 68
cold 44, 286, 321
cold tap 72
cold-pressed oil 135
collage 275
collar 32
collar bone 17
colleague 24
collection 98
college 168
Colombia 315
colony 315
colouring pencil 163
colours 39, 274
comb 38
comb v 38
combat sports 236
combine harvester 182
comedy 255
comet 280
comic 112
commis chef 152
commission 97
communications 98
commuter 208
Comoros 317
compact 40
compact disc 269
company 175
compartment 209
compass 165, 312, 240
complaint 94
complexion 41
compliments slip 173
compost 88
compost heap 85
computer 176
concealer 40
conceive v 20
conception 52
concert 255, 258
concertina file 173
concourse 209
concrete block 187
concussion 46
condensed milk 136
conditioner 38
condom 21
conductor 256
cone 164, 187
confectioner 113
confectionery 107, 113
confident 25
confused 25
conglomerate 288
Congo 317
conifer 86
connect v 177
connection 212

conning tower 215
console 269
constellation 281
construction 186
consultant 49
consultation 45
contact lenses 51
container 216, 311
container port 216
container ship 215
continent 282, 315
contraception 21, 52
contraction 52
control tower 212
controller 269
controls 201, 204
convector heater 60
convenience food 107
convertible 199
conveyer belt 106
cooked meat 118, 143
cooking 67
coolant reservoir 202
cooling rack 69
co-pilot 211
copper 289
copy v 172
cor anglais 257
coral reef 285
cordless phone 99
core 127
coriander 133
cork 134
corkscrew 150
corn 130, 184
corn bread 139
corn oil 135
cornea 51
corner 223
corner flag 223
cornice 300
corset 35
Corsica 316
Costa Rica 314
costume 255
cot 74
cottage cheese 136
cottage garden 84
cotton 184, 277
cotton balls 41
cough 44
cough medicine 108
counsellor 55
count v 165
counter 96, 98, 100, 142, 272
country 259, 315
couple 24
courgette 125
courier 99
courses 153
court 226
court case 180
court date 180

court officer 180
court official 180
courtroom 180
courtyard 58, 84
couscous 130
cousin 22
cow 185
cow's milk 136
crab 121, 295
cracked wheat 130
cradle 95
crafts 275
cramp 239
cramps 44
cranberry 127
crane 187, 216, 292
crash barrier 195
crater 283
crayfish 121
cream 109, 137, 140, 157
cream cheese 136
cream pie 141
crease 225
credit card 96
creel 245
creeper 87
crème caramel 141
crème patisserie 140
crêpe 155
crescent moon 280
crew 241
crew hatch 281
cricket 225, 295
cricket ball 225
cricketer 225
crime 94
criminal 181
criminal record 181
crisp 127
crispbread 139, 156
crisper 67
crisps 113, 151
Croatia 316
crochet 277
crochet hook 277
crockery 64
crockery and cutlery 65
crocodile 293
crocodile clip 167
croissant 156
crop 39, 183
crops 184
cross trainer 250
crossbar 207, 222, 235
cross-country skiing 247
crow 292
crown 50
crucible 166
crushed 132
crust 139, 282
cry v 25
crystal healing 55
Cuba 314

cube 164
cucumber 125
cuff 32, 45
cufflink 36
cultivate v 91
cultivator 182
cumin 132
curb 298
cured 118, 159, 143
curling 247
curling tongs 38
curly 39
currant 129
current account 96
curry 158
curry powder 132
curtain 63, 254
curved 165
cushion 62
custard 140
customer 96, 104, 106, 152
customer service department 175
customer services 104
customs 212
customs house 216
cut 46
cut v 38, 79, 277
cuticle 50
cutlery 64
cuts 119
cutting 91
cuttlefish 121
cycle v 207
cycle lane 206
cycling 263
cylinder 164
cylinder head 202
cymbals 257
Cyprus 318
Czech Republic 316

D
daffodil 111
dairy 107
dairy farm 183
dairy produce 136
daisy 110, 297
dam 300
dance 259
dance academy 169
dancer 191
dandelion 123, 297
dandruff 39
dark 41, 321
darkroom 271
darn v 277
dartboard 273
darts 273
dashboard 201
date 129, 306
daughter 22

english

daughter-in-law 22
dawn 305
day 305, 306
dead ball line 221
deadhead v 91
deal v 273
debit card 96
decade 307
December 306
deciduous 86
decimal 165
deck 214
deck chair 265
decking 85
decorating 82
decoration 141
decorator 82
deep end 239
deep fried 159
deep sea fishing 245
deer 291
defence 181, 220
defendant 181
defender 223
defending zone 224
defrost v 67
degree 169
delay 209
deli 107
delicatessen 142
delivery 52, 98
deltoid 16
Democratic Republic of
   the Congo 317
Denmark 316
denomination 97
denominator 165
dental care 108
dental floss 50, 72
dental hygiene 72
dental x-ray 50
dentist 50, 189
dentist's chair 50
dentures 50
deodorant 73
deodorants 108
department 169
department store 105
departments 49
departure lounge 213
departures 213
depth 165
dermatology 49
descaled 121
desert 285
desiccated 129
designer 191, 277
desk 162, 172
desktop 177
dessert 153
desserts 140
destination 213
detached 58

detective 94
detergent 77
deuce 230
develop v 271
diabetes 44
diagonal 164
dial v 99
diameter 164
diamond 273, 288
diaphragm 19, 21
diarrhoea 44, 109
diary 175
dice 272
dictionary 163
die v 26
diesel 199
diesel train 208
difficult 321
dig v 90, 227
digestive 19
digital 179, 269
digital box 269
digital camera 270
digital projector 163
digital radio 268
dilation 52
dill 133
dimensions 165
dimple 15
dining car 209
dining room 64
dinner 64, 158
dinner plate 65
diopter 51
diploma 169
dipstick 202
direct current 60
direct debit 96
directions 260
director 254
directory enquiries 99
dirt bike 205
dirty washing 76
disabled parking 195
discharged 48
disconnected 99
discus 234
discuss v 163
disembark v 217
dishwasher 66
disinfectant solution 51
dispensary 108
disposable 109
disposable camera 270
disposable nappy 30
disposable razor 73
dissertation 169
distance 310
distributor 203
district 315
dive 239
dive v 238
diver 238
diversion 195

divide v 165
divided by 165
dividends 97
divider 173, 194
divorce 26
Diwali 27
DJ 179
do not bend v 98
dock 214, 216
dock v 217
doctor 45, 189
doctorate 169
documentary 178
dog 290
dog sledding 247
doll 75
doll's house 75
dolphin 290
dome 300
domestic flight 212
Dominica 314
Dominican Republic
   314
dominoes 273
donkey 185
door 196, 198, 209
door chain 59
door knob 59
door knocker 59
door lock 200
doorbell 59
doormat 59
dormer 58
dorsal fin 294
dosage 109
double 151
double bass 256
double bassoon 257
double bed 71
double cream 137
double room 100
double-decker bus
   196
doubles 230
dough 138
Dover sole 120
down 320
downhill skiing 247
download v 177
dragonfly 295
drain 61, 72, 299
drain cock 61
drainage 91
draining board 67
draughts 272
draw 223
draw v 162
drawer 66, 70, 172
drawing 275
drawing pin 173
dress 31, 34
dressage 243
dressed 159

dressed chicken 119
dressing 47, 158
dressing gown 31, 32,
   35
dressing table 71
dribble v 223
dried flowers 111
dried fruit 156
drill 50
drill v 79
drill bit 78
drill bits 80
drinking cup 75
drinking fountain 262
drinks 107, 144, 156
drip 53
drive v 195, 233
driver 196
driver's cab 208
driver's seat 196
driveshaft 202
drop anchor v 217
dropper 109, 167
drops 109
dropshot 230
drown v 239
drum 258
drum kit 258
drummer 258
dry 39, 41, 130, 145,
   286, 321
dry v 76
dry cleaners 115
dry dock 217
dual carriageway 195
duck 119, 185
duck egg 137
duckling 185
duffel coat 31
dugout 229
dumb bell 251
dumper truck 187
dungarees 30
dunk v 227
duodenum 18
dusk 305
dust v 77
dust pan 77
duster 77
dustsheet 83
duty-free shop 213
duvet 71
DVD disk 269
DVD player 268
dyed 39
dynamo 207

E
eagle 292
ear 14
early
earring 36
Earth 280, 282
earthenware dish 69

earthing 60
earthquake 283
easel 174, 274
east 312
East Timor 319
Easter 27
easy 321
easy cook 130
eat v 64
eat-in 154
eating 75
eau de toilette 41
eaves 58
éclair 140
eclipse 280
economics 169
economy class 211
Ecuador 315
eczema 44
Edam 142
edge 246
editor 191
eel 294
egg 20
egg cup 65, 137
egg white 137
eggs 137
Egypt 317
eight 308
eight hundred 308
eighteen 308
eighteenth 309
eighth 309
eightieth 309
eighty 308
ejaculatory duct 21
El Salvador 314
elbow 13
electric blanket 71
electric blood pressure
   monitor 45
electric car 199
electric drill 78
electric guitar 258
electric razor 73
electric shock 46
electric train 208
electrical goods 105,
   107
electrician 188
electricity 60
electricity meter 60
elephant 291
eleven 308
eleventh 309
elm 296
email 98, 177
email account 177
email address 177
embarrassed 25
embossed paper 83
embroidery 277
embryo 52
emerald 288

emergency 46
emergency exit 210
emergency lever 209
emergency phone 195
emergency room 48
emergency services 94
emigrate v 26
emotions 25
employee 24
employer 24
empty 321
emulsion 83
enamel 50
encore 255
encyclopedia 163
end 321
end zone 220
endive 123
endline 226
endocrine 19
endocrinology 49
energy-saving bulb 60
engaged/busy 99
engaged couple 24
engine 202, 204, 208, 210
engine room 214
engineering 169
English breakfast 157
english mustard 135
engraving 275
enlarge v 172
enlargement 271
enquiries 168
ENT 49
entrance 59
entrance fee 260
envelope 98, 173
environment 280
epidural 52
epiglottis 19
epilepsy 44
episiotomy 52
equals 165
equation 165
equator 283
equipment 233, 238
equipment 165
Equitorial Guinea 317
equity 97
Eritrea 317
erupt v 283
escalator 104
espresso 148
essay 163
essential oils 55
estate 199
estate agent 189
estate agent's 115
Estonia 316
estuary 285
Ethiopia 317
eucalyptus 296
Europe 316

evening 305
evening dress 34
evening menu 152
events 243, 247
evergreen 86
evidence 181
examination 163
excess baggage 212
exchange rate 97
excited 25
excuse me 322
executive 174
exercise bike 250
exercises 251
exfoliate v 41
exhaust pipe 203, 204
exhibit v 261
exhibition 261
exit 210
exit ramp 194
exosphere 286
expectant 52
experiment 166
expiry date 109
exposure 271
extend v 251
extension 58
extension lead 78
exterior 198
external hard drive 176
extra time 223
extraction 50
extractor 66
eye 14, 51, 244, 276
eye shadow 40
eye test 51
eyebrow 14, 51
eyebrow brush 40
eyebrow pencil 40
eyecup 269
eyelash 14, 51
eyelet 37
eyelid 51
eyeliner 40
eyepiece 167

F

fabric 277
fabric conditioner 76
face 14
face cream 73
face mask 225
face pack 41
face powder 40
face-off circle 224
facial 41
factory 299
faint v 25, 44
fair 41
fairground 262
fairway 232
falcon 292
Falkland Islands 315
fall 237

fall in love v 26
Fallopian tube 20
family 22
famous ruin 261
fan 60, 202
fan belt 203
fans 258
far 320
fare 197, 209
farm 182, 183, 184
farmer 182, 189
farmhouse 182
farmland 182
farmyard 182
fashion 277
fast 321
fast food 154
fast forward 269
fastening 37
fat 119, 321
fat free 137
father 22
father-in-law 23
fault 230
fax 98, 172
fax machine 172
feather 293
feature film 269
February 306
feed v 183
feijoa 128
female 12, 20
feminine hygiene 108
femur 17
fence 85, 182, 243
fencing 249
feng shui 55
fennel 122, 133
fennel seeds 133
fenugreek 132
fern 86
ferry 215, 216
ferry terminal 216
fertilization 20
fertilize v 91
fertilizer 91
festivals 27
fever 44
fiancé 24
fiancée 24
fibre 127
fibula 17
field 182, 222, 228, 234
field v 225, 229
field hockey 224
fifteen 308
fifteenth 309
fifth 309
fiftieth 309
fifty 308
fifty five thousand, five
  hundred 309
fifty thousand 309
fig 129

fighter plane 211
figure skating 247
Fiji 319
filament 60
file 81, 177
filing cabinet 172
fill v 82
filler 83
fillet 119, 121
filleted 121
filling 50, 140, 155
film 260, 271
film chamber 270
film set 179
film spool 271
filo pastry 140
filter 270
filter coffee 148
filter paper 167
fin 210
finance 97
financial advisor 97
fingerprint 94
finial 300
finishing line 234
Finland 316
fire 95
fire alarm 95
fire brigade 95
fire engine 95
fire escape 95
fire extinguisher 95
fire fighters 95
fire station 95
firelighter 266
fireman 189
fireplace 63
firm 124
first 309
first aid 47
first aid box 47
first floor 104
first night 254
fish 107, 120, 294
fish and chips 155
fish farm 183
fish slice 68
fisherman 189
fishhook 244
fishing 244, 245
fishing boat 217
fishing permit 245
fishing port 217
fishing rod 244
fishmonger 188
fishmonger's 114, 120
fist 15, 237
fitness 250
five 308
five hundred 308
flag 221, 232
flageolet beans 131
flakes 132
flamingo 292

flan 142
flan dish 69
flare 240
flash 270
flash gun 270
flask 166
flat 59, 256
flatbread 139
flat race 243
flatscreen TV 269
flat wood bit 80
flavoured oil 134
flax 184
fleece 74
flesh 124, 127, 129
flex v 251
flight attendant 210
flight number 213
flint 288
flipchart 174
flip-flop 37
flipper 239, 290
float 238, 244
float ball 61
flock 183
flood 287
floor 58, 62, 71
floor exercises 235
floor plan 261
florentine 141
floret 122
florist 110, 188
floss v 50
flours 138
flower 297
flowerbed 85, 90
flowering plant 297
flowering shrub 87
flowers 110
flu 44
flute 139, 257
fly 244, 295
fly v 211
fly fishing 245
flyover 194
flysheet 266
foal 185
focus v 271
focusing knob 167
foetus 52
fog 287
foil 249
folder 177
foliage 110
folk music 259
follicle 20
font 177
food 118, 130, 149
food hall 105
food processor 66
foot 12, 15, 310
football 220, 222
football field 220
football player 220

english

football strip 31, 222
footballer 222
footboard 71
footpath 262
foot pedals 257
footstrap 241
for 320
forceps 53, 167
forearm 12
forecourt 199
forehand 231
forehead 14
foreign currency 97
foreskin 21
forest 285
fork 65, 88, 207
fork-lift truck 186, 216
formal 34
formal garden 84
formal gardens 262
fortieth 309
fortnight 307
forty 308
forty minutes 304
forward 222
foul 222, 226
foul ball 228
foul line 229
foundation 40
fountain 85
four 308
four hundred 308
four-door 200
fourteen 308
fourteenth 309
fourth 309
four-wheel drive 199
fox 290
foxglove 297
fraction 165
fracture 46
fragile 98
fragranced 130
frame 51, 62, 206, 230, 269
France 316
freckle 15
free 321
free kick 222
free range 118
free weights 250
freesia 110
free-throw line 226
freeze 287
freeze v 67
freezer 67
freight train 208
freighter 215
French bean 122
french fries 154
French Guiana 315
French horn 257
french mustard 135
french pleat 39

French toast 157
frequency 179
fresh 121, 127, 130
fresh cheese 136
fresh fruit 157
freshwater fishing 245
fret 258
fretsaw 81
Friday 306
fridge-freezer 67
fried 159
fried chicken 155
fried egg 157
friend 24
frieze 301
frog 294
from 320
front crawl 239
front door 58
front wheel 196
frontal 16
frost 287
froth 148
frown 25
frozen 121, 124
frozen food 107
frozen yoghurt 137
fruit 107, 126, 128
fruit bread 139
fruit cake 140
fruit farm 183
fruit gum 113
fruit juice 127, 156
fruit tart 140
fruit yoghurt 157
fry v 67
frying pan 69
fuel gauge 201
fuel tank 204
full 64, 266, 321
full board 101
full moon 280
fumble 220
funeral 26
funnel 166, 214
furniture shop 115
furrow 183
fuse 60
fuse box 60, 203
fuselage 210

G

gable 300
Gabon 317
Galapagos Islands 315
galaxy 280
gale 286
galley 214
gallon 311
gallop 243
galvanised 79
Gambia 317
game 119, 230, 273
game show 178

games 272
gangway 214
garage 58, 199, 203
garden 84
garden centre 115
garden features 84
garden pea 122
garden plants 86
garden styles 84
garden tools 88
gardener 188
gardening 90
gardening gloves 89
gardens 261
garland 111
garlic 125, 132
garlic press 68
garnet 288
garter 35
gas burner 61
gasket 61
gate 85, 182, 247
gate number 213
gauze 47, 167
gear lever 207
gearbox 202, 204
gears 206
gearstick 201
gel 38, 109
gems 288
generation 23
generator 60
genitals 12
geography 162
geometry 165
Georgia 318
gerbera 110
Germany 316
get a job v 26
get married v 26
get up v 71
geyser 285
Ghana 317
giant slalom 247
gifts shop 114
gill 294
gin 145
gin and tonic 151
ginger 39, 125, 133
giraffe 291
girder 186
girl 23
girlfriend 24
girth 242
glacier 284
gladiolus 110
gland 19
glass 69, 152
glass bottle 166
glass rod 167
glasses 51, 150
glassware 64
glaze v 139
glider 211, 248

gliding 248
gloss 83, 271
glove 224, 233, 236, 246
gloves 36
glue 275
glue gun 78
gneiss 288
go to bed v 71
go to sleep v 71
goal 221, 223, 224
goal area 223
goal line 220, 223, 224
goalkeeper 222, 224
goalpost 220, 222
goat 185
goat's cheese 142
goat's milk 136
goggles 238, 247
going out 75
gold 235, 289
goldfish 294
golf 232
golf bag 233
golf ball 233
golf clubs 233
golf course 232
golf shoe 233
golf trolley 233
golfer 232
gong 257
good 321
good afternoon 322
good evening 322
good morning 322
good night 322
goodbye 322
goose 119, 293
goose egg 137
gooseberry 127
gorge 284
gorilla 291
gothic 301
grade 163
graduate 169
graduate v 26
graduation ceremony 169
graft v 91
grains 130
gram 310
granary bread 139
grandchildren 23
granddaughter 22
grandfather 22
grandmother 22
grandparents 23
grandson 22
granite 288
grape juice 144
grapefruit 126
grapeseed oil 134
graphite 289

grass 86, 262
grass bag 88
grasshopper 295
grassland 285
grate v 67
grated cheese 136
grater 68
gratin dish 69
gravel 88
gravity 280
graze 46
greasy 39
Greece 316
green 129, 232, 274
green olive 143
green peas 131
green salad 158
green tea 149
greengrocer 188
greengrocer's 114
greenhouse 85
Greenland 314
Grenada 314
grey 39, 274
grill v 67
grill pan 69
grilled 159
grip 78
groceries 106
grocer's 114
groin 12
groom 243
ground 132
ground coffee 144
ground cover 87
ground floor 104
ground sheet 267
groundnut oil 135
group therapy 55
grout 83
guard 236
Guatemala 314
guava 128
guest 64, 100
guidebook 260
guided tour 260
guilty 181
Guinea 317
Guinea-Bissau 317
guitarist 258
gull 292
gum 50
gun 94
gutter 58, 299
guy rope 266
Guyana 315
gym 101, 250
gym machine 250
gymnast 235
gymnastics 235
gynaecologist 52
gynaecology 49
gypsophila 110

H

haberdashery 105
hacksaw 81
haddock 120
haemorrhage 46
hail 286
hair 14, 38
hair dye 40
hairband 38
hairdresser 38, 188
hairdresser's 115
hairdryer 38
hairpin 38
hairspray 38
hair straightener 38
hairtie 39
Haiti 314
half an hour 304
half board 101
half litre 223
half-litre 311
hall of residence 168
hallibut fillets 120
Halloween 27
hallway 59
halter 243
halter neck 35
ham 119, 143, 156
hammer 80
hammer v 79
hammock 266
hamper 263
hamster 290
hamstring 16
hand 13, 15
hand drill 81
hand fork 89
hand luggage 211, 213
hand towel 73
handbag 37
handbrake 203
handcuffs 94
handicap 233
handkerchief 36
handle 36, 88, 106, 187, 200, 230
handlebar 207
handles 37
handrail 59, 196
handsaw 80, 89
handset 99
hang v 82
hang-glider 248
hang-gliding 248
hanging basket 84
hanging file 173
happy 25
harbour 217
harbour master 217 ·
hard 129, 321
hard cheese 136
hard hat 186
hard shoulder 194
hardboard 79

hardware 176
hardware shop 114
hardwood 79
haricot beans 131
harness race 243
harp 256
harvest v 91, 183
hat 36
hatchback 199
have a baby v 26
Hawaii 314
hay 184
hayfever 44
hazard 195
hazard lights 201
hazelnut 129
hazelnut oil 134
head 12, 19, 81, 230
head v 222
head injury 46
head office 175
head teacher 163
headache 44
headboard 70
headlight 198, 205
headphones 268
headrest 200
headsail 240
health 44
health centre 168
health food shop 115
heart 18, 119, 122, 273
heart attack 44
heater 60
heater controls 201
heather 297
heating element 61
heavy 321
heavy metal 259
hedge 85, 90, 182
hedgehog 290
heel 13, 15, 37
height 165
helicopter 211
hello 322
helmet 95, 204, 206, 220, 224, 228
hem 34
hematite 289
hen's egg 137
herb 55, 86
herb garden 84
herbaceous border 85
herbal remedies 108
herbal tea 149
herbalism 55
herbicide 183
herbs 133, 134
herbs and spices 132
herd 183
hexagon 164
hi-fi system 268
high 321
high chair 75

high-definition 269
high dive 239
high heel shoe 37
high jump 235
high speed train 208
highlights 39
hiking 263
hill 284
Himalayas 313
hip 12
hippopotamus 291
historic building 261
history 162
history of art 169
hit v 224
hob 67
hockey 224
hockey stick 224
hoe 88
hold 215, 237
holdall 37
hole 232
hole in one 233
hole punch 173
holiday 212
holiday brochure 212
holly 296
home 58
home delivery 154
home entertainment 268
home furnishings 105
home plate 228
homeopathy 55
homework 163
homogenised 137
Honduras 314
honeycomb 135
honeymoon 26
honeysuckle 297
hood 31, 75
hoof 242, 291
hook 187, 276
hoop 226, 277
horizontal bar 235
hormone 20
horn 201, 204, 291
horror film 255
horse 185, 235, 242
horse race 243
horse riding 242, 263
horseradish 125
horseshoe 242
hose 95
hose reel 89
hosepipe 89
hospital 48
host 64
hostess 64
hot 124, 286, 321
hot chocolate 144, 156
hot dog 155
hot drinks 144
hot tap 72
hot-air balloon 211

hotel 100, 264
hot-water bottle 70
hour 304
hour hand 304
house 58
household products 107
hovercraft 215
hub 206
hubcap 202
hull 214, 240
human resources 175
humerus 17
humid 286
hummingbird 292
hump 291
hundred 308
hundred and ten 308
hundred thousand 308
hundredth 309
Hungary 316
hungry 64
hurdles 235
hurricane 287
husband 22
husk 130
hydrant 95
hydrofoil 215
hydrotherapy 55
hypnotherapy 55
hypoallergenic 41
hypotenuse 164

I

ice 120, 287
ice and lemon 151
ice bucket 150
ice climbing 247
ice cream 149
ice cube 151
ice hockey 224
ice hockey player 224
ice hockey rink 224
Iceland 316
ice maker 67
ice-cream 137
iced coffee 148
iced tea 149
ice-skate 224
ice-skating 247
icicle 287
icing 141
icon 177
identity badge 189
identity tag 53
igneous 288
ignition 200
iguana 293
illness 44
immigration 212
impotent 20
in 320
in brine 143
in front of 320
in oil 143

in sauce 159
in syrup 159
inbox 177
inch 310
incisor 50
incubator 53
index finger 15
India 318
Indian Ocean 312
indicator 198, 204
indigo 274
Indonesia 319
induce labour v 53
industrial estate 299
infection 44
infertile 20
infield 228
inflatable dinghy 215
information 261
information screen 213
in-goal area 221
inhaler 44, 109
injection 48
injury 46
ink 275
ink pad 173
inlet 61
inline skating 249
inner core 282
inner tube 207
inning 228
innocent 181
inoculation 45
insect repellent 108, 267
inside 320
inside lane 194
insomnia 71
inspector 94
install v 177
instep 15
instructions 109
instruments 256, 258
insulating tape 81
insulation 61
insulin 109
insurance 203
intensive care unit 48
inter-city train 209
intercom 59
intercostal 16
intercourse 20
interest rate 96
interior 200
internal systems 60
international flight 212
internet 177
intersection 298
interval 254
interviewer 179
into 320
in-tray 172

english

invertebrates 295
investigation 94
investment 97
ionosphere 286
iPad 176
iPod 268
Iran 318
Iraq 318
Ireland 316
iris 51, 110
iron 76, 109, 233, 289
iron v 76
ironing board 76
island 282
Israel 318
Italy 316
itinerary 260
IUD 21
Ivory Coast 317

J

jack 203, 273
jacket 32, 34
jade 288
jam 134, 156
Jamaica 314
January 306
Japan 318
jar 134, 311
javelin 234
jaw 14, 17
jazz 259
jeans 31, 33
jelly bean 113
jellyfish 295
Jerusalem artichoke
125
jet 288
jet skiing 241
jetty 217
jeweller 114, 188
jewellery 36
jewellery box 36
jewellery making 275
jigsaw 78
jigsaw puzzle 273
jodhpurs 242
jogging 251, 263
joint 17, 119
joker 273
Jordan 318
journal 168
journalist 190
judge 180
judo 236
jug 65
juices and milkshakes
149
juicy 127
July 306
jump 227, 237, 243
jump ball 226
junction 194
June 306

Jupiter 280
jury 180
jury box 180

K

kale 123
kangaroo 291
karate 236
Karliningrad 316
kayak 241
Kazakhstan 318
kebab 155, 158
keel 214
keep net 244
kendo 236
Kenya 317
kernel 122, 129, 130
ketchup 135
kettle 66
kettledrum 257
key 59, 80, 176, 207
keyboard 176, 258
keypad 97, 99
kick 237, 239
kick v 221, 223
kickboxing 236
kickstand 207
kid 185
kidney 18, 119
kilogram 310
kilometre 310
king 272, 273
king prawn 121
kippers 157
kitchen 66, 152
kitchen knife 68
kitchenware 68, 105
kitten 290
kiwifruit 128
knead v 138
knee 12
knee pad 205
knee support 227
kneecap 17
knee-length 34
knickers 35
knife 65, 80
knife sharpener 68, 118
knight 272
knitting 277
knitting needle 277
knock out 237
knuckle 15
koala 291
kohlrabi 123
koi carp 294
Kosovo 316
kumquat 126
kung fu 236
Kuwait 318
Kyrgyzstan 318

L

labels 89

labia 20
laboratory 166
lace 35, 37
lace bobbin 277
lace making 277
lace-up 37
lacrosse 249
lactose 137
ladder 95, 186
ladle 68
ladybird 295
lake 285
lamb 118, 185
lamp 62, 207, 217
land 282
land v 211
landing 59
landing gear 210
landing net 244
landlord 58
landscape 271, 284
landscape v 91
lane 234, 238
languages 162
Laos 318
lapel 32
laptop 172, 176
larch 296
large 321
large intestine 18
larynx 19
last week 307
lat 16
late 305
later 304
latitude 283
Latvia 316
laugh v 25
launch 281
launch pad 281
launderette 115
laundry 76
laundry basket 76
laundry service 101
lava 283
law 169, 180
lawn 85, 90
lawn rake 88
lawnmower 88, 90
lawyer 180, 190
lawyer's office 180
laxative 109
lay the table v 64
lead singer 258
leaded 199
leaf 122, 296
leaflets 96
league 223
lean meat 118
learn v 163
leather shoe 37
leather shoes 32
leathers 205
Lebanon 318

lecture theatre 169
lecturer 169
leek 125
left 260
left field 228
left-hand drive 201
leg 12, 119
leg pad 225
leg press 251
legal advice 180
legal department 175
leggings 31
leisure 258, 254, 264
lemon 126
lemon curd 134
lemon grass 133
lemon sole 120
lemonade 144
length 165, 310
lens 270
lens (eye) 51
lens (glasses) 51
lens cap 270
lens case 51
Lesotho 317
lesson 163
let! 231
letter 98
letterbox 58, 99
letterhead 173
lettuce 123
lever 61, 150
lever arch file 173
Liberia 317
librarian 168, 190
library 168, 299
library card 168
Libya 317
licence plate 198
liquorice 113
lid 61, 66
Liechtenstein 316
life events 26
life jacket 240
life raft 240
lifeboat 214
lifebuoy 240
lifeguard 239, 265
lifeguard tower 265
lift 59, 100, 104
ligament 17
light 178, 321
light a fire v 266
light aircraft 211
lighter 112
lighthouse 217
lighting 105
lightmeter 270
lightning 287
lights 94
lights switch 201
lily 110
lime 126, 296
limestone 288

limousine 199
line 244
line judge 220
line of play 233
linen 105, 277
linen basket 76
lines 165
linesman 223, 230
lingerie 35, 105
lining 32
lining paper 83
link 36
lintel 186
lion 291
lip 14
lip brush 40
lip gloss 40
lip liner 40
lipstick 40
liqueur 145
liquid 77
liquid dispenser 311
liquid measure 311
literature 162, 169
Lithuania 316
litre 311
little finger 15
little toe 15
live 60, 178
live rail 209
liver 18, 118
livestock 183, 185
living room 62
lizard 293
load v 76
loaf 139
loan 96, 168
loans desk 168
lob 230
lobby 100, 255
lobster 121, 295
lock 59, 207
lockers 239
log on v 177
loganberry 127
logo 31
loin 121
lollipop 113
long 32
long jump 235
long sight 51
long wave 179
long-grain 130
long-handled shears 88
longitude 283
loom 277
loose leaf tea 144
lorry 194
lorry driver 190
lose v 273
loser 273
lotion 109
love 230
low 321

english

luge 247
luggage 100, 198, 213
luggage department 104
luggage hold 196
luggage rack 209
lumbar vertebrae 17
lunar module 281
lunch 64
lunch menu 152
lung 18
lunge 251
lupins 297
lure 244
Luxembourg 316
lychee 128
lymphatic 19
lyrics 259

M

macadamia 129
mace 132
Macedonia 316
machine gun 189
machinery 187
mackerel 120
macramé 277
Madagascar 317
magazine 112
magazines 107
magma 283
magnesium 109
magnet 167
maid service 101
mailbag 98, 190
main course 153
mains supply 60
mainsail 240
make a will v 26
make friends v 26
make the bed v 71
make-up 40
making bread 138
malachite 288
Malawi 317
Malaysia 318
Maldives 318
male 12, 21
Mali 317
mallet 78, 275
malt vinegar 135
Malta 316
malted drink 144
mammals 290
man 23
manager 24, 174
managing director 175
manchego 142
mane 242, 291
mango 128
manhole 299
manicure 41
mantle 282
manual 200
map 261

maple 296
maple syrup 134
maracas 257
marathon 234
marble 288
March 306
margarine 137
marina 217
marinated 143, 159
marine fishing 245
marjoram 133
mark v 227
market 115
marketing department 175
marmalade 134, 156
marrow 124
Mars 280
marshmallow 113
martial arts 237
martini 151
marzipan 141
mascara 40
mashed 159
masher 68
mask 189, 228, 236,
    239, 249
masking tape 83
masonry bit 80
massage 54
mast 240
masters 169
mat 54, 83, 235, 271
match 230
material 276
materials 79, 187
maternity 49
maternity ward 48
maths 162, 164
matt 271
mattress 70, 74
Mauritania 317
Mauritius 317
May 306
maybe 322
mayonnaise 135
MDF 79
meadow 285
meal 64
measles 44
measure 150, 151
measure v 310
measurements 165
measuring jug 69, 311
measuring spoon 109
meat 119
meat and poultry 106
meat tenderizer 68
meatballs 158
meathook 118
mechanic 188, 203
mechanical digger 187
mechanics 202
medals 235
media 178

medical examination 45
medication 109
medicine 109, 169
medicine cabinet 72
meditation 54
Mediterranean Sea 313
medium wave 179
meeting 174
meeting room 174
melody 259
melon 127
memory 176
memory stick 176
men's clothing 32
men's wear 105
menstruation 20
menu 148, 153, 154
menubar 177
mercury 289
Mercury 280
meringue 140
mesophere 286
messages 100
metacarpal 17
metal 79
metal bit 80
metals 289
metamorphic 288
metatarsal 17
meteor 280
metre 310
Mexico 314
mica 289
microlight 211
microphone 179, 258
microscope 167
microwave oven 66
midday 305
middle finger 15
middle lane 194
midnight 305
midwife 53
migraine 44
mile 310
milk 136, 156
milk v 183
milk carton 136
milk chocolate 113
milkshake 137
millennium 307
millet 130
milligram 310
millilitre 311
millimetre 310
mince 119
mineral 144
minerals 289
mini bar 101
mini-dress 34
minibus 197
mint 113, 133
mint tea 149
minus 165
minute 304

minute hand 304
minutes 174
mirror 40, 71, 167
miscarriage 52
Miss 23
missile 211
mist 287
mitre block 81
mitt 228
mittens 30
mix v 67, 138
mixed salad 158
mixing bowl 66, 69
mixing desk 179
moat 300
mobile 74
mobile phone 99
model 169, 190
model making 275
modelling tool 275
moisturizer 41
molar 50
Moldova 316
mole 14
Monaco 316
Monday 306
money 97
Mongolia 318
monitor 53, 172
monkey 291
monkfish 120
monopoly 272
monorail 208
monsoon 287
Montenegro 316
month 306
monthly 307
monument 261
Moon 280
moonstone 288
moor v 217
mooring 217
mop 77
morning 305
Morocco 317
mortar 68, 167, 187
mortgage 96
moses basket 74
mosque 300
mosquito 295
mosquito net 267
moth 295
mother 22
mother-in-law 23
motor 88
motor racing 249
motorbike 204
motorbike racing 249
motorcross 249
motorway 194
moulding 63
mountain 284
mountain bike 206
mountain range 282

mouse 176, 290
mousse 141
mouth 14
mouth guard 237
mouthwash 72
move 273
mow v 90
Mozambique 317
mozzarella 142
Mr 23
Mrs 23
mudguard 205
muffin 140
muffin tray 69
mug 65
mulch v 91
multiply v 165
multivitamin tablets 109
mumps 44
mung beans 131
muscles 16
museum 261
mushroom 125
music 162
music school 169
musical 255
musical score 255
musical styles 259
musician 191
mussel 121, 295
mustard 155
mustard seed 131
Myanmar 318

N

naan bread 139
nail 15, 80
nail clippers 41
nail file 41
nail scissors 41
nail varnish 41
nail varnish remover 41
Namibia 317
nape 13
napkin 65
napkin ring 65
nappy 75
nappy rash cream 74
narrow 321
nation 315
national park 261
natural 256
natural fibre 31
naturopathy 55
nausea 44
navel 12
navigate v 240
near 320
nebula 280
neck 12, 258
neck brace 46
necklace 36
nectarine 126
needle 109, 276

english

needle plate 276
needle-nose pliers 80
needlepoint 277
negative 271
negative electrode 167
neighbour 24
neoclassical 301
Nepal 318
nephew 23
Neptune 280
nerve 19, 50
nervous 19, 25
net 217, 222, 226, 227, 231
net v 245
net curtain 63
Netherlands 316
nettle 297
network 176
neurology 49
neutral 60
neutral zone 224
new 321
new moon 280
new potato 124
New Year 27
New Zealand 319
newborn baby 53
news 178
newsagent 112
newspaper 112
newsreader 179, 191
next week 306
nib 163
Nicaragua 314
nickel 289
niece 23
Niger 317
Nigeria 317
night 305
nightdress 35
nightie 31
nightwear 31
nine 308
nine hundred 308
nineteen 308
nineteen hundred 307
nineteen hundred and one 307
nineteen ten 307
nineteenth 309
ninetieth 309
ninety 308
ninth 309
nipple 12
no 322
no entry 195
no right turn 195
no stopping 195
non-stick 69
noodles 158
normal 39
north 312

North and Central America 314
North Korea 318
North Pole 283
North Sea 312
northern hemisphere 283
Norway 316
nose 14, 210
nose clip 238
noseband 242
nosebleed 44
nosewheel 210
nostril 14
notation 256
note 97, 256
notepad 173
notebook 163, 172
notes 191
notice board 173
nougat 113
November 306
now 304
nozzle 89
number 226
numbers 308
numerator 165
nurse 45, 48, 189
nursery 74
nursing 53
nursing bra 53
nut 80
nutmeg 132
nuts 151
nuts and dried fruit 129
nylon 277

O
oak 296
oar 241
oats 130
objective lens 167
oboe 257
obsidian 288
obstetrician 52
occupations 188, 190
occupied 321
ocean 282
ocean liner 215
octagon 164
October 306
octopus 121, 295
odometer 201
oesophagus 19
off-licence 115
offal 118
offers 106
office 24, 172, 174
office block 298
office equipment 172
office supplies 173
off-piste 247
off-side 223
oil 142, 199

oil paints 274
oil tank 204
oil tanker 215
oils 134
oily 41
ointment 47, 109
okra 122
old 321
olive oil 134
olives 151
Oman 318
omelette 158
on time 305
on top of 320
oncology 49
one 308
one billion 309
one million 309
one thousand 309
one-way 194
one-way system 298
onion 124
on-line 177
onto 320
onyx 289
opal 288
open 260, 321
open sandwich 155
open-top 260
opera 255
operating theatre 48
operation 48
operator 99
ophthalmology 49
opponent 236
opposite 320
optic 150
optic nerve 51
optician 51, 189
orange 126, 274
orange juice 148
orangeade 144
orbit 280
orchestra 254, 256
orchestra pit 254
orchid 111
order v 153
oregano 133
organic 91, 118, 122
organic waste 61
origami 275
ornamental 87
orthopaedy 49
osteopathy 54
ostrich 292
otter 290
ounce 310
out 225, 228, 320
out of bounds 226
out of focus 271
outboard motor 215
outbuilding 182
outdoor activities 262
outer core 282

outfield 229
outlet 61
outpatient 48
outside 320
outside lane 194
out-tray 172
oval 164
ovary 20
oven 66
oven glove 69
ovenproof 69
over 320
over par 233
overalls 82
overdraft 96
overexposed 271
overflow pipe 61
overhead locker 210
overtake v 195
overture 256
ovulation 20, 52
owl 292
oyster 121
ozone layer 286

P
Pacific Ocean 312
pack 311
pack of cards 273
packet 311
packet of cigarettes 112
pad 224
paddle 241
paddling pool 263
paddock 242
pads 53, 220
paediatrics 49
painkiller 109
painkillers 47
paint 83
paint v 83
paint tin 83
paint tray 83
painter 191
painting 62, 261, 274
paints 274
pak-choi 123
Pakistan 318
palate 19
palette 274
pallet 186
palm 15, 86, 296
palm hearts 122
pan 310
pan fried 159
Panama 314
pancakes 157
pancreas 18
panda 291
panty liner 108
papaya 128
paper clip 173
paper napkin 154

paper tray 172
papier-mâché 275
paprika 132
Papua New Guinea 319
par 233
parachute 248
parachuting 248
paragliding 248
Paraguay 315
parallel 165
parallel bars 235
parallelogram 164
paramedic 94
parcel 99
parents 23
park 262
park v 195
parking meter 195
parmesan 142
parole 181
parrot 293
parsley 133
parsnip 125
partner 23
pass 226
pass v 220, 223
passcode 99
passenger 216
passenger port 216
passion fruit 128
Passover 27
passport 213
passport control 213
pasta 158
pastels 274
pasteurized 137
pasting brush 82
pasting table 82
pastry 140, 149
pastry brush 69
pasture 182
patch 207
patchwork 277
pâté 142, 156
path 58, 85
pathology 49
patient 45
patio garden 85
pattern 276
pause 269
pavement 298
pavement café 148
paving 85
pawn 272
pay v 153
pay in v 96
pay per view channel 269
paying-in slips 96
payment 96
payphone 99
payroll 175
peach 126, 128
peacock 293

polski • english

peanut 129
peanut butter 135
peanuts 151
pear 127
peas 131
pecan 129
pectoral 16
pectoral fin 294
pedal 61, 206
pedal v 207
pedestrian crossing 195
pedestrian zone 299
pedicure 41
pediment 301
peel v 67
peeled prawns 120
peeler 68
pelican 292
pelvis 17
pen 163, 185
pen holder 172
penalty 222
penalty area 223
pencil 163, 275
pencil case 163
pencil sharpener 163
pendant 36
penfriend 24
penguin 292
peninsula 282
penis 21
pentagon 164
peony 111
people 12, 16
people carrier 199
pepper 64, 124, 152
peppercorn 132
pepperoni 142
percentage 165
percussion 257
perennial 86
perfume 41
perfumery 105
pergola 84
periodical 168
perm 39
perpendicular 165
persimmon 128
personal best 234
personal organizer 173, 175
personal trainer 250
Peru 315
pesticide 89, 183
pestle 68, 167
pet food 107
pet shop 115
petal 297
petri dish 166
petrol 199
petrol pump 199
petrol station 199
petrol tank 203
pharmacist 108, 189

pharynx 19
pheasant 119, 293
phillips screwdriver 81
philosophy 169
Philippines 319
photo album 271
photo finish 234
photo frame 271
photofit 181
photographer 191
photograph 271
photograph v 271
photography 270
physical education 162
physics 162, 169
physiotherapy 49
piano 256
piccolo 257
pick v 91
pick and mix 113
pickaxe 187
pickled 159
pickup 258
picnic 263
picnic bench 266
pie 158
pie tin 69
piece 272
pier 217
pies 143
pig 185
pig farm 183
pigeon 292
pigeonhole 100
piglet 185
pigsty 185
pigtails 39
Pilates 251
pill 21, 109
pillar 300
pillion 204
pillow 70
pillowcase 71
pilot 190, 211
pin 60, 237, 249, 276
pin number 96
pincushion 276
pine 296
pine nut 129
pineapple 128
pineapple juice 149
pink 274
pint 311
pinto beans 131
pip 128
pipe 112, 202
pipe cutter 81
pipette 167
piping bag 69
pistachio 129
pitch 225, 256, 266
pitch v 229
pitch a tent v 266
pitcher 151, 229

pitcher's mound 228
pitches available 266
pith 126
pitta bread 139
pizza 154
pizza parlour 154
place mat 64
place setting 65
placenta 52
plain 285
plain chocolate 113
plain flour 139
plait 39
plane 81
plane v 79
planet 280, 282
plant v 183
plant pot 89
plants 86, 296
plaque 50
plaster 47, 83
plaster v 82
plastic bag 122
plastic pants 30
plastic surgery 49
plate 65, 283
plateau 284
platform 208
platform number 208
platinum 289
play 254, 269
play v 229, 273
player 221, 231, 273
playground 263
playhouse 75
playing 75
playpen 75
plea 180
please 322
Plimsoll line 214
plough v 183
plug 60, 72
plum 126
plumb line 82
plumber 188
plumbing 61
plunger 81
plus 165
Pluto 280
plywood 79
pneumatic drill 187
poach v 67
poached 159
pocket 32
pod 122
podium 235, 256
point 273
poisoning 46
poker 273
Poland 316
polar bear 291
Polaroid camera 270
pole 245, 282
pole vault 234

police 94
police car 94
police cell 94
police officer 94
police station 94
policeman 189
polish 77
polish v 77
politics 169
polo 243
polyester 277
pomegranate 128
pommel 242
pommel horse 235
pond 85
ponytail 39
pool 249
pop 259
popcorn 255
poplar 296
popper 30
poppy 297
poppy seeds 138
porch 58
porch light 58
pore 15
pork 118
porridge 156
port 145, 176, 214, 216
porter 100
portfolio 97
porthole 214
portion 64
portrait 271
Portugal 316
positive electrode 167
post office 98
postage 98
postal code 98
postal order 98
postal worker 98
postbox 99
postcard 112
poster 255
poster paint 274
postgraduate 169
postman 98, 190
postmark 98
pot 21, 109
pot plant 110
pot up v 91
potato 124
pot-pourri 111
potted plant 87
potter's wheel 275
pottery 275
potty 74
pouch 291
poultry 119
poultry farm 183
pound 310
pour v 67
powder 77, 109
powder puff 40
powdered milk 137

power 60
power cable 176
power cut 60
practice swing 233
pram 75
praying mantis 295
pregnancy 52
pregnancy test 52
pregnant 52
premature 52
premolar 50
prerecorded 178
prescription 45
present 27
presentation 174
presenter 178
preservative 83
preserved fruit 134
press 178
presser foot 276
press-up 251
pressure valve 61
price 152, 199
price list 154
prickly pear 128
primer 83
primrose 297
principality 315
print 271
print v 172
printer 172, 176
printing 275
prison 181
prison guard 181
private bathroom 100
private jet 211
private room 48
probe 50
problems 271
processed grains 130
procession 27
processor 176
producer 254
program 176
programme 254, 269
programming 178
promenade 265
propagate v 91
propeller 211, 214
proposal 174
prosciutto 143
prosecution 180
prostate 21
protractor 165
proud 25
prove v 139
province 315
prow 215
prune 129
prune v 91
psychiatry 49
psychotherapy 55
public address system 209

english

puck 224
pudding rice 130
Puerto Rico 314
puff pastry 140
pull up v 251
pulp 127
pulse 47
pulses 130
pumice 288
pumice stone 73
pump 37, 207
pumpkin 125
pumpkin seed 131
punch 237
punch bag 237
puncture 203, 207
pup 290
pupil 51, 162
puppy 290
purple 274
purse 37
pushchair 75
putt v 233
putter 233
pyjamas 33
pyramid 164

Q
Qatar 318
quadriceps 16
quail 119
quail egg 137
quart 311
quarter of an hour 304
quarterdeck 214
quartz 289
quay 216
queen 272, 273
question 163
question v 163
quilt 71
quilting 277
quince 128
quinoa 130
quiver 249

R
rabbit 118, 290
raccoon 290
race 234
racecourse 243
racehorse 243
racing bike 205, 206
racing dive 239
racing driver 249
rack 166
racquet 230
racquet games 231
racquetball 231
radar 214, 281
radiator 60, 202
radicchio 123
radio 179, 268
radio antenna 214

radio station 179
radiology 49
radish 124
radius 17, 164
rafter 186
rafting 241
rail 208
rail network 209
rain 287
rainbow 287
rainbow trout 120
raincoat 31, 32
rainforest 285
raisin 129
rake 88
rake v 90
rally 230
rally driving 249
RAM 176
Ramadan 26
ramekin 69
rap 259
rapeseed 184
rapeseed oil 135
rapids 240, 284
rash 44
rasher 119
raspberry 127
raspberry jam 134
rat 290
rattle 74
raw 124, 129
ray 294
razor blade 73
razor-shell 121
read v 162
reading light 210
reading list 168
reading room 168
reamer 80
rear light 207
rear wheel 197
rearview mirror 198
receipt 152
receive v 177
receiver 99
reception 100
receptionist 100, 190
rechargeable drill 78
record 234, 269
record player 268
record shop 115
recording studio 179
rectangle 164
rectum 21
recycling bin 61
red 274
red (wine) 145
red card 223
red eye 271
red kidney beans 131
red lentils 131
red meat 118
red mullet 120

Red Sea 313
reduce v 172
reel 244
reel in v 245
refectory 168
referee 222, 226
referral 49
reflector 50, 204, 207
reflector strap 205
reflexology 54
refrigerator 67
reggae 259
region 315
register 100
registered post 98
regulator 239
re-heat v 154
reiki 55
reins 242
relationships 24
relatives 23
relaxation 55
relay race 235
release v 245
remote control 269
Renaissance 301
renew v 168
rent 58
rent v 58
repair kit 207
report 174
reporter 179
reproduction 20
reproductive 19
reproductive organs 20
reptiles 293
research 169
reserve v 168
respiratory 19
rest 256
restaurant 101, 152
result 49
resurfacing 187
resuscitation 47
retina 51
retire v 26
return 231
return address 98
return date 168
rev counter 201
reverse v 195
reverse charge call 99
rewind 269
rhinoceros 291
rhombus 164
rhubarb 127
rhythmic gymnastics 235
rib 17, 119
rib cage 17
ribbon 27, 39, 111, 141, 235
ribs 155
rice 130, 158, 184
rice pudding 140

rider 242
riding boot 242
riding crop 242
riding hat 242
rigging 215, 240
right 260
right field 229
right-hand drive 201
rim 206
rind 119, 127, 136, 142
ring 36
ring finger 15
ring ties 89
rings 235
rinse v 38, 76
ripe 129
rise v 139
river 284
road bike 206
road markings 194
road signs 195
roads 194
roadworks 187, 195
roast 158
roast v 67
roasted 129
roasting tin 69
robe 38, 169
rock climbing 248
rock concert 258
rock garden 84
rocket 123
rocks 284, 288
Rocky Mountains 312
rococo 301
rodeo 243
roll 139, 311
roll v 67
roller 83, 187
roller blind 63
roller coaster 262
rollerblading 263
rolling pin 69
romance 255
Romania 316
romper suit 30
roof 58, 203
roof garden 84
roof tile 187
roofrack 198
rook 272
room 58
room key 100
room number 100
room service 101
rooms 100
root 50, 124, 296
roots 39
rope 248
rose 89, 110, 145
rosé 145
rosemary 133
rotor blade 211
rotten 127

rough 232
round 237
round neck 33
roundabout 195
route number 196
router 78
row 210, 254
row v 241
rower 241
rowing boat 214
rowing machine 250
rubber 163
rubber band 173
rubber boots 89
rubber ring 265
rubber stamp 173
rubbish bin 61, 67
ruby 288
ruck 221
rudder 210, 241
rug 63
rugby 221
rugby pitch 221
rugby strip 221
ruler 163, 165
rum 145
rum and coke 151
rump steak 119
run 228
run v 228
runner bean 122
runway 212
rush 86
rush hour 209
Russian Federation 318
Rwanda 317
rye bread 138

S
sad 25
saddle 206, 242
safari park 262
safe 228
safety 75, 240
safety barrier 246
safety goggles 81, 167
safety pin 47
saffron 132
sage 133
Sahara Desert 313
sail 241
sailboat 215
sailing 240
sailor 189
salad 149
salamander 294
salami 142
salary 175
sales assistant 104
sales department 175
salmon 120
saloon 199
salt 64, 152

salted 121, 129, 137, 143
San Marino 316
sand 85, 264
sand v 82
sandal 37
sandals 31
sandcastle 265
sander 78
sandpaper 81, 83
sandpit 263
sandstone 288
sandwich 155
sandwich counter 143
sanitary towel 108
São Tomé and Principe 317
sapphire 288
sardine 120
Sardinia 316
satellite 281
satellite dish 269
satellite navigation (satnav) 195, 201
satsuma 126
Saturday 306
Saturn 280
sauce 134, 143, 155
saucepan 69
Saudi Arabia 318
sauna 250
sausage 155, 157
sausages 118
sauté v 67
save v 177, 223
savings 96
savings account 97
savoury 155
saw v 79
saxophone 257
scaffolding 186
scale 121, 256, 294
scales 45, 69, 98, 118, 166, 212, 293, 310
scallop 121
scalp 39
scalpel 81, 167
scan 48, 52
scanner 106, 176
scarecrow 184
scared 25
scarf 31, 36
schist 288
scholarship 169
school 162, 299
school bag 162
school bus 196
schoolboy 162
schoolgirl 162
schools 169
science 162, 166
science fiction film 255
scientist 190
scissors 38, 47, 82, 276

scoop 68, 149
scooter 205
score 220, 256, 273
score a goal v 223
scoreboard 225
scorpion 295
scotch and water 151
scrabble 272
scramble v 77
scraper 82
screen 97, 176, 255, 269
screen wash 199
screen wash reservoir 202
screw 80
screwdriver 80
screwdriver bits 80
script 254
scrollbar 177
scrotum 21
scrub v 77
scrum 221
scuba diving 239
sculpting 275
sculptor 191
sea 264, 282
sea bass 120
sea bream 120
sea horse 294
sea lion 290
sea plane 211
seafood 121
seal 290
sealant 83
sealed jar 135
seam 34
seamstress 191
search v 177
seasonal 129
seasons 306
seat 61, 204, 209, 210, 242, 254
seat back 210
seat belt 198, 211
seat post 206
seating 254
secateurs 89
second 304, 309
second floor 104
second hand 304
second-hand shop 115
section 282
security 212
security bit 80
security guard 189
sedative 109
sedimentary 288
seed 122, 127, 130
seed tray 89
seeded bread 139
seedless 127
seedling 91

seeds 88, 131
seesaw 263
segment 126
self defence 237
self-raising flour 139
self-tanning cream 41
semidetached 58
seminal vesicle 21
semi-hard cheese 136
semi-skimmed milk 136
semi-soft cheese 136
semolina 130
send v 177
send off 223
Senegal 317
sensitive 41
sentence 181
September 306
Serbia 316
series 179
serve 231
serve v 64, 231
server 176
service included 152
service line 230
service not included 152
service provider 177
service vehicle 212
serving spoon 68
sesame seed 131
sesame seed oil 134
set 178, 230, 254
set v 38
set honey 134
set sail v 217
set square 165
set the alarm v 71
seven 308
seven hundred 308
seventeen 308
seventeenth 309
seventh 309
seventieth 309
seventy 308
sew v 277
sewing basket 276
sewing machine 276
sexually transmitted disease 20
shade 41
shade plant 87
shallot 125
shallow end 239
shampoo 38
shapes 164
share price 97
shares 97
shark 294
sharp 256
sharpening stone 81
shaving 73
shaving foam 73
shears 89
shed 84

sheep 185
sheep farm 183
sheep's milk 137
sheet 71, 74, 241
shelf 67, 106
shell 129, 137, 265, 293
shelled 129
shelves 66
sherry 145
shiatsu 54
shield 88
shin 12
ship 214
ships 215
shipyard 217
shirt 33
shock 47
shocked 25
shoe department 104
shoe shop 114
shoes 34, 37
shoot v 223, 227
shop 298
shop assistant 188
shopping 104
shopping bag 106
shopping centre 104
shops 114
short 32, 321
short sight 51
short wave 179
short-grain 130
shorts 30, 33
shot 151
shotput 234
shoulder 13
shoulder bag 37
shoulder blade 17
shoulder pad 35
shoulder strap 37
shout v 25
shovel 187
shower 72, 286
shower block 266
shower curtain 72
shower door 72
shower gel 73
shower head 72
showjumping 243
shuffle v 273
shutoff valve 61
shutter 58
shutter release 270
shuttle bus 197
shuttlecock 231
shy 25
Siberia 313
Sicily 316
side 164
sideline 220
side order 153
side plate 65
side saddle 242
side street 299

sidedeck 240
side-effects 109
sideline 226, 230
Sierra Leone 317
sieve 68, 89
sieve v 91
sift v 138
sigh v 25
sightseeing 260
sign 104
signal 209
signature 96, 98
silencer 203, 204
silk 277
silo 183
silt 85
silver 235, 289
simmer v 67
Singapore 319
singer 191
single 151
single bed 71
single cream 137
single room 100
singles 230
sink 38, 61, 66
sinus 19
siren 94
sirloin steak 119
sister 22
sister-in-law 23
site manager's office 266
sit-up 251
six 308
six hundred 308
sixteen 308
sixteenth 309
sixth 309
sixtieth 309
sixty 308
skate 120, 247, 294
skate v 224
skate wings 120
skateboard 249
skateboarding 249, 263
skein 277
skeleton 17
sketch 275
sketch pad 275
skewer 68
ski 241, 246
ski boot 246
ski jacket 246
ski jump 247
ski pole 246
ski run 246
ski slope 246
skier 246
skiing 246
skimmed milk 136
skin 14, 119, 128
skin care 108
skinned 121

english

skipping 251
skirt 30, 34
skull 17
skydiving 248
skyscraper 299, 300
slalom 247
slate 288
sledding 247
sledgehammer 187
sleeping 74
sleeping bag 267
sleeping compartment 209
sleeping mat 267
sleeping pill 109
sleepsuit 30
sleet 286
sleeve 34
sleeveless 34
slice 119, 139, 140, 230
slice v 67
sliced bread 138
slicer 139
slide 167, 263
slide v 229
sling 46
slip 35
slip road 194
slip-on 37
slippers 31
slope 284
slotted spoon 68
Slovakia 316
Slovenia 316
slow 321
slug 295
small 321
small intestine 18
small of back 13
smartphone 99, 176
smash 231
smile 25
smoke 95
smoke alarm 95
smoked 118, 121, 143, 159
smoked fish 143
smoking 112
snack bar 113, 148
snail 295
snake 293
snare drum 257
sneeze 44
snooker 249
snore v 71
snorkel 239
snout 293
snow 287
snowboarding 247
snowmobile 247
snowsuit 30
soak v 130
soap 73, 178
soap dish 73

soccer 222
socket 60, 80
socket wrench 80
socks 33
soda bread 139
soda water 144
sofa 62
sofabed 63
soft 129, 321
soft cheese 136
soft drink 154
soft drinks 144
soft toy 75
software 176
softwood 79
soil 85
solar system 280
solder 79, 80
solder v 79
soldering iron 81
soldier 189
sole 15, 37
solids 164
Soloman Islands 319
soluble 109
solvent 83
Somalia 317
somersault 235
son 22
sonata 256
song 259
son-in-law 22
sorbet 141
sorrel 123
sorting unit 61
soufflé 158
soufflé dish 69
sound boom 179
sound technician 179
soundtrack 255
soup 153, 158
soup bowl 65
soup spoon 65
sour 127
sour cream 137
sourdough bread 139
south 312
South Africa 317
South Korea 318
South Sudan 317
southern hemisphere 283
Southern Ocean 313
souvenirs 260
sow v 90, 183
soya beans 131
space 280
space exploration 281
space shuttle 281
space station 281
space suit 281
spade 88, 265, 273
Spain 316
spanner 80

spare tyre 203
spark plug 203
sparkling 144
sparring 237
sparrow 292
spatula 68, 167
speaker 174, 176, 258, 268
speaker stand 268
spearfishing 245
specials 152
spectators 233
speed boating 241
speed limit 195
speed skating 247
speedboat 214
speedometer 201, 204
spell v 162
sperm 20
sphere 164
spices 132
spicy sausage 142
spider 295
spike v 90
spikes 233
spin 230
spin v 76
spin dryer 76
spinach 123
spine 17
spire 300
spirit level 80, 187
splashback 66
spleen 18
splint 47
splinter 46
split ends 39
split peas 131
spoke 207
sponge 73, 74, 83
sponge cake 140
sponge fingers 141
spool 245
spoon 65
sport fishing 245
sports 105, 220, 236, 248
sports car 198
sports field 168
sports jacket 33
sportsman 191
spotlight 259
sprain 46
spray 109
spray v 91
spray can 311
spray gun 89
spring 71, 307
spring balance 166
spring greens 123
spring onion 125
springboard 235, 238
sprinkler 89
sprinter 234

sprocket 207
spy hole 59
square 164, 272, 299
square foot 310
square metre 310
squash 231
squat 251
squid 121, 295
squirrel 290
Sri Lanka 318
St Kitts and Nevis 314
St Lucia 314
St Vincent and the Grenadines 314
stabilisers 207
stable 185, 243
stadium 223
staff 175, 256
stage 167, 254
stages 23
stainless steel 79
stair gate 75
staircase 59
stake 90
stake v 91
stalk 122, 297
stalls 254
stamen 297
stamp 98
stamp collecting 273
stamps 112
stance 232
stand 88, 205, 268
stanley knife 82
stapler 173
staples 173
star 280
star anise 133
starfish 295
starfruit 128
start school v 26
starter 153
starting block 234, 238
starting line 234
state 315
statement 180
stationery 105
statuette 260
steak 121
steam v 67
steam train 208
steamed 159
steeplechase 243
steering wheel 201
stem 111, 112, 297
stencil 83
stenographer 181
step machine 250
stepdaughter 23
stepfather 23
stepladder 82
stepmother 23
stepson 23
stereo 269

sterile 47
stern 240
stew 158
stick 224, 249
sticks 133
sticky tape 173
still 144
sting 46, 295
stir v 67
stir fry 158
stirrer 150
stirrup 242
stitch 277
stitch selector 276
stitches 52
stock broker 97
stock exchange 97
stocking 35
stocks 97, 110
stomach 18
stomach ache 44
stone 36, 275
stoned fruit 126
stop 269
stop button 197
stopper 166
stopwatch 234
store directory 104
stork 292
storm 287
stout 145
straight 39, 165
straight on 260
straighten v 39
strap 35
strapless 34
stratosphere 286
straw 144, 154
strawberry 127
strawberry milkshake 149
stream 285
streaming 269
street 298
street corner 298
street light 298
street sign 298
street stall 154
stress 55
stretch 251
stretcher 94
strike 228, 237
string 230, 258
string of pearls 36
strings 256
strip v 82
stroke 44, 233, 239
strokes 231
strong 321
strong flour 139
stub 96
study 63, 162
stuffed 159
stuffed olive 143

stump 225
styles 39, 239, 301
submarine 215
subsoil 91
substitute 223
substitution 223
subtract v 165
suburb 299
succulent 87
suction hose 77
Sudan 317
sugarcane 184
suit 273
sulphur 289
sultana 129
summer 31, 307
summons 180
sumo wrestling 237
Sun 280
sunbathe v 264
sunbed 41
sunblock 108, 265
sunburn 46
Sunday 306
sunflower 184, 297
sunflower oil 134
sunflower seed 131
sunglasses 51, 265
sunhat 30, 265
sunny 286
sunrise 305
sunroof 202
sunscreen 108
sunset 305
sunshine 286
suntan lotion 265
supermarket 106
supplement 55
supply pipe 61
support 187
suppository 109
surf 241
surfboard 241
surfcasting 245
surfer 241
surfing 241
surgeon 48
surgery 45, 48
Suriname 315
surprised 25
suspect 94, 181
suspender 35
suspension 203, 205
swallow 292
swamp 285
swan 293
Swaziland 317
sweater 33
sweatpants 33
sweatshirt 33
swede 125
Sweden 316
sweep v 77
sweet 124, 127, 155

sweetcorn 124
sweet potato 125
sweet shop 113
sweet spreads 134
sweet trolley 152
sweetcorn 122
sweets 113
swim v 238
swimmer 238
swimming 238
swimming pool 101, 238, 250
swimsuit 238, 265
swing v 232
swings 263
swiss chard 123
switch 60
Switzerland 316
swivel chair 172
sword 236
swordfish 120, 294
symphony 256
synagogue 300
synchronized swimming 239
synthetic 31
Syria 318
syringe 109, 167
syrup 109
system 176

T
tab 173
table 64, 148
table tennis 231
tablecloth 64
tack v 241, 277
tackle 245
tackle v 220, 223
tackle box 244
tadpole 294
taekwondo 236
tag v 229
tai chi 236
tail 121, 210, 242, 280, 290, 294
tail light 204
tailbone 17
tailgate 198
tailor 191
tailored 35
tailor's 115
tailor's chalk 276
tailor's dummy 276
tailplane 210
Taiwan 319
Tajikistan 318
take a bath v 72
take a shower v 72
take notes v 163
take off v 211
take-away 154
talcum powder 73
tall 321

tamarillo 128
tambourine 257
tampon 108
tan 41
tandem 206
tangerine 126
tank 61
Tanzania 317
tap 61, 66
tap water 144
tape deck 268
tape dispenser 173
tape measure 80, 276
target 249
target shooting 249
tarmac 187
taro root 124
tarragon 133
Tasmania 319
tattoo 41
tax 96
taxi driver 190
taxi rank 213
tea 144, 149, 184
tea with lemon 149
tea with milk 149
teabag 144
teacher 162, 190
teacup 65
team 220, 229
teapot 65
tear 51
teaspoon 65
teat 75
techniques 79, 159
teddy bear 75
tee 233
teeing ground 232
teenager 23
tee-off v 233
telegram 98
telephone 99
telephone box 99
telescope 281
television 268
television series 178
television studio 178
temperature 286
temperature gauge 201
temple 14, 300
ten 308
ten thousand 309
tenant 58
tend v 91
tendon 17
tennis 230
tennis court 230
tennis shoes 231
tenon saw 81
tent 267
tent peg 266
tent pole 266
tenth 309
tequila 145

terminal 212
termite 295
terrace café 148
terraced 58
territory 315
terry nappy 30
test 49
test tube 166
testicle 21
text 99
textbook 163
text v me 99
Thailand 318
thank you 322
Thanksgiving 27
the day after tomorrow 307
the day before yesterday 307
theatre 254, 299
theme park 262
therapist 55
thermal underwear 35
thermals 267
thermometer 45, 167
thermosphere 286
thermostat 61
thesis 169
thick 321
thigh 12, 119
thimble 276
thin 321
third 309
thirteen 308
thirteenth 309
thirtieth 309
thirty 308
this way up 98
this week 307
thistle 297
thoracic vertebrae 17
thread 276
thread v 277
thread guide 276
thread reel 276
three 308
three hundred 308
three-door 200
three-point line 226
thriller 255
throat 19
throat lozenge 109
throttle 204
through 320
throw 237
throw v 221, 227, 229
throw-in 223, 226
thruster 281
thumb 15
thunder 286
Thursday 306
thyme 133
thyroid gland 18
tibia 17

ticket 209, 213
ticket barrier 209
ticket inspector 209
ticket office 209, 216
tie 32
tiebreak 230
tie-pin 36
tiger 291
tights 35, 251
tile 58, 272
tile v 82
till 106, 150
tiller 240
timber 187
time 234, 304
time out 220
timer 166
times 165, 261
timetable 197, 209, 261
timing 203
tin 289, 311
tinned food 107
tip 36, 122, 246
tissue 108
title 168
titles 23
to 320
toad 294
toast 157
toasted sandwich 149
toaster 66
tobacco 112, 184
today 306
toddler 30
toe 15
toe clip 207
toe strap 207
toenail 15
toffee 113
toggle 31
Togo 317
toilet 72
toilet brush 72
toilet roll 72
toilet seat 72
toiletries 41, 107
toilets 104, 266
toll booth 194
tomato 125, 157
tomato juice 144, 149
tomato sauce 154
tomorrow 306
toner 41
tongs 150, 167
tongue 19, 37, 118
tonic water 144
tonne 310
tool rack 78
toolbar 177
toolbelt 186
toolbox 80
tools 187
tooth 50

english

english

toothache 50
toothbrush 72
toothpaste 72
top coat 83
top dress v 90
top tier 141
topaz 288
topiary 87
topping 155
topsoil 85
torch 267
tornado 287
tortoise 293
touch line 221
touchdown 221
tour bus 260
tour guide 260
tourer 205
touring bike 206
tourist 260
tourist attraction 260
tourist bus 197
tourist information 261
tourmaline 288
tournament 233
tow away v 195
tow truck 203
towards 320
towel rail 72
towels 73
tower 300
town 298
town hall 299
townhouse 58
toy 75
toy basket 75
toys 105
track 208, 234
tracksuit 31, 32
tractor 182
traffic 194
traffic jam 195
traffic light 194
traffic policeman 195
trailer 266
train 35, 208
train v 91, 251
train station 208
trainer 37
trainers 31, 251
tram 196, 208
transfer 223
transformer 60
transmission 202
transplant v 91
transport 194
trapezium 164
trapezius 16
trash 177
travel agent 190
travel agent's 114
travel sickness pills 109
traveller's cheque 97
tray 152, 154

tray-table 210
tread 207
tread water v 239
treadmill 250
treble clef 256
tree 86, 296
trekking 243
trellis 84
tremor 283
triangle 164, 257
triceps 16
trifle 141
trim v 39, 90
trimester 52
trimmer 88
Trinidad and Tobago 314
tripod 166, 270, 281
trolley 48, 100, 106, 208, 213
trolley bus 196
trombone 257
Tropic of Cancer 283
Tropic of Capricorn 283
tropical fruit 128
tropics 283
troposphere 286
trot 243
trough 183
trousers 32, 34
trout 120
trowel 89, 187
truffle 113, 125
trug 88
trumpet 257
truncheon 94
trunk 291, 296
trunks 238
try 221
t-shirt 30, 33, 54
tub 311
tuba 257
tube 311
Tuesday 306
tug boat 215
tulip 111
tumble 235
tumble dryer 76
tumbler 65
tuna 120
tune v 179
tune the radio v 269
tuning peg 258
Tunisia 317
turbocharger 203
turf v 90
Turkey 318
turkey 119, 185, 293
Turkmenistan 318
turmeric 132
turn 238
turn v 79
turn the television off v 269

turn the television on v 269
turnip 124
turpentine 83
turquoise 289
turret 300
turtle 293
tusk 291
tutu 191
tweezers 40, 47, 167
twelfth 309
twelve 308
twentieth 309
twenty 308
twenty minutes 304
twenty thousand 309
twenty-first 309
twenty-one 308
twenty-second 309
twenty-third 309
twenty-two 308
twig 296
twin room 100
twine 89
twins 23
twist ties 89
two 308
two hundred 308
two o'clock 304
two thousand 307
two thousand and one 307
two-door 200
types 199, 205
types of buses 196
types of camera 270
types of farm 183
types of plants 86
types of fishing 245
types of train 208
tyre 198, 205, 206
tyre lever 207
tyre pressure 203

U
Uganda 317
ugli 126
Ukraine 316
ulna 17
ultrasound 52
ultraviolet rays 286
umbilical cord 52
umbrella 36
umbrella stand 59
umpire 225, 229, 230
uncle 22
unconscious 47
uncooked meat 142
under 320
under par 233
undercoat 83
underexposed 271
undergraduate 169
underground map 209

underground train 209
underpass 194
underwear 32, 35
underwired 35
uniform 94, 189
United Arab Emirates 318
United Kingdom 316
United States of America 314
universe 280
university 299
unleaded 199
unpasteurised 137
unpick v 277
unsalted 137
until 320
up 320
upper circle 254
upset 25
Uranus 280
ureter 21
urethra 20
urinary 19
urology 49
Uruguay 315
usher 255
uterus 20, 52
utility room 76
Uzbekistan 318

V
vacuum cleaner 77, 188
vacuum flask 267
vagina 20
valance 71
valley 284
valve 207
vanilla 132
Vanuatu 319
varnish 79, 83
vas deferens 21
vase 63, 111
Vatican City 316
vault 235, 300
veal 118
vegetable garden 85
vegetable oil 135
vegetable plot 182
vegetables 107, 122, 124
veggie burger 155
veil 35
vein 19
venetian blind 63
Venezuela 315
venison 118
vent 283
ventouse cup 53
Venus 280
verdict 181
vest 33, 35
vet 189
vibraphone 257
vice 78

video game 269
video phone 99
Viet Nam 318
viewfinder 271
village 299
vine 183
vinegar 135, 142
vineyard 183
vintage 199
viola 256
violin 256
virus 44
visa 213
vision 51
visiting hours 48
visor 205
vitamins 108
v-neck 33
vocal cords 19
vodka 145
vodka and orange 151
voice message 99
volcano 283
volley 231
volleyball 227
voltage 60
volume 165, 179, 269, 311
vomit v 44

W
waders 244
waffles 157
waist 12
waistband 35
waistcoat 33
waiter 148, 152
waiting room 45
waitress 191
wake up v 71
walk 243
walking boot 37
walking boots 267
walkway 212
wall 58, 186, 222
wall light 62
wallet 37
wallpaper 82, 177
wallpaper v 82
wallpaper brush 82
wallpaper paste 82
walnut 129
walnut oil 134
walrus 290
ward 48
wardrobe 70
warehouse 216
warm 286
warm up v 251
warrant 180
wash v 38, 77
washbasin 72
washer 80
washer-dryer 76